工业和信息化部"十四五"规划教材

- 安徽省"十四五"规划教材
- 普通高等教育新工科汽车类系列教材
  （智能汽车·新能源汽车方向）

新能源汽车试验学

U0361571

主　编　张代胜
副主编　汪旭明　张小龙
参　编　汪永嘉　葛胜迅　姚　强　雷　林　蔺　龙
　　　　李令兵　端方勇　倪西春　李欣欣　陈良校
　　　　李兴宇　吴长喜　丁元俊　闵　磊

配套资源目录

机械工业出版社
CHINA MACHINE PRESS

新能源汽车是我国汽车产业的重要发展方向。新能源汽车研发过程离不开新型汽车试验的支撑。本书旨在推出能够反映我国新能源汽车试验水平，并有一定技术前瞻性的教材。

本书首先介绍了新能源汽车试验发展趋势和试验基础知识；进而分别阐述了新能源汽车的动力性、经济性、制动性和操纵稳定性试验方法，凸显了新能源汽车的相关测试项目，如再生制动系统性能试验；阐述了新能源汽车特有的驱动电机系统与动力电池系统的试验方法；从NVH性能、热舒适性、人机工程3个方面介绍驾乘舒适性试验方法；从整车碰撞安全、电磁兼容安全、车内空气质量三方面重点阐述安全性能试验方法；最后阐述了新能源汽车的整车可靠性试验方法。在正文之外，还提供了丰富的延展内容，以二维码的形式插入在教材中，包括延伸知识点、试验视频、国家标准等。

本书可作为高等院校新能源汽车、车辆工程、交通工程、交通运输及相关专业的教材，同时可用于职业本科相关专业的教学，也可供有关研究人员、工程技术人员和管理人员参考。

图书在版编目（CIP）数据

新能源汽车试验学 / 张代胜主编 . —北京：机械工业出版社，2022.11（2025.1重印）

普通高等教育新工科汽车类系列教材（智能汽车·新能源汽车方向）

ISBN 978-7-111-71849-9

Ⅰ．①新…　Ⅱ．①张…　Ⅲ．①新能源 – 汽车试验 – 高等学校 – 教材

Ⅳ．① U469.7

中国版本图书馆 CIP 数据核字（2022）第 194710 号

机械工业出版社（北京市百万庄大街22号　邮政编码100037）

策划编辑：王　婕　何士娟　责任编辑：王　婕　何士娟

责任校对：樊钟英　刘雅娜　责任印制：刘　媛

涿州市殷润文化传播有限公司印刷

2025 年 1 月第 1 版第 7 次印刷

184mm×260mm　·15.75 印张·369 千字

标准书号：ISBN 978-7-111-71849-9

定价：69.90 元

电话服务　　　　　　　　网络服务

客服电话：010-88361066　机 工 官 网：www.cmpbook.com

　　　　　010-88379833　机 工 官 博：weibo.com/cmp1952

　　　　　010-68326294　金 书 网：www.golden-book.com

封底无防伪标均为盗版　机工教育服务网：www.cmpedu.com

前　言

　　新能源汽车是我国能源和环保战略的重要方向之一，在政府各项政策的推动下，我国新能源汽车产业取得了快速发展，并开始步入创新之路。汽车新技术的发展离不开试验的支撑，新能源汽车研发和产品定型过程中不但出现了很多新的试验需求，如针对动力电池、驱动电机系统的试验；而且传统汽车性能试验中也增添了新的试验项目，如经济性试验中的续驶里程测试、制动性试验中的制动能量回收测试等；随之而来的还有新的试验挑战，如电动汽车 NVH 测试、空调舒适性测试规范等。

　　本书的编写初衷是充分反映我国新能源汽车试验水平，并给学生提供技术前瞻性的实用知识。本书在广泛参考了大量国内外专著、研究论文，以及汽车国内外标准、整车企业试验开发经验等的基础上，结合本科教学特点，力求体现如下特点：①内容反映我国当前新能源汽车试验技术发展水平，且注重实操性，既说明试验方法，也对典型试验实例进行分析；②内容全面，既涵盖传统车型试验内容，也凸显新能源汽车的试验需求，如驾乘舒适性试验、安全性能试验、整车可靠性试验等，这些在相关教材中涉及较少；③注重试验技术的引导，如转鼓台架测试技术、面向六阶段经济性试验的整车道路滑行测试、电动汽车空调舒适性测试、空调除雾除霜测试技术、人机工程试验、电磁兼容安全试验等。

　　全书内容共分为十章。第一章为绪论，第二章为试验评价概述，主要介绍了测试系统架构及其技术特点、典型参数测试方法，以及大型试验设备与试验场等。第三章和第四章主要介绍了新能源汽车的动力性试验和经济性试验，而在第五章单独列出驱动电机系统与动力电池系统试验的内容。第六章和第七章针对整车制动性能试验和操纵稳定性试验给出了具体说明，凸显了新能源汽车的相关测试项目。第八章从噪声振动（NVH）性能试验、热舒适性试验、人机工程试验三个方面介绍驾乘舒适性试验。第九章从整车碰撞安全试验、电磁兼容安全试验、车内空气质量试验等方面重点阐述安全性试验。第十章为整车可靠性试验，重点介绍了实车行驶可靠性试验方法。在正文之外，本书还提供了丰富的延展内容，以二维码的形式插入在教材中，其中包括延伸知识点、试验视频、国家标准等。

　　本书由张代胜担任主编，汪旭明和张小龙担任副主编，陈朝阳担任主审。本书编写专家来自合肥工业大学、安徽江淮汽车技术中心和安徽农业大学。其中，第一章、第二章由张小龙编写；第三章、第四章由葛胜迅、姚强编写；第五章由雷林、蔺龙编写；第六章、第七章由汪永嘉编写；第八章由张代胜、李令兵、端方勇、倪西春编写；第九章由李欣欣、陈良校、李兴宇、吴长喜编写；第十章由汪旭明、丁元俊、闵磊编写；延展的知识内容由汪永嘉编写。全书由张代胜、汪旭明、张小龙统稿。

　　本书在编写过程中吸收了国内外相关研究成果。李强、杨光、王亮、董奎星、苑吉友、胡敏、吴延鹏等人对本书亦有助力。研究生陶亮、唐钰等为本书的编写做了大量文献查阅

和文字整理工作。同时，本书的编写还得到了安徽安凯汽车技术中心等多家汽车公司及汽车测试企业的大力支持，他们提供了很多材料，在此一并致谢。

本书可作为高等院校车辆工程、新能源汽车、交通工程及相关专业的教材，也可供有关研究人员、工程技术人员和管理人员参考。

由于编者水平有限，书中可能存在一定的错漏之处，恳请专家、同行及读者提供修改意见和建议。

编　者

2022 年 5 月

"天工讲堂"二维码索引

素材名称	二维码	页码	素材名称	二维码	页码
我国新能源汽车相关标准和规范		5	驱动电机试验项目		84
道路动力性试验		39	电机转矩-转速特性测试实例完整数据		99
式（3-10）计算过程		51	动力电池系统检查		101
电动汽车续驶里程试验		69	制动性能试验		106
试验过程数据实例		81	转弯制动试验		118

（续）

素材名称	二维码	页码	素材名称	二维码	页码
操纵稳定性试验		126	A区、A′区和B区介绍		168
转向盘中间位置操纵稳定性试验		141	整车碰撞安全试验		184
移线试验		146	车内挥发性有机物和醛酮类物质采样原始记录表		211
测温点的确定		164	整车可靠性试验		216
整车空调采暖试验		165			

目　录

第一章

绪　论

本章首先介绍新能源汽车的发展背景和现状，凸显其在环保节能方面的优势，然后从汽车性能试验发展、硬件在环测试、试验与数据管理 3 个方面讲述新能源汽车试验的发展趋势，最后给出了汽车试验的组织方法。

第一节　新能源汽车发展概述

关于新能源汽车的定义和范围，业界一直存在争议。国务院在 2012 年 6 月 28 日公布的《节能与新能源汽车产业发展规划（2012—2020 年）》中提出："新能源汽车是指采用新型动力系统，完全或主要依靠新型能源驱动的汽车，本规划所指新能源汽车主要包括纯电动汽车、插电式混合动力汽车及燃料电池汽车。"考虑到内容的系统完整性，本书所论述的新能源汽车主要是指纯电动汽车（BEV）、混合动力汽车（HEV）和燃料电池电动汽车（FCEV）等。

汽车发展已有一百多年的历史，汽车行业发展须应对社会发展需要。当前，汽车开发正面临着应对全球变暖所带来的"环保问题"、原油危机所带来的"能源问题"，以及驾驶安全挑战问题等。汽车开发须遵循"电动化""网联化""智能化"等原则，以应对这一严峻挑战，不断向前发展。

一、新能源汽车环保节能优势

在社会可持续发展中，汽车行业所面临的最大环保问题是如何降低 CO_2 排放以缓解全球变暖，最大能源问题是怎样摆脱对石油资源的依赖。

1. 环境保护优势

汽车排放对环境的影响至关重要。据工信部估算，2021 年我国汽车的平均年耗油量为 1.6t/ 辆。当前全球在役车辆每年消耗的燃油占全球石油总消耗超过 40%。据德国政府的研究表明，一辆典型的汽车从投入使用到最后报废，要向大气中排放 59.7t 的产生温室效应的 CO_2、污染 20.4 亿 m^3 的空气和产生 26.5t 的固态垃圾。图 1-1 所示为 2021 年全球 CO_2 排放量和主要行业 CO_2 排放量比例，可以看出，亚太地区、北美和欧洲 CO_2 排放量累计达到 80%，且运输部门的 CO_2 排放量占比接近 1/4。

图 1-2 所示为欧盟 15 国平均每辆新出厂汽车的 CO_2 排放量和 2030 年的排放目标，从图中可以看出，在 2012 年各大汽车制造商全部新出厂的车辆平均 CO_2 排放量达到 120g/km，到 2020 年的目标是 95g/km。《节能与新能源汽车产业发展规划（2012—2020 年）》规定，到 2020 年，当年生产的乘用车平均燃料消耗量降至 5.0L/100km，节能型乘用车燃料消耗量降至 4.5L/100km 以下，商用车新车燃料消耗量接近国际先进水平。这一目标给目前传统燃油汽车企业带来非常大的挑战。

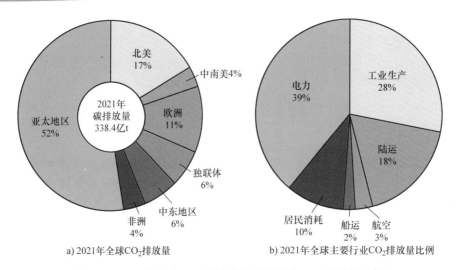

a) 2021年全球CO_2排放量　　　　b) 2021年全球主要行业CO_2排放量比例

图 1-1　2021 年全球 CO_2 排放量和主要行业 CO_2 排放量比例

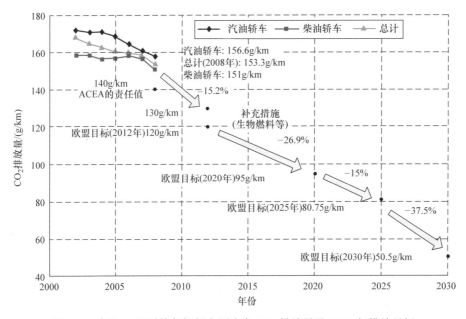

图 1-2　欧盟 15 国平均每辆新出厂汽车 CO_2 排放量及 2030 年排放目标

　　新能源汽车在环保方面具有明显优势。纯电动汽车一般是指从车载储能装置上获得动力，以电机驱动的各种车辆，在其使用阶段为零排放。目前开发的大多数混合动力汽车可以称为"油 - 电"混合动力汽车，根据能量流和功率流的不同配置，可以设计出多种架构的混合动力汽车，如串联式、并联式和混联式等。总体来说，混合动力汽车相比传统汽车有以下优点：再生制动能量回收；动力总成可更有效地工作，甚至可以消除或大大减少怠速工作状态，从而明显提高能源转换效率，减少 CO_2 排放量。

　　2. 能源安全优势

　　按照目前的消耗水平和已知储量来估算，石油消耗只能维持 30 ~ 40 年。天然气的实际可利用期也是有限的，大概可供使用 50 ~ 60 年。2019 年，中国、印度、美国等 5 个国家发电量占全球燃煤发电总量的 77.4%。2021 年，全球煤炭作为主要能量载体用于发电（火力发电）的比例约为 36%。

植物（生物质）具有储存和转化太阳能的功能，其实际可用性是无限的。按能量值计算，全世界每年可利用的生物质能相当于目前每年石油开采量的 22 倍多。水能和风能用于发电或制氢的实际效率太低，而是否将核能利用至交通领域一直存在争议。

太阳对地球的辐射功率每年大约为 1750 亿 MW·h，比石油和天然气输出的功率总和高出多个数量级，大约 24000 倍。中欧地区太阳能的平均强度可达到 114W/m²。在理想条件下，若在地球沙漠地区应用太阳能发电装置发电或制氢，那么约 12% 的沙漠面积（总计 1900 万 km²）以 3% 的转化效率获取的能量就能满足目前总的能量需求。

植物能、生物质能和预期增加的太阳能发电或制氢提供了环境可承受的能源可选途径，可用于替代汽车所用的化石燃料。图 1-3 所示为不同动力汽车的能源利用率对比，可见发展新能源汽车并提高能源的利用效率可适应能源安全要求，促进汽车产业的可持续发展。

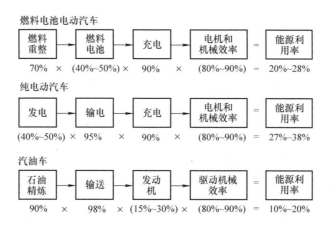

图 1-3 不同动力汽车的能源利用率对比

二、新能源汽车发展阶段

新能源汽车发展历经了 3 个阶段，如图 1-4 所示。

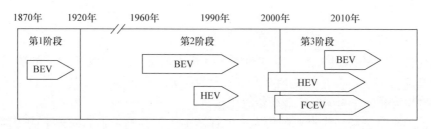

图 1-4 新能源汽车发展的 3 个阶段

1873 年，英国人 Robert Davidson 在马车的基础上改装成功第一辆电动三轮车，用铁锌电池（一次电池）供电，由电机驱动，比以内燃机为动力的汽车发明早 13 年。1881 年，法国人 Gustav Trouve 第一次采用铅酸电池（二次电池）制造了电动汽车。1882 年，法国人制造了可乘 50 人的电动汽车。1886 年，伦敦出现电动公共汽车。1889 年，法国人制造

的电动汽车的车速达到 106km/h，创当时汽车车速的世界纪录。1900 年，美国汽车产量为 4195 辆，其中电动汽车 1575 辆，占比为 37.5%，燃油汽车只有 936 辆。随后，由于石油开采和内燃机技术的迅速进步，以及电池技术进步缓慢等原因，电动汽车逐渐被燃油汽车所取代。1920 年，美国的公路上已基本见不到电动汽车了。

20 世纪 60 年代后，燃油汽车的大量应用带来了严重的空气污染和环境问题，同时三次石油危机又唤醒了人们对有限石油资源的关注。1976 年，美国国会通过了"纯电动汽车和混合动力汽车的研究开发和样车试用法令"，拨款 1.6 亿美元资助电动汽车的开发。1978 年，美国通过了"第 95-238 公法"，责成国家阿贡实验室（Argonne National Laboratory，ANL）与电池公司合作研制电动汽车用高性能二次电池。在美国先进电池联盟（United States Advanced Battery Consortium，USABC）等组织的支持倡导下，世界各国大力推动电动汽车用阀控密封铅酸蓄电池的研发。后来，能量密度更高的 MH-Ni 电池受到了更多的重视。20 世纪 80—90 年代末这一时期，电动汽车仅实现小规模生产，如通用汽车公司 EV1 和福特汽车公司 Ranger EV 的产量分别为 1353 辆和 1259 辆。造成这一现象的主要原因是：这一阶段的动力电池主要以铅酸电池和镍氢电池为主，其能量密度和使用寿命导致了电动汽车续驶里程、动力性和经济性等与燃油汽车相比竞争力不够，但企业进行了电动汽车技术开发和储备，为后续的产业化发展奠定了基础。

进入 21 世纪，全球节能环保呼声日益高涨，电动汽车开发在中国、日本、美国及欧洲等国家和地区得到了进一步的重视，并向产业化和实用化发展。新技术、新材料和计算机技术的广泛应用，都极大地促进了电动汽车技术的发展。这一阶段技术研发的重点是延长续驶里程和解决充电基础设施等问题。美国特斯拉、日产聆风、通用沃蓝达和丰田第三代普锐斯等均获得了市场的广泛认可。发展插电式混合动力电动汽车已经成为美国联邦政府新一代汽车合作计划中实现车辆节能减排的重要技术途径之一。

经过我国 4 个"五年计划"的科技攻关，特别是通过 2008 年北京奥运会、2010 年上海世博会，我国新能源汽车行业取得了标志性成果。我国新能源汽车产业规模和产销量全球领先，技术水平处于国际先进行列；充电基础设施规模，以及动力电池、电机、电控等核心关键技术产品产销量全球领先；同时构建了全球领先的新能源汽车安全运行监督平台和标准体系。目前，我国新能源汽车产业基本掌握了整车技术和关键零部件技术，有了一定的技术积累，进入了成长期。

三、主要国家和地区的新能源汽车发展战略

美国在能源部的提倡下，与纯电动汽车及插电式混合动力汽车相关的项目得到了发展。2009 年 8 月，奥巴马总统提出 2.4 亿美元的研究开发预算，插电式混合动力汽车、纯电动汽车的开发开始作为国家产业政策着手推进。

日本近年来对于新一代汽车的投入力度逐渐加大，并制定了面向未来的《新一代汽车战略 2010》。以此战略为基础，相关部门制定了一系列财税和非财税政策，大力推动新一代汽车的普及、基础设施的建设及新一代汽车社会的构建。例如，"环保车补贴""清洁能源汽车导入补贴""充电设施补贴""加氢设备补贴"以及"绿色税制"和"环保车减税"等。除整车外，日本经济产业省新能源汽车产业技术综合开发机构（NEDO）建立了"All Japan"的官民一体化协作体制，以推进动力锂离子电池核心技术的研发。

欧洲随着市场统一的深化及加盟国的增加，2000年3月通过了"里斯本战略"，目的是为了创造优越的投资、就业环境，包括通过降低CO_2排放量等手段完善环境对策等。在里斯本战略之后乃至2020年的新战略"EU2020"，要求官民一体在欧盟层面上推进电动汽车的开发，这不仅局限于法规的框架及技术规格的制定，还要将投资奖励政策的引入也纳入研讨课题中。德国于2008年9月发布的e-mobility Berlin计划，就是以电动汽车的普及和充电基础设施的标准化为目标。

我国新能源汽车相关标准和规范

我国政府从环保、能源安全和经济及社会发展转型的高度出发，非常重视新能源汽车产业的发展，从购置补贴、财税减免、研发支持、消费优惠、基础设施以及标准规范等各方面出台了一系列的重大政策措施。

新能源汽车产业的发展，是全球主要工业国的共识，是关系到我国人民居住环境、国家能源安全、经济增长和社会可持续发展的重大举措，是国家战略的需要。

第二节　新能源汽车试验发展趋势

随着法规、市场适应性和驾驶性能要求的不断提高，汽车试验、评价等工作发生了许多新的变化，以传统的验证性试验为主逐步过渡到以整车开发研究性试验为中心。针对环境污染所采取的对策，不仅包括防止全球变暖策略的降低尾气排放，还涉及在设计阶段如何才能不产生垃圾的废物再利用以及动力电池的回收再利用问题。在车辆开发时，不但要研究如何降低传统发动机的燃料消耗，还要研究开发HEV、BEV、FCEV等低排放汽车和零排放汽车，开展驱动电机及动力电池试验方法和试验研究。

一、性能试验发展趋势

1. 动力性试验

动力性是汽车的基本性能。汽车行驶的地区、道路和交通情况十分复杂，气候条件也有很大差异，汽车必须具备满足在各种条件和环境下使用的动力性能。相对于传统汽车，新能源汽车在基本的动力性能试验如最高车速、加速能力试验中，试验速度区间和试验时间规定更加具体。例如，整车滑行试验阻力不但能表征整车底盘综合性能，也是实现转鼓试验准确表征道路试验的重要参数。从低速滑行到高速分段滑行，以及现阶段的对道路滑行过程中的自然风速和道路坡度进行准确测试补偿等，对整车滑行阻力测试精度的要求不断提高。

2. 经济性试验

整车能源优化管理依赖各种节能技术，需要关注针对各种节油技术的整车瞬时能耗测试，以及用于测试整车经济性的测试工况。实践证明，新欧洲驾驶循环测试（NEDC）工况的运动学特征已经与我国现阶段道路结构、交通流和驾驶行为特征等存在明显的差异，工信部委托中国汽车技术研究中心已开发了中国驾驶场景的轻型车测试工况（China Light-duty Vehicle Test Cycle，CLTC）和中国重型车商用车测试工况（China Heavy-duty Commercial Vehicle Test Cycle，CHTC），并已进行推广应用。

目前，纯电动汽车和混合动力汽车主要采用锂离子动力电池。从图1-5可以看出，锂电池的体积能量密度不足汽油的1/20。因为受动力电池能量密度和能量容量限制，实际应用中的里程焦虑普遍存在。针对动力电池的性能测试以及整车续驶里程测试、能量消耗率测试等对电动汽车是必须的。但整车续驶里程受多种因素影响，如高低温动力电池放电能力、空调优化使用以及整车能量管理策略等，需要研究具体的测试规范。

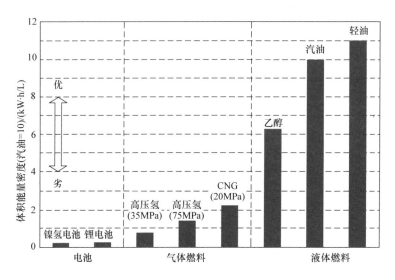

图 1-5　不同能源的体积能量密度对比

汽车 CO_2 的排放水平是人们关注的焦点。传统燃油车的排放测试同样存在测试工况优化问题，当前道路排放测试已经逐步推广应用。纯电动汽车具有阶段性零排放优势，布置有燃油发动机的混合动力汽车，其排放已得到进一步优化，且经济性得到显著提高。

3. 制动性与操纵稳定性试验

提高整车制动性和操纵稳定性能的电子控制系统，主要是响应人的驾驶意图，快速、准确地完成路面识别并控制轮胎和路面间的附着力。防抱死制动系统（Antilock Brake System，ABS）、电子制动力分配（Electronic Brake Force Distribution，EBD）系统、电子稳定性控制（Electronic Stability Control，ESC）系统等，在汽车上已广泛使用，相关测试标准已形成和逐步完善。

实际试验过程的传感设备和执行机构已经很完备。例如，获得车身姿态、角速度等的惯性测量单元（IMU）/ 全球定位系统（GPS）组合系统，可以同步实时输出姿态角，精度可以达到 0.1°，数据更新频率达到 100Hz 及以上；用于准确控制转向输入的转向机器人等，可以方便地实现 FMVSS 126 中确定的 ESC 性能场地试验；非接触式电流传感器满量程精度可以做到 0.05% FS，可以准确地量测新能源汽车制动能量回收的电流。

4. 驾乘舒适性试验

把汽车作为交通工具使用时，人们在感性上直接追求的性能是驾乘舒适性。驾乘舒适性包含的内容很多，主要有噪声、振动与声振粗糙度（NVH）性能、热舒适性、人机工程等。

车辆振动由构成汽车所有部件的机械振动复杂地相互作用而引起，主要来源于动力装置的转矩变化、回转体的不平衡、地面对轮胎的激励输入等，近年来主要使用主成分分析法来测试分析振源及传递路径。噪声振动测试一般同步进行，主要在实车行驶中进行，其代表性试验道路有欧洲的石板路和北美的接缝断坡路等。定量评价一般是测量车辆各部位及乘员的加速度，根据与感觉评价的相互关系来进行分析，其现象则通过频率特性来描述。噪声包括影响汽车室内乘员舒适性的车内噪声和造成噪声公害的车外噪声等。对汽车舱内的防声对策有捕捉能量流动声音的声响强度法；对于车外噪声则有对多声源进行声源确定的波束成形法，以及将声源的位置和强度分布可视化的全息声响法等。

空调制冷、制热及其温度分布能力直接影响热舒适性。在新能源汽车中如何优化空调使用并提高续驶能力尤为重要，需要进一步研究确定相关测试规范。

汽车人机工程涉及人的心理学、人体测量学、生物力学等，研究的目的是改进驾乘人员的安全性和舒适性等。汽车人机工程试验包括乘降性、视野及能见度、操作性（负荷）、乘坐空间、座椅性能等很多方面，相关试验规范在逐步完善。

5. 安全性能试验

安全性能试验主要包括碰撞安全性试验、电磁兼容安全试验等，另外，车内空气质量对乘员健康的影响也逐渐成为关注焦点，相关试验规范也已建立。

实车碰撞试验是在以实际事故中的代表性的状态、条件下进行的，要对乘员人体各部分的伤害进行评价。其代表性的试验有正面固定壁障碰撞、正面偏置变形壁障碰撞等。除此之外，还要考虑车与车在侧面发生碰撞时的侧面碰撞试验、防止燃料泄漏性能试验、评价后座生存空间的后部碰撞试验以及考虑各种各样翻车事故的翻车试验等。另外，对于座椅、儿童专用座椅等车内部件还要进行滑车（台车）碰撞试验。为追求更高的安全性能，兼顾对方车辆伤害与自身车辆保护的碰撞协调性试验也在不断增多。行人保护策略近年来也得到关注，在车身上实施对行人碰撞后的头部、大腿部、脚部的缓和冲击对策等。在碰撞安全试验中的一个重要测量装置是假人模型，在假人模型上布置传感器以测量碰撞时测点位移和各个方向上的受力情况。

电磁兼容（Electro-Magnetic Compatibility，EMC）主要研究如何使在同一电磁环境下工作的各种电气部件都能正常工作，互不干扰，达到兼容状态。汽车整车（或部件）工作时，对外界的骚扰不能超出一定的限值，同时对外界的电磁干扰应具有一定的抗干扰能力。可见，汽车电磁兼容性能不仅关乎汽车产品性能，更关乎汽车产品的安全。尤其是新能源汽车，车内外电磁环境更加复杂。因此，新能源汽车电磁兼容测试研究迫在眉睫。

6. 整车可靠性试验

汽车在使用过程中要承受各种各样的负荷，评价汽车及其零部件在这些负荷作用下、在规定时间内完成目标功能的能力，称为整车可靠性试验。对于评价来说，重要的是载荷、加速度、应力、压力等机械负荷，也包括温度、湿度、灰尘等环境负荷和电气负荷等，也要考虑到行驶路面、车速、气候、载荷量的不同对试验结果的影响。

可靠性试验的测试装备已具有较高的水平。例如，实车行驶可靠性试验中的轮胎六分力传感器可以满足在恶劣道路和气候条件下对地面作用于轮胎的六分力数据的可靠输出，根据轮胎型号不同，还可以进行匹配使用。车载可靠性高的综合多通道数据采集系统可以实现对应力、加速度、轮胎六分力、温度、CAN等多种信号的实时同步采集。再如台架疲劳试验中的轴耦合道路模拟试验机，其可以模拟车辆轴头的多自由度的力和力矩，有效提高了试验效率和精度。

二、硬件在环测试技术发展趋势

汽车电控系统开发、主要零部件性能试验等需要做很多复杂的动力学试验。一般道路试验对场地和车载测试设备要求比较苛刻，测试工况难以模拟，试验具有一定的危险性且试验结果的重复性差，在研究开发初期采用硬件在环（Hardware-in-the-Loop，HIL）测试可克服道路试验的不足，对提高开发效率和节约试验成本具有重要意义。在新能源汽车试验研究中，如混合动力驱动系统、驱动电机控制系统、电池管理系统（BMS）、智能辅助驾驶系统等，HIL 都是有效测试手段。

HIL 测试系统硬件上主要由上位机（人机交互）、下位机和控制器（ECU）等组成，是以实时处理器（下位机）运行仿真模型来模拟受控对象的运行状态，通过 I/O 接口与被测的 ECU 连接，对被测 ECU 进行全方面的、系统的测试。功能模块上，HIL 测试系统包括驾驶员环节（测试工况）、道路和场景环节、整车动力学模型、求解器、控制器模型等。根据实际研究需要，在环硬件有控制器、控制执行单元等。目前，下位机硬件主要有德国 ETAS、美国 NI、德国 dSPACE，软件主要有美国 CarSim/TruckSim，荷兰 PreScan，德国 CarMaker 等，也可根据应用需求基于 MATLAB/Simulink 或 LabVIEW 自行开发。

某汽车技术中心开发的自动驾驶仿真与验证硬件在环测试系统如图 1-6 所示，其硬件基于美国 NI 的 PXI，软件基于 CarSim。图中右侧为仿真模拟控制柜，左边是仿真模拟驾驶台。该系统采用分层式架构构建自动驾驶快速开发与仿真平台：①仿真层——基于 PreScan 软件构建虚拟环境和传感器模型；②算法层——采用 dSPACE 快速原型与模型开发方法；③车辆模型层——利用 CarSim 构建并实时运行整车动力学模型；④硬件层——基于自动驾驶实车线控底盘与车身硬件。仿真测试过程中，控制柜可以接收驾驶员的操作输入（如转向、制动操作、加速踏板操作、换档操作），驾驶员通过前方显示器上的图像及声音感受当前车辆运行状况及道路环境。仿真结束后，数据上传到上位机进行数据后处理。

图 1-6　自动驾驶仿真与验证硬件在环测试系统

三、试验与数据管理发展趋势

汽车行业是一个试验密集型的行业，一个成熟车型需要通过反复的试验进行设计验证。对这些海量试验数据进行有效的管理，可以方便相关人员快速定位需要的试验数据，提高产品设计开发的准确率。同时，通过对试验数据的横向对比分析，可为新产品决策、产品质量提升等提供重要数据支撑。另外，试验过程安全监控、试验任务分配和执行过程管控、试验数据的快速分析和报告生成等对提高试验安全、提高试验效率和节约试验成本具有重要意义。试验与数据管理系统应包括以上方面。

目前，国内各整车及零部件企业都已加大了对研发的投入，在研发过程中的试验数据、仿真数据、计算数据等急剧膨胀。其中试验数据与其他类型数据有很大的不同，由于试验设备的不同，数据的形式和格式多种多样，数据量庞大，且不同用户对试验数据管理和使用的需求也各不相同并且不断变化。鉴于此，很多整车企业都在探索进行满足自身需要的试验与数据管理系统的定制化开发。图 1-7 所示为某汽车企业开发的试验与数据管理系统架构，在此基础上可增加功能实现针对具体试验的数据质量分析与专业数据处理。

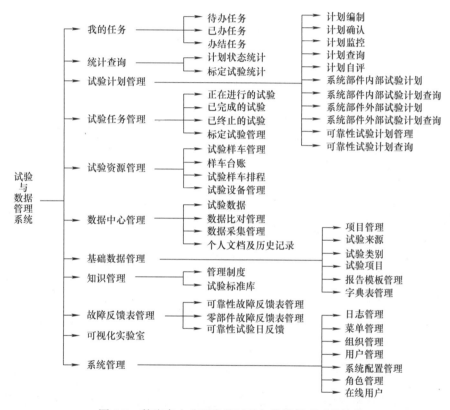

图 1-7 某汽车企业开发的试验与数据管理系统架构

第三节 汽车试验的组织方法

汽车试验是一项技术性较强的工作，同时又是一个涉及多部门、多学科密切配合的系统工程，必须周密计划与组织。试验可分为试验大纲编制、汽车试验实施和试验报告编写三个阶段进行。

一、试验大纲编制

试验大纲需要在试验前完成编写和审批，它明确了试验任务来源、试验目的、试验项

目、试验条件、所需试验设备以及具体的试验操作流程等内容，指导试验顺利完成。

（1）试验任务来源

汽车生产是一个复杂的系统，需要很多设计模块协同配合完成，不同的设计模块会根据自己的设计需要下发相应的试验任务。

（2）试验目的

每项试验都必须要有明确的试验目的，如验证试验结果是否满足设计要求、查找分析问题等。在试验大纲编写中会根据试验目的制订相应的试验方案，不明确试验目的的试验是无意义的。

（3）试验项目

要求本次试验具体要完成的试验项目以及执行依据的试验标准等。

（4）试验条件

不同的试验边界条件对试验结果会产生一定的影响，为保证试验的准确性和可重复性，必须对影响试验结果的所有因素进行量化确定，如环境温度、试验车辆热车状态、试验设备状态等。

（5）试验设备

每项试验都会用到相应的试验设备，设备有测试功能、量程、通道数、采样频率等参数，为保证数据的准确性，必须选择合适的测试设备。另外，试验设备作为一种计量器具需要定时检定，所使用的试验设备必须要在有效期内。

（6）试验操作流程

试验操作流程是试验大纲中的关键部分，它明确了试验的详细步骤，如人员分工（包括试验责任工程师、试验员、安全员、驾驶员）及职责、车辆准备流程、试验设备操作流程、试验数据采集方式、试验数据有效性判定要求、试验注意事项以及发生紧急情况的应急预案等。

二、汽车试验实施

试验大纲审批结束后，将根据大纲内容组织试验资源并实施，试验资源包括试验人员、试验车辆、试验设备等。

1.试验准备

（1）试验前检查

为保证试验准确性及安全性，试验前需要对试验车辆及试验设备进行检查。试验车辆检查要求电量（燃油）能够完成试验项目，润滑油、冷却水、制动系统、转向系统、底盘件满足安全要求，仪表中无故障灯报警等内容。试验设备检查要求供电系统、功能等内容全部正常。

（2）试验设备连接

根据试验需求连接需要的试验设备，如电功率分析仪、油耗仪等，并检查确定连接好的试验设备及附属部分与车辆运动件间要有足够的安全距离，并连接可靠、固定可靠。

（3）试验预热

无论是整车试验还是总成、部件试验（除另有规定外，如汽车冷起动试验、排放试验等），都必须经过起动预热过程，使试验设备和被试汽车或总成都达到正常稳定工作状态。

预热一般负荷由小到大，转速由低到高进行试验，预热时间在 30min 左右，也可根据车辆的冷却液温度、机油温度达到平衡状态作为预热结束条件。

2. 试验开始

（1）人员就位

试验责任工程师根据试验大纲要求向试验员下发试验项目、试验要求等，安全员密切关注试验车辆、试验设备的安全运行状态及环境状态安全，驾驶员上车准备进行试验。

（2）试验数据采集

试验员根据试验大纲要求起动试验设备，设置好采集通道、采集频率及数据记录位置等信息。巡检各采样通道，确保所有通道的信号正常。开始采集试验数据并通知驾驶员准备进行试验，试验结束后停止数据采集。

（3）试验数据处理

完成某项试验项目后，应立即对主要测试数据进行检查处理，确保试验结果的有效性。有的专用试验设备可能会根据测试项目自带数据自动处理功能，只需对试验数据进行有效性判断。需要手动处理的数据，首先需要找到记录数据的起点和终点，然后根据测量试验项目的特征进行处理。一般要求同一个试验项目两次试验误差 ≤ 3%，若不满足该要求，则需要再次补做试验。若发现数据遗漏、偏差过大或数据互相矛盾等明显不合理的情况，则要分析原因，采取改进措施，重新进行试验。

3. 试验结束

完成试验大纲要求的试验内容且数据确认合格后可以结束试验。若试验过程中车辆一直处于大负荷工作状态，则不能立即停车，应使车辆逐渐降低负荷，待整车工作温度降低后停止，如果有条件则应打开机舱降温。车辆恢复到正常温度后，完成试验设备拆除、车辆恢复、仪器设备及试验现场整理等工作，并归还试验车辆及试验设备。

三、试验报告编写

试验报告编写是对试验数据的分析及试验过程的总结。试验报告编写完成后需经过编制、校对、审核、批准签字流程后才能生效。试验报告一般需要体现以下内容：

（1）试验目的

说明试验的车辆是什么、有什么重要的特征等，以及进行该项试验的目的是什么。

（2）试验项目及方法

说明该项试验具体进行哪些试验项目以及采用的具体试验方法、依据的试验标准等。

（3）试验对象

说明试验车辆的型号、车架号、主要总成配载参数、试验过程照片等。

（4）试验概况

说明进行该项试验的时间、地点、试验参数等信息。

（5）试验结论及建议

试验结论指试验项目中关键及重要结果数据或定量描述。建议根据试验结果分析提出优化方案等。

（6）试验数据

将试验过程中的所有数据整理和保存提交，方便以后查询及对比分析。

（7）试验附录

试验过程中的边界条件、气象条件、试验设备、试验人员、各种检查表格及原始记录表等。

复习思考题

1.（多选题）试验报告一般需要体现的内容有（　　　）。
A. 试验目的　　　B. 试验数据　　　C. 试验方法　　　D. 试验成本

2.（多选题）汽车的安全性能试验包括（　　　）。
A. 碰撞安全性试验　　　　　　B. 电磁兼容安全试验
C. 可靠性试验　　　　　　　　D. 车内空气质量试验

3. 汽车人机工程研究的目的是改进驾乘人员的＿＿＿＿＿＿和＿＿＿＿＿＿等，汽车人机工程试验包括＿＿＿＿＿＿、＿＿＿＿＿＿、＿＿＿＿＿＿、＿＿＿＿＿＿、＿＿＿＿＿＿等很多方面，相关试验规范在逐步完善。

4. 汽车行业发展须应对社会发展需要，当前汽车开发正面临着＿＿＿＿＿问题、＿＿＿＿＿＿问题、＿＿＿＿＿＿问题等，汽车开发须遵循"＿＿＿＿＿化""＿＿＿＿＿化""＿＿＿＿＿化"等原则，以应对这一严峻挑战，不断向前发展。

5. 结合新能源汽车发展历程，分析发展新能源汽车需要解决的主要技术难题。

6. 谈谈试验安全的重要性。

第二章

试验评价概述

本章主要介绍新能源汽车的试验分类，测试系统及其技术特性，总结当前新能源汽车试验评价中的主要测试参数及其获取方法，最后对大型通用测试设备及其在试验评价中的作用进行分析和总结。

第一节 试 验 分 类

汽车试验有各种各样的分类方法。例如，按照试验对象可分为整车试验、系统总成试验、零部件试验等；按试验地点可分为室内台架试验、室外道路试验、试验场试验和使用试验等；按试验评价方式可分为客观评价试验和主观评价试验等。

下面从动力驱动类型、试验目的和开发阶段方面对试验进行分类介绍。

一、按动力驱动类型进行分类

汽车试验按动力驱动类型可分为传统燃油车试验和新能源汽车试验。其中，新能源汽车试验包括纯电动汽车试验、混合动力汽车试验、燃料电池电动汽车试验等。

二、按试验目的进行分类

1. 适应性试验

适应性试验的目的是调查或检查是否符合某个标准而进行的试验。其典型例子是法规认证试验。美国的 FMVSS、欧洲的 EC 指令、日本安全标准等就是典型的例子。各国为保护生态环境和行驶安全，分别制定出符合本国情的试验方法和规范，汽车厂家为了验证产品质量而进行的检查也属于这一类范畴。

2. 对比试验

对比试验的目的是比较各种汽车的性能。其典型试验是汽车专业杂志等刊物举办的评价试验。美国进行各种车的性能比较，并以消费公告的形式向用户提供信息。当然也可以在汽车的开发阶段进行对标试验，对目标车型的性能进行调查、比较和研究。

3. 分析试验

分析试验是为开发新技术、改进汽车性能和调查异常情况而进行的试验。学校、研究所或汽车制造厂、汽车零部件厂所进行的研究或开发试验属于此范畴。

三、按开发阶段进行分类

为适应市场对汽车性能、耐久可靠性的要求和用户需求的多样化，在开发阶段的评价试验涉及范围非常广。为适应汽车中的新技术，也应不断制定新的试验方法。近年来，随着用户需求的多样化，汽车的更新换代越来越快，因此汽车厂家需要缩短开发时间。下面

以汽车开发阶段对汽车试验进行分类。

1. 模拟试验

近年来，计算机虚拟仿真技术取得了大幅度的进步，其主要优势在于在图样阶段就可在计算机上进行仿真试验，以在进入试制阶段之前可以初步掌握各种现象，对于缩短汽车的开发周期十分有效。

2. 系统总成台架试验

总成和部件台架试验包括发动机台架试验、驱动系统台架试验、悬架台架试验等，通常情况是对总成和部件的功能、性能、可靠性进行评价后再装在整车上。可靠性试验需要检测各总成的可靠性，因此需要大量试验样品。从开发时间和开发成本来看，如果所有的零部件都在实车上试验，效率不高。台架试验中，对性能试验来说，最重要的是掌握总成及部件性能与整车性能的关系，而对可靠性试验来说，最重要的是确认实际使用条件下的负荷（力、位移、工况等）情况，最终确定试验条件。

3. 实车试验

在产品开发的最后阶段进行的是实车试验。汽车实际行驶路面各种各样，且驾驶员驾驶习惯也不相同。汽车行驶过程中，车轮克服来自路面的道路阻力和空气阻力，按驾驶员的意愿行驶，这些性能评价需要通过实车试验来进行。从人机工程学的角度进行研究，并与驾驶员的感觉做比较，可以提高整车驾乘舒适性。另外，虽然有时零部件的可靠性非常好，但把上述这些零部件组装在一起之后，也有可能会产生意想不到的问题，因此必须对实车的耐久可靠性进行评价。

第二节　测试系统及其技术特性

一、测试系统及其组成

汽车测试系统比较复杂，测试传感信号多样且数据更新频率不同，传感器接口信号类型不同，对传感器安装布置有特殊要求，但各通道间采样同步性要好，试验结果重复性要高，且设备要求能在高低温、振动等恶劣环境下可靠工作。

对测试系统最基本的要求应当是具有单值的、确定的输入输出关系，其中以输出和输入呈线性关系为最佳。

通常测试系统是一个开环系统，由传感器、数据采集器和数据处理器等组成。典型集中式数据采集系统结构如图 2-1 所示。

图 2-1　典型集中式数据采集系统结构

根据不同的测试需求，从量程、精度、安装方便性、数据接口等方面综合考虑选型合适的传感器。传感器需要定期进行标定或校准。优先考虑本身具有数据预处理和 CAN/LIN 总线接口的传感器，这样便于传感器的通用和测试系统的集成，减少了数据处理器对接入传感器的数据处理工作量。

数据采集器通常采用模块化架构，以适应不同的试验需要。一般来说，数据采集器都集成有 CAN 模块，一般具有 2 个及以上的 CAN 物理通道，以满足对具有 CAN 接口的传感器和车辆 CAN 总线信息的同步采集需要。有的数据采集器采用一个主机和多个从设备的架构，中间通过 CAN 总线连接，每个从设备为独立的功能模块，如温度模块、模拟输入模块、组合导航模块等。由于受 CAN 总线通信负荷的限制，这种架构适合对低采样率任务的信号采集。另外一种数据采集器的架构是控制器 + 机箱方式，选型的功能采样模块通过插卡方式固定在机箱中，控制器通过机箱底部总线与各功能采样模块进行通信，以这种方式构建的测试系统体积紧凑、可靠性高，且可应用于多通道、高速采样率任务的信号采集。

传统的数据采集设备通常将数据采集器与数据处理器组合在一起，且有显示屏等人机交互组件。考虑到数据处理任务的复杂性，以及网络通信带宽的大幅提高，通常测试系统中将数据采集器和数据处理器分开，中间用网线连接，采用 TCP/UDP 协议传输数据，数据处理器选用性能较好的便携式计算机。在便携式计算机上，可通过程序设计实现对数据采集器的配置、数据流的管控、复杂数据处理、报告生成与显示，以及对试验数据管理系统的结果进行上传等。

二、传感器的技术特性与标定

传感器的主要作用是将非电信号转换成电信号，以供数据采集系统进行采样和数值量化。传感器的技术特性主要是指输出与输入的关系。当输入量为常量或变化极慢时，这一关系称为静态特性；当输入量随时间较快地变化时，这一关系称为动态特性。

图 2-2 所示为传感器模型，当输入激励 $x(t)$ 时，传感器输出 $y(t)$。一般情况下，传感器都具有集中参数，为线性时不变系统，此时 $h(t)$ 为传感器的单位脉冲响应，反映了传感器本身的固有特性。

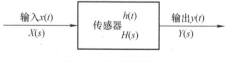

图 2-2　传感器模型

在零初始条件下，对 $x(t)$ 和 $y(t)$ 分别取 Laplace 变换得到 $X(s)$ 和 $Y(s)$，并定义传感器的传递函数为

$$H(s) = \frac{Y(s)}{X(s)} \tag{2-1}$$

传递函数是拉普拉斯（Laplace）算子 s 有理分式，分子分母都是 s 的多项式，且系数都是实数。分子的多项式阶数不能大于分母的阶数，这是由物理条件决定的，否则系统将不稳定。分母的阶次用来代表该传感器的特征。该阶次为 0 时称为零阶，为 1 时称为一阶，为 2 时称为二阶。稳定的传感器系统所有极点都位于复平面的左半平面，零点、极点可能是实数，也可能是共轭复数。

1. 传感器静态性能

传感器在被测物理量处于稳定状态时，输出通常不随时间而变化（或变化极慢，在所观察的时间间隔内可忽略其变化而视为常量）。输出和输入关系一般可表示为

$$y = a_0 + a_1 x + a_2 x^2 + \cdots + a_n x^n \qquad (2\text{-}2)$$

式中　　　x——输入量；

　　　　　y——输出量；

$a_0, a_1, \cdots, a_n$——常数。

理想情况下，传感器具有线性输入输出关系，根据实际情况可将式（2-2）简化为式（2-3），如图 2-3 所示。

$$y_1 = a_0 + a_1 x \qquad (2\text{-}3)$$

对传感器处于稳定状态下的技术特性，采用灵敏度、非线性度和回程误差等参数来表征。此外，还有重复性、稳定性及量程等。为了使测试结果最大限度地反映出实际情况，要求测试系统要有较高的重复性和足够的灵敏度，且非线性度和回程误差要尽可能小。

（1）灵敏度

测试装置输入 x 有一个增量 Δx，引起输出 y 产生相应的变化 Δy，定义传感器灵敏度为

$$k = \lim_{\Delta x \to 0} \frac{\Delta y}{\Delta x} \qquad (2\text{-}4)$$

如图 2-3 所示，如果传感器输入输出关系特性 $y = f(x)$ 简化为式（2-3），则传感器灵敏度 k 为常数 a_1。对于非线性传感器，其灵敏度是其输入输出特性曲线上各点的斜率。当传感器的输出和输入为同一量纲时，灵敏度常称为放大倍数。图 2-3 中，A 是传感器测量范围。

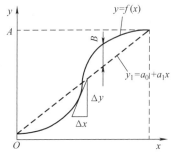

图 2-3　传感器灵敏度与非线性度

在被测试量不变的情况下，由于外界环境条件如温度等因素的变化，也可能引起传感器输出变化，最后表现为灵敏度的变化，此时的灵敏度变化被称为灵敏度飘移。

传感器的灵敏度越高，其测量范围往往越窄，稳定性就越差，因此应合理选择其灵敏度。另外，性能良好的传感器，其灵敏度飘移量极小，在选型时通常要考虑传感器的工作温度范围。

（2）非线性度

非线性度是对传感器的输出、输入间是否能保持常值比例关系（线性关系）的一种量度。如图 2-3 所示，把实际用试验的办法获取的传感器输入、输出关系曲线 $y = f(x)$ 称为定度曲线。对定度曲线进行线性拟合得到 $y_1 = a_0 + a_1 x$。可见，两条线在传感器全量程 A 内都存在偏离 B。定义传感器非线性度 L_N 为

$$L_N = \frac{\max |B|}{A} \times 100\% \qquad (2\text{-}5)$$

（3）回程误差

如图 2-4 所示，传感器的加载曲线和卸载曲线往往不重合，由此产生的误差称为回程误差（也叫作迟滞误差）。这在磁性材料的磁化和一般材料的受力变形过程中都可能发生。回程误差也可能反映传感器的不工作区（也叫作死区）的存在，在不工作区内，输入变化对输出无影响。摩擦力和机械元件之间的游隙是存在不工作区的主要原因。

定义回程误差 E_r 见式（2-6），其中 Δh_{max} 为全量程 A 内的最大滞后量。

$$E_r = \frac{|\Delta h_{max}|}{A} \times 100\% \qquad (2\text{-}6)$$

（4）重复性

重复性是指在相同条件下，重复测试同一个被测参数时测定值的一致程度。任何一种测试系统，只要被测参数的真值与测试值之间存在一一对应的确定性单调关系，且这种关系是可重复的，这个系统就是可信、有效的。

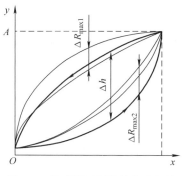

图 2-4　传感器回程误差和重复性

定义重复性 γ_R 见式（2-7），其中 ΔR_{max} 为全量程 A 内的加载和卸载行程最大重复性偏差。

$$\gamma_R = \frac{|\Delta R_{max}|}{A} \times 100\% \qquad (2\text{-}7)$$

（5）稳定性

测试系统在一定的工作条件下，即使保持输入信号不变，其输出信号也可能随时间或温度的变化而发生缓慢变化，测试系统的这种特性称为稳定性。测试系统的稳定性有两种指标：时间上的稳定性，以稳定度表示；测试仪器外部环境和工作条件变化所引起的示值的不稳定性，以各种影响系数表示。

1）稳定度。稳定度是指在规定的工作条件下，测试系统的某些性能随时间变化的程度。它是由测试系统内部存在的随机性变动、周期性变动和漂移等原因所引起的示值变化。一般用示值的波动范围与时间之比 δ_s 来表示。例如，示值的电压在 8h 内的波动幅度为 1.3mV，则系统的稳定度为 $\delta_s=1.3\text{mV}/8\text{h}$。

2）环境影响。室温、大气压等外界环境的状态变化对测试系统示值的影响，以及电源电压、频率等工作条件的变化对示值的影响，用影响系数 β 表示。例如，周围介质温度变化所引起的示值的变化，可以用温度系数 β_t 表示；电源电压变化所引起的示值变化，可以用电源电压系数 β_v（示值变化／电压变化率）表示。

3）漂移。在正常使用的条件下，测试系统的输入量不发生任何变化，而系统的输出量在经过一段时间后却发生了改变，这种现象称为漂移，以输出量的变化表示。当输入量为零时，测试系统也会有一定的输出，习惯上称为零漂。零漂中既含有直流成分，也含有交流成分，环境条件的影响较为突出，特别是湿度和温度的影响，其变化趋势较为缓慢。工程上常在零输入时，对漂移进行观测和度量。测量时，只需将输入端对地短接，再测量其输出，即可得到零漂值，并以此修正测试系统的输出零点，减小零漂对测试精度的影响。

2. 传感器动态性能

进行具体传感器选型时，必须对选型的传感器的动态性能有清楚的了解，否则根据所得的输出是无法正确地确定所要测定的输入量的。下面以一阶和二阶传感器为例进行简要介绍。

（1）一阶系统

典型的一阶传感器有热电偶传感器、RC 滤波器、弹簧阻尼机械系统等。

一阶传感器的微分方程为

$$a_1 \frac{\mathrm{d}y}{\mathrm{d}t} + a_0 y = b_0 x \quad (2\text{-}8)$$

在零初始条件下进行拉普拉斯变换，并简化为

$$H(s) = \frac{Y}{X} = \frac{k}{\tau s + 1} \quad (2\text{-}9)$$

式中　τ——时间常数，$\tau = \dfrac{a_1}{a_0}$；

　　　k——静态灵敏度，$k = \dfrac{b_0}{a_0}$，实际分析时常令 $k = 1$。

一阶传感器的频率特性 $H(\mathrm{j}\omega)$、幅频特性 $k(\omega)$ 和相频特性 $\varphi(\omega)$ 分别为

$$H(\mathrm{j}\omega) = \frac{k}{1 + 2\mathrm{j}\tau\omega} \quad (2\text{-}10)$$

$$k(\omega) = \frac{k}{\sqrt{1 + (\tau\omega)^2}} \quad (2\text{-}11)$$

$$\varphi(\omega) = -\arctan(\tau\omega) \quad (2\text{-}12)$$

一阶传感器的单位阶跃输入时的时域响应为（$k = 1$）

$$y = 1 - \mathrm{e}^{-t/\tau} \quad (2\text{-}13)$$

其稳态输出的理论误差为零，系统的初始响应速率为 $1/\tau$，且上升速率随时间 t 的增加而减慢。当 $t = 4\tau$ 时，其输出才为输入量的98.2%。因此 τ 越小，响应越快，动态性能越好。工程上通常采用输入量的 95%～98% 所需要的时间（$k = 1$）作为衡量响应速度的指标。一般来说，a_0 取决于灵敏度，所以只能调节 a_1 来满足时间常数的要求。

（2）二阶系统

典型的二阶传感器有惯性加速度传感器、RLC 电路、膜片式压力传感器等。

二阶传感器的微分方程为

$$a_2 \frac{\mathrm{d}^2 y}{\mathrm{d}t^2} + a_1 \frac{\mathrm{d}y}{\mathrm{d}t} + a_0 y = b_0 x \quad (2\text{-}14)$$

在零初始条件下进行拉普拉斯变换，并简化为

$$H(s) = \frac{Y}{X} = \frac{k}{\tau^2 s^2 + 2\xi\tau s + 1} \quad (2\text{-}15)$$

式中　τ——时间常数，$\tau = \sqrt{\dfrac{a_2}{a_0}} = \dfrac{1}{\omega_\mathrm{n}}$，$\omega_\mathrm{n}$ 为固有频率；

　　　ξ——阻尼比，$\xi = \dfrac{a_1}{2\sqrt{a_0 a_2}}$；

　　　k——静态灵敏度，$k = \dfrac{b_0}{a_0}$，实际分析时常令 $k = 1$。

二阶传感器的频率特性 $H(j\omega)$、幅频特性 $k(\omega)$ 和相频特性 $\varphi(\omega)$ 分别为

$$H(j\omega) = \frac{k}{1 - \omega^2\tau^2 + 2j\tau\xi\omega} \qquad (2\text{-}16)$$

$$k(\omega) = \frac{k}{\sqrt{\left(1 - \tau^2\omega^2\right)^2 + \left(2\tau\xi\omega\right)^2}} \qquad (2\text{-}17)$$

$$\varphi(\omega) = -\arctan\left(\frac{2\tau\xi\omega}{1 - \tau^2\omega^2}\right) \qquad (2\text{-}18)$$

二阶传感器的单位阶跃输入时的时域响应为（$k=1$）

$$y = 1 - \frac{e^{-\xi\omega_n t}\sin\left(\omega_n\sqrt{1-\xi^2}\,t + \varphi\right)}{\sqrt{1-\xi^2}} \qquad (2\text{-}19)$$

式中

$$\varphi = \arctan\left(\frac{\sqrt{1-\xi^2}}{\xi}\right)$$

其稳态输出的理论误差为零，响应在很大程度上取决于系统的固有频率 ω_n 和阻尼比 ξ，通常基于单位阶跃输入下的传感器时域过渡特性进行分析，主要指标有上升时间、峰值时间最大超调量、调整时间等。ω_n 越高，系统的响应速度越快。阻尼比将影响超调量和振荡周期，ξ 越小，超调量越大，也会因振荡而使输出达到稳态输出的时间加长。

分析表明，当 $\xi = 0.6 \sim 0.7$ 时，在 $\omega = (0 \sim 0.58)\omega_n$ 的频率范围中，幅频特性 $k(\omega)$ 的变化不超过 5%，相频特性 $\varphi(\omega)$ 接近于直线，所产生的相位失真很小。通常将上述数值作为实际测试系统工作范围的依据。

3. 传感器的标定

传感器的标定是通过试验建立传感器输入量和输出量之间的关系。同时，确定出不同条件下的误差关系。通常新研制的传感器需要进行全面技术性能的检定，用检定的数据确定传感器的性能指标，同时检定数据也是改进传感器设计的重要依据。另外，经过一段时间的储存或使用后的传感器也要进行性能复测工作。

传感器的标定分为静态标定和动态标定。静态标定的目的是确定传感器的主要静态特性指标，如灵敏度、非线性度、回程误差、重复性等。动态标定的目的是确定传感器的动态特性参数，如时间常数、固有频率和阻尼比等。

（1）传感器的静态标定

标定时所用的测量仪器的精度至少要比被标定的传感器的精度高一个等级。标定时要在没有加速度、振动和冲击（除非这些参数本身就是被测物理量）以及一定的环境温度、适度和大气压力下进行。

标定步骤如下：①将传感器全量程分成若干等间距点；②根据传感器量程分点情况，由小到大逐渐一点一点地输入标准量值，并记录下与各输入值对应的输出值；③将输入值由大到小一点一点地减少，同时记录下与各输入值相对应的输出值；④依次对传感器进行正反行程往复循环多次测试，将得到的输入输出测试数据用表格列出或画成曲线；⑤最后对测试数据进行处理，根据处理结果确定传感器的静态性能指标。

（2）传感器的动态标定

传感器动态标定的标准激励信号是阶跃信号和正弦信号。对一阶传感器，主要标定时间参数 τ；对二阶传感器，主要标定其固有频率 ω_n 和阻尼比 ζ 两个参数。

三、数据采集系统的虚拟仪器化

虚拟仪器（Virtual Instrumention）是现代工业仪器测试技术与强大的 PC 技术相结合的产物，它一般由硬件系统和运行在硬件系统内的软件两个部分组成。用户可以根据测试需求自主选型硬件搭建测试系统硬件，并且可自定义编程开发测试系统软件。

图 2-5 所示为美国 NI（National Instruments）公司根据用户使用场景分别设计的三种常用工业级嵌入式控制器 PXI、cDAQ 和 cRIO。

a) PXI实物图　　　　b) cDAQ实物图　　　　c) cRIO实物图

图 2-5　NI 典型的嵌入式控制器

LabVIEW 软件是 NI 虚拟仪器设计的核心技术，配合硬件使用能实现数据的采集、处理、显示、存储，还能进行测试数据的查看、后处理等功能，其编程界面友好、函数库丰富，使用户能够方便、高效地完成程序操作界面的设计和内部软件的开发。LabVIEW 的程序框图及其前面板如图 2-6 所示。

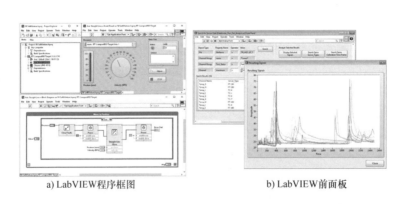

a) LabVIEW程序框图　　　　　　b) LabVIEW前面板

图 2-6　LabVIEW 程序框图及前面板

目前，虚拟仪器已被广泛应用于汽车性能测试、硬件在环（HIL）仿真、新能源汽车测试与分析等各种应用场合。

第三节　典型参数测试

一、温度测试

一般汽车性能试验是在特定的环境温度下进行的，特别是在环境舱内开展的试验，如风窗玻璃除雾除霜试验、冷起动试验等，需要对环境温度进行实时监测。另外，汽车零部件的内部温度也是表征其运行状态和性能的重要参数，在进行相关性能开发试验时需要构建测试系统进行同步采集，如测试发动机缸体温度、冷却液温度和排气温度等用于分析发动机的瞬态能量分布、测试变速器齿轮油温度用于分析变速器的传动效率、测试滚动轮胎胎体内部温度用于分析轮胎内部产热途径和温度场、测试制动器温度用于分析制动器的热衰退性能等。

1. 测试方法

在汽车领域经常出现的温度范围为 $-40 \sim 120℃$，比如冷却液、进气口空气、燃油及轮胎内部空气温度等。发动机的润滑油可达到 $150℃$，废气的温度可达 $1000℃$，环境舱模拟低温可达 $-40℃$。

汽车性能测试中主要采用热电偶法进行温度测试，对于温度测试精度要求较高的场合，采用热电阻法和热敏电阻法。

（1）热电偶法

将两种不同性质的导体 A、B 串接成一个闭合回路，如图 2-7 所示。如果两结合点处的温度不同（$T_0 \neq T$），则在两导体间产生热电势，并在回路中有一定大小的电流，这种现象称为热电效应。在此闭合回路中，两种导体被称为热电极。两个极点中一个称为工作端或热端（T），另一个称为参比端或冷端（T_0）。将这两种导体组合并将温度转换成热电动势的传感器叫作热电偶。根据热电偶金属导体的不同，测试温度范围也不同，具体见表 2-1。

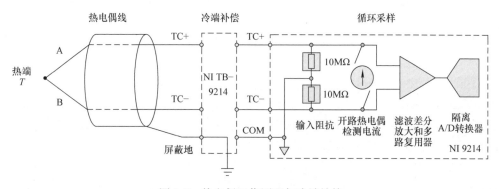

图 2-7　热电偶工作原理与冷端补偿

热电偶 AB 的热电动势与 A、B 材料的中间温度无关，只与节点温度有关。如果在实际热电偶回路中介入了第三种材料的导线，只要其两端的温度相等，第三导线的引入不会影响热电偶的热电动势。

热电偶输出的电动势是两节点温度差的函数，通常要求 T_0 保持 $0℃$。实际应用时很难保持冷端为 $0℃$，造成了热电势差波动，使测量不准确，此时需要对冷端进行热电势补偿，简称冷端补偿。冷端补偿方法有多种，一般根据使用条件和测试精度来确定所使用的

具体方法，比较常用的是点位补偿法。图 2-7 中给出了一种热电偶温度采集方案，采用 NI 公司的冷端补偿模块 NI TB-9214 和热电偶采集 C 模块 NI 9214 构成温度数据采集系统。

NI TB-9214 有 3 个独立的冷端补偿通道。NI 9214 模块适用于表 2-1 中的所有热电偶传感器，其集成了 16 个 AD 通道和 1 个内部自动校零通道。各通道循环采样，每个通道为 24 位 $\Delta-\Sigma$ 型 A/D 转换器，高速总采样速率为 68S/s，低速总采样速率为 0.96S/s，电压测试范围 $\pm 78mV$。

表 2-1　热电偶类型与允许偏差

热电偶型号	允许误差	使用温度范围 /℃
K 或 N	I 级：$\pm 1.5℃$或 $\pm 0.4\%t$	$-40 \sim 1170$
E	I 级：$\pm 1.5℃$或 $\pm 0.4\%t$	$-40 \sim 800$
J	I 级：$\pm 1.5℃$或 $\pm 0.4\%t$	$-40 \sim 750$
T	I 级：$\pm 1.5℃$或 $\pm 0.4\%t$	$-40 \sim 350$
S	I 级：$\pm 1℃$	$0 \sim 1100$
	I 级：$\pm [1+0.003（t-1100）]$	$1100 \sim 1600$
R	I 级：$\pm 1℃$	$0 \sim 1100$
	I 级：$\pm [1+0.003（t-1100）]$	$1100 \sim 1600$
B	II 级：$\pm 0.25\%t$	$600 \sim 1700$

注：t 为被测对象实测温度。

（2）热电阻法

热电阻传感器是利用导体的电阻随温度变化的特性，对温度和与温度有关的参数进行检测的装置。其优点为：测试精度高；有较大的测温范围，特别是低温环境下；易于使用在自动测试和远距离测试中。

构建传感器的热电阻材料需要有高且稳定的温度系数和大的电阻率，通常广泛应用的热电阻材料有铂、铜、镍、铁等。铂热电阻中的铂是一种贵金属，物理化学性能极为稳定，并且有良好的工艺性。按 IEC 标准，铂的使用温度范围为 $-200 \sim 650℃$。汽车测试中常使用的铂热电阻传感器型号为 PT100 和 PT1000。

PT100 后的 100 表示它在 0℃时阻值为 100Ω，在 100℃时它的阻值约为 138.5Ω。PT1000 后的 1000 表示它在 0℃时阻值为 1000Ω，在 300℃时它的阻值约为 2120.515Ω。它们的阻值随着温度的变化近似匀速地增长，近似抛物线。铂电阻值与温度变化之间的关系可近似用式（2-20）和式（2-21）表示。

在 $-200 \sim 0℃$ 范围内：

$$R_t = R_0[1+At+Bt^2+C(t-100)t^3] \tag{2-20}$$

在 $0 \sim 850℃$ 范围内：

$$R_t = R_0(1+At+Bt^2) \tag{2-21}$$

式中　R_0、R_t——分别是 0℃和 t℃时的电阻值。

（3）热敏电阻法

热敏电阻是用半导体材料制成的热敏器件，相对于一般的热电阻而言，其电阻温度系

数大，灵敏度高，比热电阻传感器大 10～100 倍。热敏电阻器件电阻率高、热惯性小，适宜动态测量，但其阻值与温度变化呈非线性关系，稳定性和互换性较差。一般情况下，随着被测温度的提高，其电阻值下降，同时灵敏度降低。热敏电阻使用上限温度是 300℃。

2. 工程案例

基于精准的标定炉对某温度测试设备进行测试，该测试设备基于 NI 虚拟仪器开发，温度通道采用 NI 9214 模块及其冷端补偿模块，外部连线采用 K 型热电偶。一组试验曲线如图 2-8 所示。对曲线中各段测试温度稳定后的数据的众数与实际标定炉设定温度取差值，并统计绘制曲线如图 2-9 所示。可以看出，该测试系统在常温环境下测试温度精度约为 ±0.5℃。

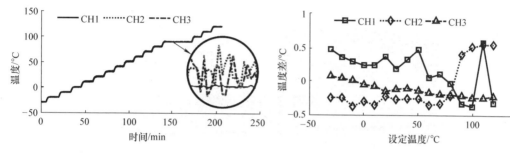

图 2-8　常温环境测试标定炉各温度曲线　　图 2-9　常温下各温度测点数据众数与设定值差值统计

二、车速测试

车速是表征汽车性能的重要参数，几乎涉及汽车的所有性能测试。如动力性中的最高车速、加速时间测试，经济性中的百公里油耗测试，制动效能测试，以及操纵稳定性中转向特性和瞬态特性测试等。

在道路试验中的车速测试主要基于全球导航卫星系统（Global Navigation Satellite System, GNSS）测试技术，在室内台架试验中的车速测试主要基于试验台提供的速度信号。

1. 测试方法

车速测试设备内部通常会集成 GNSS 接收机模块实现对速度的同步测试。GNSS 模块通过外接天线实时接收卫星信号，实时解算信息通过串口、CAN 或网口实时输出，方便集成。这种解算延时取决于处理器计算速度和 GNSS 工作模式，通常在 10ms 以内。

GNSS 接收机模块具有定位、测速、定向和精确授时等功能。GNSS 模块的主要参数有定位、定向和速度精度、数据更新频率等。当前，应用于汽车试验中的 GNSS 模块数据更新频率都在 20～50Hz 以上，有的则会达到 100Hz。

GNSS 的水平定位精度用圆概率误差（CEP）来表示，如 3m 95% CEP，表示该接收机的定位输出值落在以真实定位点为原点、以 3m 为直径的圆内的概率是 95%。通常单机定位精度较差，若要精确测试汽车的行驶轨迹，需要构建差分基站。GNSS 接收机在载波相位差分模式下的定位精度能达到 2cm 95% CEP。

GNSS 接收机速度输出精度较高，通常优于 0.1km/h，能够直接满足汽车道路试验速度测试精度的需求。

GNSS 接收机外挂两根天线，可以实现基线方向的测试。该基线即为两天线相位中心

的连线。如果该基线布置在车身纵向平面内或与其平行，则基线方向即为车身航向角。在基线长度超过 1m 时，定向精度能达到 0.5°。

2. 工程案例

应用 GNSS 进行汽车整车道路滑行试验是比较典型的车速测试试验。

图 2-10 所示为基于 GNSS 模块集成开发的一个满足六阶段油耗测试应用的滑行测试系统。该系统基于 cRIO 9030 集成开发了数据采集系统，其中选用了 BD 982 双天线 GNSS 板卡，以及 SPS 985 高集成度基站等，实现对汽车行驶过程中的风速风向、车速和车体行驶方向、道路坡度等的精确测试与滑行阻力的分析处理。

a) 车载GNSS双天线   b) GNSS基站

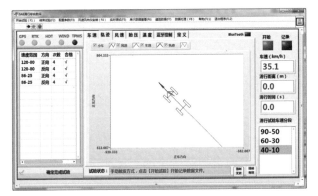

c) 基于LabVIEW开发的上位机软件界面

图 2-10　基于 GNSS 开发的道路滑行测试系统

三、油耗测试

1. 测试方法

整车经济性评价和节油技术研究都需要对整车瞬时油耗和累计油耗进行测试和分析。目前，油耗测试系统主要选用容积式油耗仪，构建测试系统时需要对油耗仪信号进行正确解析，并同步测取车速信息，以实现瞬时油耗和百公里油耗的准确测试。另外，碳平衡法对瞬时油耗的测试实时性和精度不高，测试系统体积庞大，主要用于转鼓台架试验时的工况累计油耗的测试。

对于汽油发动机，由于燃油供给系回油很少，因此将油耗仪串联在油路中靠近发动机的位置，一般能够准确测取油耗信息。但对于高压共轨柴油发动机，由于共轨压力高，高压油泵工作时产生的热量通常通过大流量回油至油箱来循环冷却，一般会超过 200L/h，这

就要求油耗仪具备回油隔离和冷却功能。其测试原理如图 2-11 所示，油耗仪油路有 4 个接口，其中两个与发动机相连，给发动机供油和接收发动机的回油，另外两个和燃油箱相连。油耗仪内部主要包含容积式流量计和热交换器两部分。油耗仪改变了发动机回油到燃油箱的路径，将发动机回油输出到流量计的出口，回油通过热交换器进行冷却。热交换器的另一端通过循环油泵将燃油箱燃油大流量循环以利用大容量的燃油进行自然冷却。这种结构需要解决好测试前和测试过程中发动机回油气泡的消除、流量计出口压力调整、循环油泵的大流量问题。

容积式流量计当前可以做到 0.5% 的精度，一般具有正交编码输出，通过计数模块进行有效计数处理，消除油路回油的影响。油耗仪的脉冲当量越小，分辨率越高，可以达到 0.04mL/ 脉冲。

图 2-11 中的计数模块是 NI 9411，6 路差分 / 单端计数通道，技术最高频率 2MHz，用工业逻辑电平和信号，可直接连接至各种工业开关、传感器。

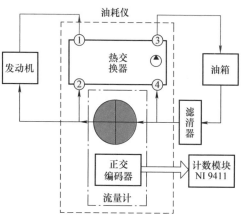

图 2-11　适用于高压共轨柴油发动机的油耗仪测试原理

2. 工程案例

图 2-12 所示为某商用车瞬时油耗采集软件主界面，该商用车采用高压共轨柴油发动机，高压油泵在发动机端。测试系统基于虚拟仪器开发，选用 cRIO 9033 及其相关 C 模块作为数据采集器，实现油耗信息、车速、温度等信号的同步采集和分析。

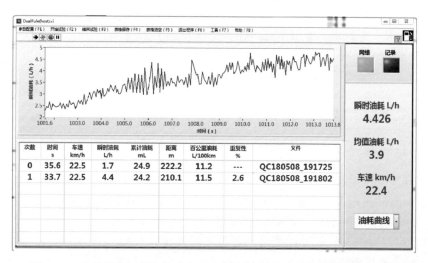

图 2-12　某采用高压共轨柴油发动机的商用车瞬时油耗采集软件主界面

四、电压电流测试

1. 测试方法

新能源汽车高压电路电压的有效值会超过 300V，电流根据负载的变化而变化，会达到

500 A 甚至更大。对于高电压信号，通常选用外部隔离的电压探头接入数据采集系统，该探头可将高电压转成低电压，有无源探头和有源探头两种，其中有源探头的精度和动态性能更好。一般情况下，转接探头有多种档位可以选择，以适应不同测量量程高精度测试需要。

对于电流信号采集，通常采用非接触式开口电流钳来实现。测量量程有 20A、200A、500A 和 1000A 等，可以测试直流和交流电流信号，其中 20A 量程的测试带宽可达到 20MHz。电流钳的传感器的满量程精度可达到 0.05%，读数精度可达到 0.3%。

2. 工程案例

图 2-13 所示为某纯电动汽车 NEDC 工况动力电池端电压和电流测试曲线，试验时去掉了 NEDC 工况中的怠速工况。测试系统基于虚拟仪器开发，选用 cRIO 9033 及其相关 C 模块作为数据采集器。高电压探头选用有源外置抬头，选用开口非接触式电流钳，量程 500A，带宽 200kHz。

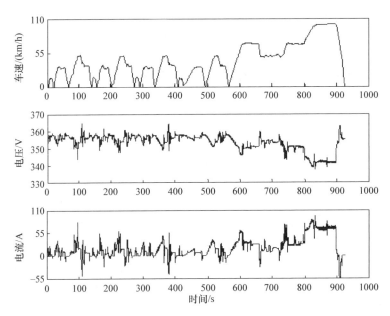

图 2-13　某纯电动汽车 NEDC 工况动力电池端电压和电流测试曲线

五、力和力矩测试

1. 测试方法

力和力矩测试在汽车性能测试中很常见，如发动机输出转矩、驱动/制动力矩、地面对轮胎作用的驱动力/制动力、转向盘转向力/力矩、制动踏板力、变速杆力等，基于这些力/力矩信息可以对汽车的相关性能进行更深入的评价。

力/力矩传感器主要采用电阻应变原理设计，利用金属的电阻应变效应，将测量物体变形转换成电阻的变化。采用金属应变片测试物体应变具有很多优点，例如：灵敏度和精确度高，性能稳定可靠，误差小于 1%；应变片尺寸小，重量轻，使用方便，响应速度快；测量范围大，变形范围为 1%～20%；在高低温、强磁场等恶劣条件下都可以使用等。

应变片的电阻值有 60Ω、120Ω、200Ω、350Ω、500Ω、1000Ω，其中以 120Ω 最为常见。电阻应变片在测试变化频率较高的动态应变时，应考虑其动态响应特性。在动

态测试中，应变以应变波的形式在材料中传播，它的传播速度与声波相同，对于钢材约为 5000m/s。设应变波长为 λ，应变片的基长为 l，一般可取 $\lambda/l = 10 \sim 20$，其误差范围为 0.4% ~ 1.6%。对于特定的钢材料，当应变片基长为 1mm 时，其最高工作频率为 250kHz。应变片基长越长，其最高工作频率越低，当基长为 10mm 时，最高工作频率为 25kHz。

通常采用直流电桥电路对应变阻值的微小变化进行转换。通常在试件上安装两个工作应变片，一片受拉，一片受压，然后接入电桥的相邻臂，构成差动电桥以减少非线性误差对测试精度的影响。此外，用应变片测试时，因为环境温度变化所引起的电阻变化与试件应变所造成的电阻变化几乎有相同的数量级，所以会产生很大的测试误差，通常采用电桥补偿的方法来进行温度补偿。

2. 工程案例

下面以基于车轮力传感器（Wheel Force Transducer，WFT）进行轮胎六分力测试为例进行说明。

车辆运动主要由地面对车轮的作用力决定，车身空气阻力最终也是由地面对轮胎的作用力来体现。车轮路面间的六分力，包括垂直力、侧向力、纵向制动/驱动力，以及侧翻力矩、回正力矩、侧倾力矩等。目前最直接有效实时测试道路/场地中车辆车轮力的方式是轮胎六分力传感。轮胎力是道路载荷谱采集和台架模拟再现、车辆底盘主动控制系统（如 ABS、TCS、ESP 等）研究与评价、路面和桥梁损坏机理研究等所必需的信息，因此主要整车厂和检测机构都建立了轮胎六分力测试能力。

WFT 与车轮一起构成了测力车轮。图 2-14a 所示为 WFT 测试原理，对车轮轮辋改进后，通过两个连接法兰将 WFT 串联在车轮轮辋和制动器轮毂之间。地面对车辆的作用力传递路线变为：地面→胎体→改制轮辋→轮辋调节法兰→传感体→轮毂调节法兰→制动器轮毂。其中，传感体通常采用四梁或八梁结构，通过合理的应变布片组桥完成结构性多通道解耦。

对 WFT 进行动态标定通常基于轮胎试验机进行。图 2-14b 所示为轮胎试验机，其数据采集和控制设置参数，包括车速、轮胎转速、法向力、车轮力和力矩、载荷半径、侧偏角、外倾角和轮胎充气压力等。

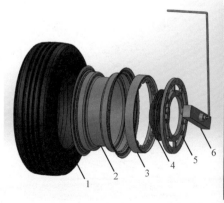

a) WFT测试原理

b) 轮胎试验机

图 2-14　车轮力传感器测试原理与轮胎试验机

1—轮胎　2—改制轮辋　3—轮辋适配器　4—轮毂适配器　5—传感体　6—信号调理单元

图 2-15 所示为基于某 WFT 测得的某乘用车实车道路试验数据，其中图 2-15a 是左前轮部分轮胎力数据，图 2-15b 是轨迹曲线。图 2-15a 中，时间 85～95s 为制动试验，98～110s 为加速试验，115～145s 为弯道行驶试验。

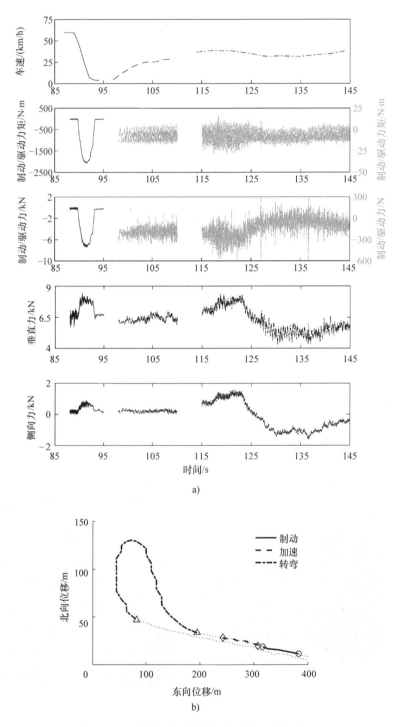

a)

b)

图 2-15 某 WFT 车载道路试验部分数据曲线

六、加速度测试

1. 测试方法

加速度传感器普遍应用在汽车电子控制系统中，如安全气囊中基于加速度信号进行触发，车辆稳定性控制系统中采用侧向加速传感器等。在驾乘舒适性控制系统中，通过测试车身、底盘和轮子的加速度来调节悬架弹簧刚度和减振器阻尼。

对于汽车动力性、制动性中的加速度测试，由于整车惯性比较大，加／减速强度不高，通常通过车速和行驶里程信息来间接得到加速度值。在操纵稳定性中对车身加速度信号进行测试，要求的量程也不大，通常仪器设备中集成的基于微机电原理（MEMS）的加速度传感器已可满足要求。但对于整车 NVH 和可靠性的振动测试，被测信号频率高、使用环境较为恶劣，通常选用压电集成电路式（IEPE）加速度传感器完成加速度的测试。

图 2-16 所示为 IEPE 加速度传感器工作原理，其内部集成了压电转换单元（PE）和电荷处理单元，传感器对外输出为电压信号。压电转换单元以某些物质的压电效应为基础。当这些物质在某一方向上因受到拉力或压力的作用而产生变形时，其表面上会产生电荷；当去掉外力时，它们又会回到不带电的状态，这种现象就是压电效应。IEPE 加速度传感器具有体积小巧、工作可靠、固有频率高、灵敏度和信噪比高等明显优势。

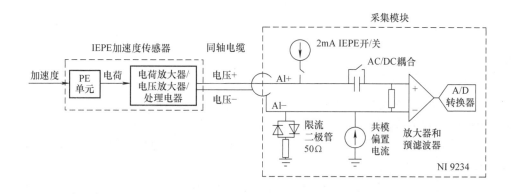

图 2-16　IEPE 加速度传感器工作原理

IEPE 加速度传感器需要其配合的数据采集模块提供恒流激励，一般为 2mA。图 2-16 给出了一种基于 NI C 模块的测试解决方案：NI 9234 模块，4 个独立通道同步采样，每通道最高采样频率 51.2kHz，输入电压信号范围 ±5V，A/D 转换器 Δ-Σ 型，24 位。可通过软件选择接入的是 IEPE/ 非 IEPE 传感器的信号，以及 AC/DC 耦合和 IEPE 信号调理等。每个通道还具有内置的抗混叠滤波器，可自动调整至采样率。

2. 工程案例

图 2-17 所示为基于 IEPE 加速度传感器采集的一段数据。试验工况同图 2-15，加速度传感器布置在左前轮轴头上。

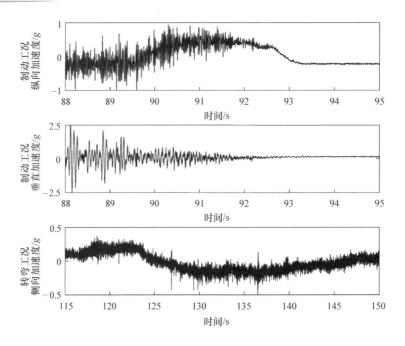

图 2-17　IEPE 加速度传感器车载道路试验部分数据曲线

第四节　大型通用测试设备与试验场

一、转鼓试验台

转鼓试验台又称为底盘测功机，是将转鼓鼓面作为假设路面，汽车驱动轮置于转鼓上进行汽车性能试验的装置。在转鼓试验台上做试验，不受环境影响，可在大功率高速工况下测试，试验重复性高且试验成本低。转鼓试验台可用于动力性、排放、油耗、耐久性、NVH、EMC 和低 / 高温环境试验等。

图 2-18 所示为 AVL 公司 48in 四驱乘用车转鼓试验台，转鼓采用电机驱动，可以准确模拟车辆在道路上行驶所受的各种阻力，再现道路上车辆的行驶情况，可提供恒力、恒速、道路行驶阻力模拟等多种控制模式供试验选择。该公司另外一种发动机和传动系统负载测试系统，用 4 个电机直接连接驱动轮，其实质是一种试验时去掉轮胎和鼓面接触造成的轮胎滚动阻力等影响的转鼓试验台。

1. 测试原理

在转鼓试验台上模拟车辆道路行驶阻力和功率，即确定鼓面上的力和速度，目标是使车辆在转鼓试验台上的工况与在道路上的工况一致。在道路条件下，发动机牵引整车，而在转鼓试验台上，发动机牵引的是转鼓和电机。两种工况不完全一样，必须对车辆在转鼓试验台上的工况进行补偿。

汽车道路行驶所受到的行驶阻力 F_R 由轮胎滚动阻力 F_{fw}、传动系阻力 F_{ft}、空气阻力 F_w、坡度阻力 F_i 与加速阻力 F_j 等构成，见式（2-22）。

图 2-18　AVL 公司 48in 四驱乘用车转鼓试验台

$$\begin{cases} F_R = F_{hx} + F_i + F_j \\ F_{hx} = F_{fw} + F_{ft} + F_w = a_0 + a_1 u_a + a_2 u_a^2 \end{cases} \tag{2-22}$$

式中　F_{hx}——整车道路滑行阻力，由四车轮轮胎滚动阻力 F_{fw}、传动系阻力 F_{ft}、空气阻力 F_w 组成，通过道路滑行试验测得，并拟合成车速 u_a 的二次多项式，系数分别为 a_0、a_1 和 a_2；

　　　　u_a——车速（km/h）。

整车在转鼓上试验时，需要加载整车滑行阻力。此时，驱动轮及其关联的底盘部件阻力在实际道路滑行和车驱动转鼓运行时都存在，实际转鼓加载的道路阻力应该是从道路滑行阻力中将这部分阻力剔除。同理，转鼓需要模拟的整车质量也应该把驱动轮及其关联的底盘部件的旋转质量剔除。

一般情况下，转鼓试验台电机可以精确模拟补偿整车惯性、道路阻力，在转鼓试验台上精确模拟道路试验任务。

2. 构成

转鼓试验系统的结构如图 2-19 所示，主要由图中虚线框包含的转鼓总成，以及控制柜、控制计算机等组成。

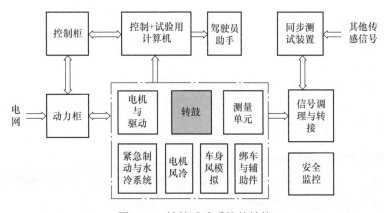

图 2-19　转鼓试验系统的结构

（1）转鼓

一般情况下，转鼓由钢或铝材料制成，采用空心结构。一般转鼓表面是平滑的，为了提高转鼓与轮胎的摩擦系数，会在转鼓表面进行滚花加工和涂覆高摩擦系数材料；也有一些鼓面是可以更换的。转鼓轴承采用滚动轴承，在进行噪声试验时大多采用静压轴承。

转鼓大致分为双鼓和单鼓。转鼓直径对轮胎发热有直接的影响。转鼓直径较小时，轮胎的滚动阻力增加，长时间的高速运转，会影响轮胎寿命和测试精度。

单鼓直径较大，一般为 1500 ~ 2500mm。因为轮胎变形接近于路面，轮胎滑移变小，除了用于高负荷、高精度的试验以外，还用于耐久性试验。直径增加，转鼓的转动惯量也增加，为了尽可能减小转动惯量，单鼓大多是铝制的。

（2）电机与驱动

电机主要通过风冷来冷却。在车带鼓模式下，电机可以模拟和补偿整车行驶阻力、加速阻力和坡道阻力，并克服本身惯性和内阻的影响。在鼓带车模式下，转鼓可以驱动车辆运行，可方便实现底盘和发动机阻力测试等试验。

（3）控制与测量单元

电机对车辆行驶阻力模拟和补偿输出量以及转鼓车速通过测量单元进行实时测试，并可以间接得到轮边驱动功率等。

控制＋试验用计算机通过人机交互完成试验任务的参数设置，并由控制柜通过动力柜控制电机驱动转鼓的运行。

（4）同步测试装置

在转鼓试验台上进行同步测试车辆其他信息时，如油耗、发动机转速和温度、加速踏板开度、制动压力等以进行相关性能测试，需要构建测试系统同步进行测试。转鼓试验台提供了信号调理和转接单元，方便从转鼓试验台引出相关参数，如转鼓车速、轮边力等信息，以进行测试系统构建。

（5）紧急制动装置

在发生意外时，需要按下紧急按钮触发转鼓试验台紧急制动（机械制动），该制动的冷却系统为水冷型。

（6）其他装置

通过计算机在监示器上显示试验循环曲线，通常该曲线是由有关试验标准所规定的，使驾驶员能准确操纵车辆。

进行耐久性试验时，可通过自动驾驶仪代替驾驶员操纵车辆跟踪试验循环。

试验开始前，汽车驶入转鼓鼓面，车身需要对正以减少轮胎滚动阻力对试验结果的影响，试验前车身前后需要通过钢丝绳绑定。

为了模拟实际道路试验时对发动机和制动器等的风冷效果，在试验车前会布置有大型鼓风机，可以设置风速和车速同步增长。

二、环境模拟试验设备

理想的汽车应在地球上所有区域的气候环境下都能发挥所期望的性能并能舒适地驾驶。因此，必须有能够高精度地模拟世界各地环境条件的环境试验设备，通过试验快速地确认汽车的环境适应性。

1. 高温环境模拟实验室

图 2-20 所示为高温环境模拟实验室，可以用来评价汽车耐热、耐湿、耐日晒等环境适应性能。其温度上限可达 +60℃，相对湿度为 5%～95%，风速尽可能覆盖整个车速范围。加热方式有电加热和蒸汽加热两种方式，另外还布置有风速模拟装置、日照装置、路面热辐射装置和转鼓试验台等。

a) 试验实物图

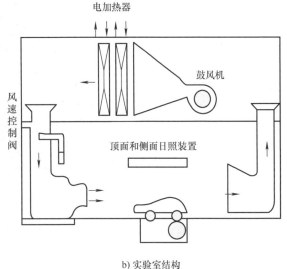

b) 实验室结构

图 2-20　高温环境模拟实验室

在高温环境模拟实验室内可进行下列试验项目。

1）冷却性能试验。该试验是模拟在热带等酷暑地区以及在日本夏季高温条件下，对有关散热性能进行评价的试验。评价内容包括发动机、变速器等润滑油的冷却、燃油冷却、排气冷却性能等。

2）驾驶性能试验。该试验是评价在高温条件下，燃料温度升高时汽车发动机的功率是否下降和发动机是否可以平稳加速，或在高温条件下停车时的再起动性能，以及车辆行驶的平稳性等。

3）热损害性能试验。在各种行驶状态下（如高温条件下的高速行驶、塞车行驶、爬坡行驶以及经过这些行驶后的怠速和停车等），汽车零部件的耐热性评价内容包括发动机舱内部件的功能，发动机舱内及车身各部橡胶、料、树脂等零件的热变形，由底盘下面的排气系统部件产生的热量，对车内部件温度上升所造成的影响等。

4）空调性能试验。为了在高温多湿的自然条件下也能保持舒适的乘用环境，对车内的温度、湿度、辨认性等环境的控制能力进行评价，评价内容包括车内的空调、换气、清除风窗玻璃的水蒸气等。

2. 低温环境模拟实验室

与实地寒区试验比较，低温环境模拟实验室具有节约人力、物力、财力，不受外界气候环境影响，不受季节限制等优点；同时具有环境控制精度高、稳定性好、重复性好的特点。

　　低温环境模拟实验室如图 2-21 所示，一般由低温试验间、制冷机房和制冷系统、换气系统、冷却水系统、测控及观测间、转鼓试验台等组成。根据检测标准，控制温度范围多为 −50～40℃，相对湿度为 5%～95%，风速尽可能覆盖整个车速范围。

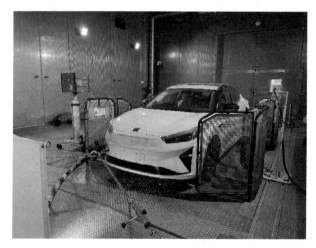

图 2-21　低温环境模拟实验室

　　在低温环境模拟实验室可以进行的试验项目如下。

　　1）起动性能试验。该试验用于评价低温状态下发动机的起动性能，包括蓄电池和起动机的容量选定、燃油喷射量以及正时的设定。

　　2）驾驶性能试验。该试验用于评价当发动机起动后，在多短的时间内汽车可以平稳行驶。

　　3）空调性能试验。为了得到舒适的乘用环境和确保汽车安全行驶，对保证清晰视野的有关性能进行评价。评价内容包括采暖能力以及换气、自动空调控制、除霜、防雾（使风窗玻璃清洁）的能力等。

　　4）环境适应性能试验。该试验用于在低温条件下对汽车基本性能进行评价。评价是在整车使用状况下进行的，以考核开关类等各种功能部件的作用和塑料件的耐低温脆性能力等。

三、驾驶模拟器

　　驾驶模拟器主要用于模拟汽车行驶状况，是利用计算机从人 - 车 - 交通环境的闭环系统的整体性能出发，对汽车主动安全性能等仿真研究和开发的大型试验装备。20 世纪 80 年代以来，德国、瑞典、日本、美国的各大汽车厂家分别建立了开发型驾驶模拟器。1985 年，戴姆勒 - 奔驰汽车公司首先建立了当时世界上规模最大的模拟器，并成功地用于系列化高速轿车的产品开发中。1989 年，德国大众汽车公司改建原有的模拟器，更新了计算机的运算能力和视景生成系统。20 世纪 90 年代，日本马自达、美国福特、日本自动车研究所（JARI）相继建成带有不同需要的驾驶模拟器。1996 年，在我国吉林大学建成 ADSL 驾驶模拟器，创立了汽车动态模拟国家重点实验室。

　　图 2-22 所示为英国 Leeds 大学开发的乘用车驾驶模拟器。一般的驾驶模拟器由显示车外景色的装置、模拟行驶声音的装置、模拟转向盘反作用力的装置、仪表类的装置、模拟

车辆运动产生的惯性力及振动装置统一控制的计算机和计算车辆运动的计算机等构成，按照坐在模拟器驾驶座椅上的试验人员的驾驶动作实时模拟车外景色、行驶声音、转向盘反作用力、惯性力、振动等，如图 2-23 所示。

a) 驾驶模拟器总体　　　　　　　　　　　　　　b) 驾驶室内

图 2-22　英国 Leeds 大学开发的乘用车驾驶模拟器

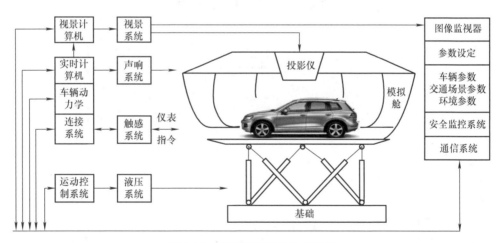

图 2-23　驾驶模拟器的构成实例

驾驶模拟器的用途大致有三种。

1）用于有关人 - 车系统的研究、开发，特别是在使用信息技术（IT）设备和智能交通系统（ITS）时的人 - 车系统的研究、开发；也用于危险状况和交通堵塞等特殊环境状况下的试验等。

2）用于有关汽车运动的研究、开发，即用于汽车操作稳定性、安全性、可靠性等相关汽车运动的研究、开发，也用于特殊环境状况下的试验等。

3）用于教育、训练。教育、训练驾驶员如何在实际行驶的危险状况下，对从视觉盲区突然出现的步行者或汽车采取应对措施等。

与实车试验相比，利用驾驶模拟器进行各种试验，具有安全性高、再现性高、容易设定试验条件、容易测定数据和分析等优点。

四、消声室

由于降噪技术的高速发展，控制背景噪声、再现开放音场的消声室被广泛使用。特别是近年来，汽车的安静性得到了提高。为了充分获得信噪比，就需要降低背景噪声，因此，提高消声室性能的必要性就更大了。另外，通过与转鼓试验台的组合，可以测定在台架行驶条件下的加速和减速时所产生的发动机噪声和车内的噪声。因为可以在稳定的环境下进行试验，所以试验数据的精度也得到了提高。

另外，还有通过在转鼓试验台转鼓部分附加模拟路面的凸凹，并进行路面行驶噪声评价的设备。最新的转鼓试验台可以以超过200km/h的速度在无风的台架上行驶。因此，与风洞和实际路面行驶的结果相比较，可以将发动机噪声和路面行驶噪声与风声分离，并进行分析。带转鼓试验台的消声室如图2-24所示。

图2-24 带转鼓试验台的消声室

五、试验场

汽车试验场也称试车场，是进行汽车整车道路试验的场所。随着生产、销售的全球化，市场适应性评价越来越重要，各汽车制造商基本已拥有模拟全世界所有路面外形的试验道路。试验道路的精度同样非常重要，直接影响试验结果。评价路面配备着从低速到高速、从平坦铺装路面到坏路面及低摩擦系数路面，可以在所有的环境下进行操纵稳定性、制动、动力和燃油消耗率、可靠性与耐久性等性能的开发实车行驶试验。近几年，低附着系数路面的制动性和稳定性控制系统的开发在不断进步，出现在瓷器瓷砖上可模拟低附着特性的评价路面。

汽车试验场的主要功用是：①汽车产品的质量鉴定试验；②汽车新产品的开发、鉴定和认证试验；③为实验室零部件试验或整车模拟试验以及计算机模拟确定工况和提供采样条件；④汽车标准及法规的研究和验证试验等。

汽车试验场从功能上可分为两类，即综合性试验场和专用试验场；以规模而论，可分为大型、中型和小型试验场。大型试验场面积在10km²以上，试验道路总长超过100km，种类相对比较齐全，多属于综合性试验场。如美国通用汽车公司（GM）的Milford汽车试

验场，占地 16.2km²，试车道路总长 200km，年总试车里程 2500 万 ~ 3000 万 km。亚洲和欧洲大部分试验场属于中小型规模的综合性试验场，布置上相对比较紧凑，但试验道路和设施的种类比较齐全。

中小型试验场中很大一部分是汽车零部件公司为满足产品开发和法规要求而修建的专用功能试验场，如德国 WABCO 公司设在汉诺威附近的试验场，其主要试验道路是附着系数从 0.15 ~ 0.5 的 5 条制动试验路，以满足该公司开发和评价制动防抱死系统（ABS）、驱动防滑系统（ASR）、电子控制制动系统（EBS）等的需要。专用功能试验场也有大型的，如美国通用汽车公司在梅萨（Mase）的沙漠热带汽车试验场，总面积 18km²。当地气候干燥，夏季最高温度可达 45℃，是鉴定发动机冷却系、供油系以及整车的动力性、经济性、空调系统等性能的理想试验环境。

全球代表性汽车试验场规模见表 2-2，其中包含中国的 5 个汽车试验场。图 2-25 所示为宝马位于法国的 Miramas 试验场。图 2-26 所示为中国汽车技术研究中心有限公司（简称"中汽中心"）盐城汽车试验场总平面图，试验道路总长 60km，场内规划有满足汽车试验、开发以及驾驶体验、竞赛的各种道路设施。

表 2-2 全球代表性汽车试验场规模

试车场名称	总面积 /km²	高速环道		
		形状	长度 /km	设计车速 /（km/h）
GM, Milford	16.2	圆形	7.2	177
Ford, Romeo	15.6	长圆形	8.0	225
Volkswagen	10.6	电话听筒形	20.5	190
TRC, Ohio	30	长圆形	12	225
MIRA	2.63	三角形	4.4	145
海南汽车试验场	0.68	电话听筒形	6.0	120
襄樊汽车试验场	1.93	长圆形	5.3	160
定远汽车试验场	2.39	长圆形	4	120
交通部公路交通试验场	2.4	长圆形	5.5	190
中汽中心盐城汽车试验场	1.5	长圆形	7.85	300

图 2-25 宝马位于法国的 Miramas 试验场

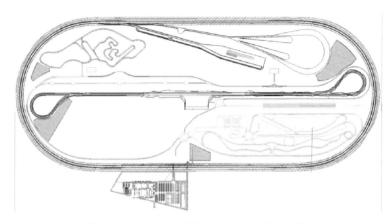

图 2-26　中汽中心盐城汽车试验场总平面图

复习思考题

1.传感器的主要作用是将_____转换成_____，以供数据采集系统进行_____和_____。传感器的技术特性主要是指_____与_____的关系。

2.汽车的试验有各种各样的分类方法，按照试验对象可分为_____试验、_____试验、_____试验等；按试验评价方式可分为_____试验和_____试验等。

3.（多选题）列举汽车试验用传感器的主要性能指标有（　　）。

A.灵敏度　　　　　　B.重复性　　　　　　C.稳定性　　　　　　D.线性度

4.（多选题）温度测试的方法包括（　　）。

A.热电阻法　　　　　B.热电偶法　　　　　C.热电流法　　　　　D.热敏电阻法

5.说明二阶传感器的阻尼比 ζ 多采用 0.6～0.8 的原因。

6.传感器不失真传感的条件是什么？

第三章

动力性试验

本章主要介绍加速试验、爬坡试验、最高车速试验和滑行阻力试验，分别从试验分类、试验设备、试验原理以及试验结果的应用等方面进行讲述，最后以某电动汽车试验实例来展示。

第一节 概　　述

汽车动力性是指汽车在良好路面上直线行驶时由汽车受到的纵向外力决定的，所能达到的平均行驶速度。动力性是汽车最基本的性能，人们都希望汽车能够"多拉快跑"，提高运输效率和能力，同时也可减少交通阻塞，保证道路畅通。从获得尽可能高的平均行驶速度的观点出发，汽车的动力性主要由三方面的指标来评定，即最高车速、加速度和最大爬坡度。此外，也有从常规行驶工况中提取的评价指标。通过动力性能各项评价指标的测定，可以考察其是否符合设计要求，是否符合用户的使用要求，为改进设计提供依据。另外，汽车的动力性还可以用于两种车型优劣的比较，以及生产质量的检查和科研等。

有关动力性的试验方法种类繁多。现有国家标准体系中，涵盖了以上三个评价指标的道路试验方法，如 GB/T 12543—2009《汽车加速性能试验方法》、GB/T 12544—2012《汽车最高车速试验方法》等；也有依托转鼓试验台来开展轮边驱动力、驱动功率的试验方法，如 GB/T 18276—2017《汽车动力性台架试验方法和评价指标》等；还有针对纯电动汽车、混合动力汽车的试验方法，如 GB/T 18385—2005《电动汽车　动力性能　试验方法》、GB/T 19752《混合动力电动汽车　动力性能　试验方法》等。各车企还开发了许多试验方法和评价指标。例如，开展不同加速踏板开度下的加速 MAP 试验，研究加速响应、加速度对时间的变化率等行驶感觉和行驶难易程度的试验。针对电动汽车，需要开展不同动力电池 SOC、不同环境温度下的动力性测试。针对混合动力汽车，需要开展不同驱动模式下的动力性测试。另外，为了更有效地评价动力性经济性，仿真试验技术也被广泛采用，各车企开发了各自的软件系统，高效率地用于试验开发。

道路动力性
试验

影响汽车动力性经济性的因素很多，从滑行阻力当中可以对相关影响因素进行量化分析。滑行阻力也是开展转鼓试验和仿真试验的输入条件，因此本章还将重点介绍滑行阻力试验。

第二节　加速试验

加速性能是指汽车在起步和超车使用条件下迅速提高行驶速度的能力。加速性能的评价指标主要包括加速过程中的加速度、加速时间和加速距离。加速度大小反映了汽车动力特性的好坏，但不如采用速度或距离与时间的关系直观，因此通常使用汽车从某一条件下

加速到某一距离或某一车速的时间作为评价指标。

一、试验设备

传统加速试验常常在道路上进行，试验标准中一般会对测试参数的精确度进行要求，例如加速试验要求：时间 $\pm 0.1s$，车速 $\pm 0.1km/h$，距离 $\pm 0.1\%S$（S 为试验超高）。现有道路试验使用两种原理的测试设备：一种是接收全球卫星定位系统信号并实时确定地面汽车位置，测试出速度的方法，如某非接触式车速仪（时间 $\pm 0.001s$，车速 $\pm 0.1km/h$，距离 $\pm 0.1\%S$），目前企业普遍采用该方法，如图 3-1 所示；另一种是采用使光通过特殊形状的光栅照射到路面，接收反射光来进行检测速度的方法，如某非接触式五轮仪（时间 $\pm 0.001s$，车速 $\pm 0.1km/h$，距离 $\pm 0.1\%S$），因安装不方便等原因逐渐被市场淘汰，如图 3-2 所示。

图 3-1　非接触式车速仪　　　　　图 3-2　非接触式五轮仪

各汽车企业开展的动力性试验大部分在转鼓试验台（也叫底盘测功机）上进行。转鼓与道路试验相比，具有以下优点：不受环境条件的影响和试验边界条件可控；试验周期短；节省人力；精度高、效率快；适合用于汽车的动力系统固有现象试验，带有危险性的汽车临界试验等。不同的转鼓试验台适用于不同驱动形式以及不同载荷、尺寸大小的汽车。转鼓试验台可以准确模拟出整车道路行驶阻力（称为转鼓试验台阻力设定，参见第五节），高精度地测量出车速、距离、加速度等参数。如某 48in 四驱转鼓试验台，适合开展4.5t 以下全系列车型动力性试验，时间 $\pm 0.001s$，车速 $\pm 0.01km/h$，距离 $\pm 0.1\%S$，牵引力 $\pm 0.1\%F$（F 为试验牵引力），加速度 $\pm 0.005m/s^2$，如图 3-3 所示。

随着试验开发的不断深入，有些汽车企业使用四轴五电机（图 3-4）来替代转鼓试验台。四轴五电机的负载电机直接与汽车轮毂相连，不需要和轮胎连接，消除了轮胎滑移的影响，试验的重复性更好。

二、起步和超车加速试验

加速试验是为量化加速能力而进行的试验，一般在平坦的干燥混凝土或沥青路面上测定从加速起点开始到终点结束对应的时间、车速和距离等以表征加速能力。通常会使用车速给出加速开始及结束条件的方法（速度法），有时也会使用加速开始条件是车速，但以行驶距离给出结束条件的方法（距离法）。本节以速度法为例介绍某企业起步和超车加速试验方法。

图 3-3 四驱转鼓试验台

图 3-4 四轴五电机

1. 起步加速试验

将加速踏板踩到底，使车辆由静止状态加速至规定的末车速，记录对应的行驶时间和距离。轻型汽车对应末车速为 100km/h，重型汽车为 80km/h。纯电动汽车需要增加末车速为 50km/h 的试验。匹配自动变速器的车辆使用 D 档进行起步加速；匹配手动变速器的车辆从 Ⅰ 档开始起步加速，加速过程中转速达到额定转速时逐一升档。试验往返方向各采集至少 2 次，相同方向的试验结果应保证变异系数 ≤ 5%，否则需增加试验次数，直到变异系数满足要求。

变异系数是一组数据的标准差与平均值的比，按式（3-1）计算，可用于判断测试数据的离散程度。

$$C_V = \frac{\sigma}{\mu} \tag{3-1}$$

式中 C_V——变异系数；

σ——试验值的标准差；

μ——试验值的平均值。

2. 超车加速试验

将变速器置于超车加速要求的档位，车速稳定在低于起始车速 2 ~ 3km/h，然后将加速踏板踩到底进行加速，直至车速超过末速度时停止，记录起始车速至末车速对应的行驶时间和距离。加速区间有 40 ~ 80km/h、60 ~ 100km/h、80 ~ 120km/h 等，纯电动汽车需要增加 50 ~ 80km/h 加速试验。试验往返方向各采集至少 2 次，相同方向的试验结果应保证变异系数 ≤ 3%，否则需增加试验次数，直到变异系数满足要求。

三、加速性能开发性试验

通过加速试验还可以获得轮边驱动力、驱动功率等数据，便于分析动力特性曲线和传动效率等参数。由于在加速试验过程中，需要高频率采集和记录全过程的车速、加速度等数据，因此使用转鼓试验台来开展此类试验的优势更加明显。本节介绍在转鼓上开展驱动力试验的方法。

将试验车辆固定在转鼓试验台上，按照转鼓试验台设定方法调整转鼓加载参数，保证汽车在转鼓上受到的总阻力与道路滑行阻力相当。

将变速器置于要求的档位，稳定在该档位最低稳定车速 3s 后，将加速踏板踩到底，加速至最高车速。记录加速过程中的车速、加速度等数据，采集频率 ≥ 10Hz。通过加速度、质量、滑行阻力可以得到轮边驱动力，见式（3-2）。

$$F_{t} = F_{road} + (M + M_{r})a \tag{3-2}$$

式中　F_{t}——试验车辆轮边驱动力（N）；

　　　M——汽车质量（kg）；

　　　a——加速度（m/s^2）；

　　　F_{road}——转鼓模拟再现的道路滑行阻力（N）；

　　　M_{r}——汽车旋转部件当量质量（kg），可以通过测试来准确获得，也可以使用经验值，一般重型车取 $M_{r} = 0.07M_{0}$，轻型车取 $M_{r} = 0.03M_{0}$，M_{0} 为汽车整备质量。

以某款最高车速为 100km/h 的电动汽车试验结果为例，由加速过程中的车速、加速度数据绘制的曲线如图 3-5 所示。将试验数据处理成驱动力 - 车速的曲线，并且与某款传统燃油车Ⅳ档轮边驱动力结果对比，如图 3-6 所示。

从图中可以发现，电动汽车的驱动力在低速段时处于额定转矩状态，超过某车速后随着车速的增加而下降；而固定档位的燃油车，轮边驱动力在低速时较小，随着车速的上升而上升，到达额定转矩后又随着车速的上升而下降。将该驱动力 - 车速曲线转换成转矩 - 转速曲线，如图 3-7 所示。不难发现，电动汽车使用的驱动电机低转数转矩特性远远优于传统的燃油发动机转矩特性。

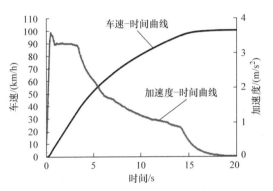

图 3-5　某电动车速度 - 加速度 - 时间曲线

为了较全面地评价加速性能，也会根据产品的开发需求制定一些不同环境条件、特定路况的测试方法。例如，开展在开空调状态下、高海拔下的加速试验等。电动汽车尤其需要测试在低温、动力电池低 SOC 状态下的加速性能，对比量化其加速衰减程度。电动汽车往往在起步响应、加速度的平顺性上具有优势，为了评价起步响应，可以使用距离法，测定起步加速至 5m 的到达时间和末车速。

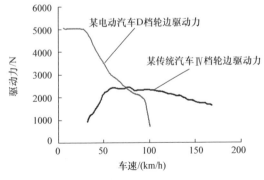

图 3-6　轮边驱动力 - 车速曲线

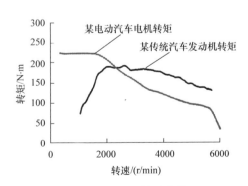

图 3-7　转矩 - 转速曲线

第三节 爬 坡 试 验

依据坡度的大小和长度，又将爬坡试验分为爬陡坡试验和爬长坡试验。爬陡坡试验一般在 10% 以上的陡坡路进行，GB/T 12539—2018《汽车爬陡坡试验方法》主要介绍了道路开展规定坡道爬坡试验、坡道起步试验、最大爬坡度试验等。爬长坡试验通常在坡度为 12% 以下的长坡路进行，包括坡道最高车速试验、坡道加速试验等，以及针对行驶中冷却液和润滑油温度的热平衡试验、靠近热源的橡胶件和塑料件温度的热害试验等。

一、试验工况及指标要求

爬坡试验的工况和评价指标的要求往往来源于实际道路情况，如汽车设计的最大爬坡度常常大于实际道路上的最大坡度。

放眼全球，即便是发达国家，依然有着大量的陡坡，如图 3-8 所示。但在我国，道路建设日新月异，越来越多的公路通过架桥梁、挖隧道来跨越山谷或者穿越山脊，即使是爬山公路也会通过盘旋环绕大山的方式来减小道路坡度，如图 3-9 所示。我国交通运输部颁发的 JTG D20—2017《公路路线设计规范》，对各级公路的最大纵坡以及最大坡长进行了规定，其中最大坡度为 10%。最大爬坡度一般设计要求：轿车和货车 ≥ 30%，越野车 ≥ 60%，远优于我国道路对应的坡度，这时除了最大爬坡度性能，企业和用户更加关注汽车在爬坡公路上影响通勤效率的指标，如坡道最高车速、坡道加速性能等。如某车企针对电动汽车制定了 4% 坡道最高车速的设计要求 ≥ 130km/h。

图 3-8　某国坡度达到 36% 的城市道路

图 3-9　张家界天门山公路

随着我国城市化的飞速发展，修建了越来越多的地下停车场坡道，车辆常常因堵车等因素停在坡道中间，此时坡道起步性能就显得尤为重要。我国住房和城乡建设部颁发的 JGJ 100—2015《车库建筑设计规范》，对不同机动车库坡道的最大纵向坡度进行了规定，其中最大坡度为 15%。如某车企针对电动汽车制定了坡道起步的设计要求 ≥ 20%。

近年来，我国汽车企业不断开拓海外市场，2023 年出口各类汽车 522 万辆，同比增长 57.4%，其中出口新能源汽车 177 万辆。然而，出口汽车必须要考虑当地人员的驾驶习惯、道路的坡度、海拔情况，需要针对性地制定试验工况和指标要求。

二、爬陡坡试验

爬陡坡试验常常以道路上开展为主，转鼓上开展为辅。转鼓上可以准确模拟阻力，但

很难模拟道路上汽车的前后轴荷变化和实际道路路面的摩擦系数。坡度越大，汽车前后轴荷变化越大，转鼓模拟陡坡试验的误差也就越大。

爬坡能力除了主要受到驱动力的影响，有时也会由轮胎与路面之间的附着系数决定其最大极限。因此除了在干燥、坚实的高附路上，还需要在冰、雪等低附路上开展爬陡坡试验。试验场地常见的高附标准坡道有 20%、30%、40%、60% 等，图 3-10 所示为某试验场60% 高附坡道。常见的一半高附一半低附的对开坡道有 10%、12%、15%，图 3-11 所示为某试验场 15% 对开坡道。

图 3-10　某试验场 60% 高附坡道

图 3-11　某试验场 15% 对开坡道

根据爬坡方式不同，分为两种试验：一种是从坡下平坦路处平稳起步后向上爬坡通过坡道，该种方式被称为规定坡道爬坡试验；另一种是在坡路中途紧急停车之后再起步加速行驶通过坡道，该种方式被称为坡道起步试验。下面以 GB/T 12539—2018 为例介绍道路上开展爬陡坡试验的方法。

1. 道路试验坡道要求

图 3-12 所示为道路示意图，测试路段坡道长度不小于 20m，测试路段的前后设有渐变路段，坡前平直路段不小于 8m，允许以表面平整、干燥、坚实、坡度均匀的自然坡道（沥青路面或混凝土路面）代替。测试路段的纵向坡度变化率不大于 0.1%，横向变化率不大于3%。

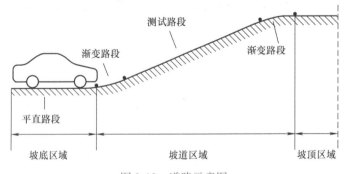

图 3-12　道路示意图

2. 规定坡道爬坡

将汽车变速杆置于最低档，如有副变速器也将其置于最低档，自动档汽车变速杆置于D 档，全驱车使用全轮驱动。将汽车停于接近坡道区域的平直路段上。起步后将加速踏板

踩到底，在测试路段采集汽车的车速及转速变化数据，爬坡中车速不断升高或趋于稳定通过测试路段，则爬坡成功并记录平均车速。第一次爬坡失败时，分析爬坡失败的原因。如爬坡过程中转速未达到最大转矩点，可放宽车辆前端距坡道区域的距离，使车辆进入测试路段前转速提升至最大转矩点，再进行第二次，但不超过两次。

3. 最大爬坡度

如果爬坡能力有富余，可以爬更陡的坡，而此时又没有更陡规定坡度的坡道，则可通过增加装载质量或采用变速器较高一档（如Ⅱ档）进行试验，按式（3-3）折算为最大设计总质量下，变速器使用最低档时的爬坡度（最大爬坡度）：

$$\tan\alpha_{\mathrm{m}} = \tan\left\{\arcsin\left[\frac{G_{\mathrm{a实}}\dfrac{i_1}{i_实}\sin\alpha_实 + f\left(G_{\mathrm{a实}}\dfrac{i_1}{i_实} - G_{\mathrm{a}}\right)}{G_{\mathrm{a}}}\right]\right\}100\% \qquad (3\text{-}3)$$

式中　$G_{\mathrm{a实}}$——汽车实际总质量（kg）；

　　　G_{a}——汽车最大设计总质量（kg）；

　　　i_1——最低档总速比；

　　　$i_实$——实际总速比；

　　　$\alpha_实$——试验时的实际坡度；

　　　f——滚阻系数，一般取 0.01。

4. 坡道起步

坡道起步的难易程度和起步后加速能力是非常重要的试验。除了在常规环境下进行，还要进行高原适应性试验，另外还会进行开空调的试验。

当汽车处于测试路段时，靠自身制动系统停住，将变速杆放入空档，熄火 2min，再起步爬坡，记录通过 10m 的时间和末车速。最大坡道起步试验方法可以参照最大爬坡度的质量调整方法。

三、爬长坡试验

爬长坡试验对动力性经济性、热平衡热害性能的开发有着重要的意义。一方面需要开展真实道路上的适应性试验，检验汽车能否更强地适应当地路况和环境；另一方面需要开展带环境模拟的转鼓试验台试验，可以准确重复模拟环境温度、光照强度、道路坡度等参数，便于试验开发过程中的方案选型验证。本节参照某企业标准介绍在转鼓上开展坡道最高车速、在道路和转鼓上开展坡道热平衡热害试验方法。

1. 坡道最高车速试验

坡道最高车速试验一般在转鼓试验台上进行。常用的坡道最高车速设定的坡度有：3%、4%、5%、6%、7%、8%、9%、10% 等，电动汽车主要测试 4% 和 12% 两种坡道最高车速。

以电动汽车 4% 坡道为例进行介绍。除了将转鼓试验台进行阻力设定外，还需要将转鼓模拟的坡道设置为 4%，将试验车的质量设置为最大设计总质量，转鼓会自动换算出坡道阻力，并增加到转鼓电机模拟阻力中。试验过程中，需要将加速踏板踩到底使试验车辆加速或使用适当变速档位使车辆加速。确定试验车辆能够达到并持续行驶 1km 的最高车速，

同时，记录持续行驶 1km 的时间 T，用式（3-4）计算结果：

$$V = \frac{3600}{T}$$

（3-4）

式中　V——实际坡道最高车速（km/h）；

　　　T——持续行驶 1km 所需时间（s）。

2. 坡道热平衡热害试验

在道路上开展坡道热平衡热害试验的关键是选择合适的路段。选择路段时，需要考虑总坡长、平均坡度、海拔、弯道限速等道路的条件因素，也需要考虑当地环境温度、光照强度、湿度、风速等气象条件因素，还需要考虑当地车流量、物流运输等后勤条件。我国各车企常在夏季选择新疆吐鲁番地区的某些道路开展试验。例如，G3012 吐库高速，起点在 63km 标牌处，海拔 783m，终点在 79km 标牌处，海拔 1510m，道路总长度 16km，平均坡度 4.3%（图 3-13）。夏季 6—8 月，该试验路段气温常常超过 40℃，光照强度常常超过 1000W/m²。

试验过程中，除全程记录各试验道路的环境温度、湿度、光照强度、气压等气象条件外，还要记录热平衡热害的温度以及能耗等关键数据，并标注汽车极限转矩、空调切断、仪表报警等现象发生的试验路段和对应车速。试验结束后对试验数据进行分析处理。

在转鼓试验台上开展该类试验相对容易，试验常常在配置温控和阳光模拟的转鼓实验室进行，工况设定如下：120km/h 爬 4% 坡，90km/h 爬 7% 坡，60km/h 爬 9% 坡，40km/h 爬 12% 坡等，环境温度 35℃ 和光照强度 1000W/m² 等参数设置。图 3-14 所示为某转鼓实验室，48in 四驱转鼓试验台，环境温度控制范围 -40～60℃，光照强度控制范围 0～1200W/m²。

图 3-13　G3012 吐库高速试验段

图 3-14　带温控和阳光模拟的转鼓实验室

第四节　最高车速试验

最高车速是指汽车在无风条件下，在水平良好的路面（混凝土或沥青）上能达到的最大行驶速度，通常用连续行驶一定距离的平均最高车速来表征。

最高车速反映了汽车依靠动力所能达到的车速极限。对于大多数乘用车来说，比功率较大，最高车速较高，例如，某电动轿车最高车速为 240km/h，而我国高速公路限速

120km/h，因此对于该车来说，最高车速仅是后备功率的体现。但是对于部分商用车来说，比功率较小，最高车速较低，例如，某电动货车最高车速为80km/h，此时该车的最高车速是决定汽车能否"快跑"的重要指标。

最高车速试验可以在道路上开展，也可以在转鼓上开展。在道路上开展时，需要选择合适的试验场高速环道或直线道（图3-15），保证道路有足够长的加速段使得车辆加速到最高车速且不超过道路的设计车速；还需要依据试验车最高车速的大小来划分试验的安全风险等级，对于风险等级较高的试验需要加严管控措施，例如用"包场"来降低试验风险（通过管理的手段，保证试验过程中高速环道没有其他车辆）。高速环道的设计车速为车道的中心线上行驶时不利用轮胎与路面间的横向摩擦力所达到的平衡车速，此时车辆高速行驶中产生的离心力，全部被高速弯道横断面的横向超高所抵消，如图3-16所示。

图3-15　某试验场高速环道最高车速试验

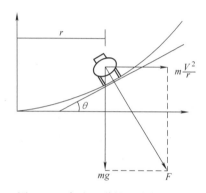

图3-16　高速环道的设计车速原理

在转鼓上开展最高车速试验，需要选择合适的转鼓试验台，保证转鼓试验台的设计车速大于车辆的最高车速。车辆在转鼓上，没有平移动能，只有驱动轮再现了道路上的旋转运动，安全风险远低于道路试验；且转鼓上不需要往返两个方向和多次测量，提高了试验效率；因此大多数车企使用转鼓来开展最高车速试验。最高车速试验方法与坡道最高车速试验基本相同。

电动汽车采用电驱动动力系统，其输出瞬时功率往往大于额定值，因此还需要进行30min最高车速试验。使试验车辆以该车30min最高车速预估值 ±5%的车速行驶30min。试验过程中车速如有变化，可以通过踩加速踏板来补偿，从而使车速符合30min最高车速预估值 ±5%的要求。如果试验中车速达不到30min最高车速估计值的95%，那么试验应重做，车速可以是上述30min最高车速估计值或者是重新估计的30min最高车速。测试车辆行驶过的里程，并按照式（3-5）计算平均30min最高车速。

$$v_{30} = \frac{S_1}{500} \tag{3-5}$$

式中　v_{30}——30min 最高车速（km/h）；

　　　S_1——30min 行驶距离（m）。

第五节　滑行阻力试验

滑行是指汽车在路面上直线行驶时松开加速踏板、利用自身惯性继续向前行驶的方式，包括空档滑行、带档滑行等。通常我们所说的滑行阻力指的是空档滑行阻力。

滑行阻力一般认为是汽车在平直路面上匀速行驶的行驶阻力，可以分解为底盘阻力和空气阻力。底盘阻力为传动系、行驶系、转向系和制动系传递至轮边的阻力之和，又可以分解为轮胎滚动阻力、变速器空档和后桥等传动系内摩擦阻力、轮毂轴承摩擦阻力、制动器拖滞力和车轮定位前束阻力等。

本节将介绍滑行阻力试验方法分类、道路滑行试验、试验的应用及拓展等。

一、滑行阻力试验方法分类

道路滑行试验是测定行驶阻力最常用的方法。关于道路滑行的试验标准有很多，按照国内和国外划分，国内有 GB 18352.6—2016《轻型汽车污染物排放限值及测量方法（中国第六阶段）》、GB/T 27840—2021 附录 C "行驶阻力测定及在底盘测功机上的模拟"、GB/T 12536—2017《汽车滑行试验方法》等。国外有 SAE J 2263、ECE R83、TRIAS 11-1-4-42 等。尽管各标准中的试验细则有着大量的不同之处，但是用到的试验原理几乎类同。

道路上，除了采用滑行测试方法外，还可以采用匀速测试方法，如牵引法、转矩仪法、等效法等。牵引法是使用前车牵引试验车辆在道路上匀速行驶，在牵引机构上安装测力装置，不同车速点的牵引力即为行驶阻力，如图 3-17 所示。转矩仪法是将转矩仪安装在每个驱动轮的轴与轮毂之间，试验车维持匀速行驶，转矩仪的转矩即是驱动转矩的大小，由此可以得到不同车速下的行驶阻力，如图 3-18 所示。等效法是在道路匀速行驶时，同步测试加速踏板开度或油耗、电耗等，在转鼓试验台上调整载荷直至达到与道路一致的加速踏板开度或油耗、电耗，转鼓试验台总阻力即为行驶阻力。

图 3-17　牵引法开展测试　　　　　　　　图 3-18　转矩仪法开展测试

除了在道路上开展整车的阻力测试外，还可以通过系统部件试验来进行行驶阻力的分解测试。例如，风洞实验室测试空气阻力，如图 3-19 所示；轮胎滚阻试验台测试滚动阻力，如图 3-20 所示。

图 3-19 风洞实验室测试空气阻力

图 3-20 轮胎滚阻试验台测试滚动阻力

二、道路滑行试验

依据道路滑行试验采集的物理量不同，分为时间法和距离法。现行各类标准中以时间法为主，各测试设备的时间精度均优于距离精度，因此本节以 GB/T 27840—2021 中的时间法为主要参考，介绍试验准备、试验步骤、试验数据处理。试验数据处理是重难点，分为往返方向平均值、时间重复性、滑行阻力计算、滑行阻力拟合和环境校正五个步骤计算方法。

1. 试验准备

1）试验道路：道路滑行试验应在清洁、干燥、平直的沥青混凝土或混凝土路面上进行。试验路面长度应满足试验要求，纵向坡度误差在 ±0.1% 以内。

2）环境条件：试验应在无雨、无雾的天气下进行。环境温度应在 5～35℃ 范围内；环境的相对湿度应小于 80%；大气压力应在 91～104kPa 范围内。测量环境风速时，轻型车高出路面 0.7m 处，重型车高出路面 1.6m 处，平均风速 ≤ 2m/s，最大风速 ≤ 3m/s，侧向最大风速 ≤ 2m/s。

3）装载质量：无特殊规定时，轻型车处于空载（整备质量 + 必要的试验人员和设备），重型车处于最大设计总质量状态。

4）试验车辆：试验车辆至少经过 3000km 磨合，并进行必要的保养和调整。对于有能量回收装置的车辆，应有手段使其不工作。试验前需充分预热车辆，预热行驶时间的长短因车型和气候条件而定，保证动力传动系统、制动器、轮胎等部件处于正常温度状态，行驶时间一般不少于 20min。试验时应关闭车窗和驾驶室通风口。

5）试验设备精度：时间测量精度不应低于 0.1s；车速测量仪器精度不应低于 0.5%。

2. 试验步骤

1）汽车驶入滑行区段前，选择合适的档位进行加速至稍高于滑行初始车速，然后驾驶员将变速杆放入空档，汽车开始滑行。滑行初始车速：轻型车一般为 130km/h，重型车为 90km/h。受车辆加速性能及试验场地长度限制，不能达到要求的起始车速时，以车辆在试验场地所能达到的最高车速向下圆整 5km/h 倍数车速为滑行初始车速。

2）滑行过程中，使车辆保持直线前进，当滑行超出试验跑道时，先从 130km/h 滑行至 80km/h，然后从 80km/h 滑行至 5km/h。

3）测量车辆从 $v_2 = v + \Delta v$ 减速至 $v_1 = v - \Delta v$ 所需的时间为 T_a，一般 $\Delta v \leqslant 5\mathrm{km/h}$。

4）相反的方向重复操作得到 T_b。计算两个方向的平均值作为一次滑行时间 T。

5）往返重复试验不少于 4 次，计算试验数据的统计精度，如果统计精度不能满足要求，则需增加次数。

3.试验数据处理

（1）单次往返方向平均值计算

试验过程中存在行驶方向上的风速，试验车往返分别受到顺风和逆风的影响。风速较小时，对于滑行时间的影响较小，通过算术平均值可以较方便地计算出平均值。但试验风速较大时，两个方向试验时间差值较大，调和平均数的计算结果更加合理。两种计算方法见式（3-6）。

算术平均值：
$$T = \frac{T_a + T_b}{2} \tag{3-6}$$

调和平均值：
$$T = \frac{2}{\dfrac{1}{T_a} + \dfrac{1}{T_b}}$$

（2）多次滑行时间重复性校验

对滑行时间的重复性进行检验，使用 95% 置信区间的统计精度 p 计算方法，即真实的滑行时间有 95% 的概率落在 $\bar{T}(1-p)$ 和 $\bar{T}(1+p)$ 之间。每一车速段的时间统计精度都应 $\leqslant 4\%$，计算方法见式（3-7）。

$$p = \frac{ts}{\sqrt{n}} \frac{100}{\bar{T}} \tag{3-7}$$

式中　p——平均耗用时间 $\bar{T}$ 的统计精度；

　　　　$\bar{T}$——以车速 v_2 滑行至 v_1 所需的时间 T 的算术平均值，$\bar{T} = \dfrac{1}{n}\sum\limits_{i=1}^{n} T_i$；

　　　　s——标准偏差，$s = \sqrt{\sum\limits_{i=1}^{n} \dfrac{(T_i - \bar{T})^2}{n-1}}$；

　　　　n——试验次数；

　　　　t——精度系数，与试验次数关系见表 3-1。

表 3-1　试验次数与精度系数对应关系

n	4	5	6	7	8	9	10
t	3.2	2.8	2.6	2.5	2.4	2.3	2.3

（3）滑行阻力 - 车速计算

按照式（3-8）可以得出车速 v 对应的滑行阻力 F。

$$F = (M + M_r)\frac{v_2 - v_1}{3.6\bar{T}} \tag{3-8}$$

式中　F——滑行阻力（N）；

　　　　M——试验时汽车的总质量（kg）；

　　　　M_r——旋转部件的当量质量（kg）。

同理，可以得到其他车速下的滑行阻力，形成滑行阻力 - 车速数组。

（4）滑行阻力拟合

以滑行阻力 - 车速数组为基础，用最小二乘法进行拟合。拟合方程有两种，常用式（3-9）对滚阻和风阻进行简单拆解；为了提高拟合精度，常使用式（3-10）用于转鼓试验台设定。

$$F = a + bv^2 \qquad (3-9)$$

$$F = f_0 + f_1v + f_2v^2 \qquad (3-10)$$

式（3-9）试验计算过程见式（3-11）。

$$a = \frac{\sum v_i^4 \sum F_i - \sum v_i^2 \sum v_i^2 F_i}{n\sum v_i^4 - \left(\sum v_i^2\right)^2} \qquad (3-11)$$

$$b = \frac{n\sum v_i^2 \sum f_i - \sum v_i^2 \sum F_i}{n\sum v_i^4 - \left(\sum v_i^2\right)^2}$$

式中　a——阻力随车速变化常数项（N）；

b——阻力随车速变化二次项 $[N/(km/h)^2]$。

以表 3-2 某电动 SUV 实测不同车速对应滑行阻力为例，将滑行阻力 - 车速数组分别按照式（3-9）、式（3-10）两种方式拟合，并绘制成曲线，如图 3-21 所示。

式（3-10）
计算过程

表 3-2　某电动 SUV 不同车速对应滑行阻力测试值

车速 v_i/（km/h）	125	120	115	110	105	100	95	90	85	80	75	70
滑行阻力 F_i/N	858	806	760	713	666	622	573	532	496	459	427	394
车速 v_i/（km/h）	65	60	55	50	45	40	35	30	25	20	15	10
滑行阻力 F_i/N	362	333	307	283	261	241	219	201	184	167	150	134

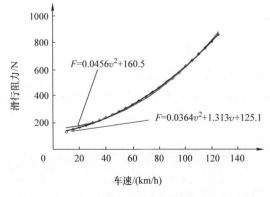

图 3-21　车速 - 滑行阻力拟合曲线

（5）环境校正计算方法

环境温度和大气压力影响滑行阻力。环境温度越高或大气压力越低，空气的密度越小，空气阻力也越小；环境温度越高，轮胎温度越高，轮胎滚动阻力越小；环境温度越高，传动系和轴承等润滑油脂的温度越高，相应的内摩擦阻力越小。因此需要将滑行阻力校正到标准的环境状态下。

各标准体系中，对标准的环境状态定义不同，本节使用的标准环境温度和大气压力是20℃（293K）、100kPa。阻力函数的校正方法见式（3-12）。

$$F_0 = (f_0 + f_1 v)[1 + K_R(t - 20)] + f_2 \frac{t + 273}{293} \times \frac{100}{P} v^2$$

$$F_0 = a[1 + K_R(t - 20)] + b \frac{t + 273}{293} \times \frac{100}{P} v^2$$
（3-12）

式中　F_0——换算后的行驶阻力（N）；

　　　t——试验道路上的平均气温（℃）；

　　　P——试验道路上的平均大气压（kPa）；

　　　K_R——滚动阻力温度校正系数，轻型车取 0.00864，中重型车取 0.006（各标准体系中略有不同）。

三、试验的应用及拓展

道路滑行试验结果应用广泛，可以用来检查汽车底盘的技术状况和调整状况，也是利用转鼓开展各类试验前进行试验台阻力设定的必要前提，还可以将滑行阻力进行分解计算出空气阻力系数。

1. 基于滑行阻力设定转鼓试验台阻力

汽车在转鼓上，从动轮保持静止，驱动轮旋转模拟道路行驶。驱动轮以及相连的轴承和变速器等产生的底盘阻力为 F_{loss}，可以近似等于道路上驱动轮的底盘阻力。为了能再现道路上受到的行驶阻力 F_{road}（近似等同于上文中的道路滑行阻力 F_0，用 $F_{road} = f_0 + f_1 v + f_2 v^2$ 表示），还需要转鼓电机模拟出行驶中的空气阻力、从动轮底盘阻力等其他阻力 F_{dyno}（用 $F_{dyno} = f_0' + f_1' v + f_2' v^2$）。转鼓加载阻力模式如图 3-22 所示。

$$F_{dyno} = F_{road} - F_{loss}$$
（3-13）

式中　f_0'——转鼓试验台加载阻力系数常数项（N）；

　　　f_1'——转鼓试验台加载阻力系数一次项 [N/（km/h）]；

　　　f_2'——转鼓试验台加载阻力系数二次项 [N/（km/h）^{2}]。

下面介绍底盘阻力测试法和拟合滑行法两种转鼓试验台阻力设定的方法。

1）底盘阻力测试法：将转鼓设置为驱动模式，转鼓驱动轮胎匀速运转，直接获得转鼓驱动力，即为驱动轮底盘阻力，如图 3-23 所示，再求出转鼓加载阻力。

$$F_{dyno}' = F_{loss}$$
（3-14）

式中　F_{dyno}'——转鼓试验台驱动模式下的驱动力（N）。

得出不同车速下转鼓试验台的加载阻力后，使用最小二乘法进行二次项拟合，生成的加载阻力随车速的函数作为最终的阻力设定。

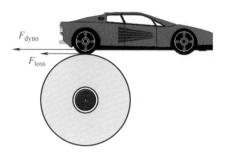

图 3-22　转鼓加载阻力模式

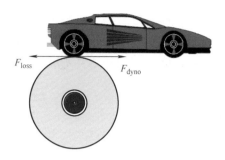

图 3-23　转鼓驱动模式

2）拟合滑行法：首先按照经验值进行初始控制系数设置（如两驱车 $f_0' = 0.5f_0$、$f_1' = 0.2f_1$、$f_2' = f_2$）。完成初始控制系数设置后，开展转鼓试验台滑行试验，得出滑行时间，计算出转鼓试验台总阻力 F_{road}'，并计算与 F_{road} 偏差是否在要求范围内。如果不满足偏差要求，采用最小二乘法计算 F_{road}' 和 F_{road}，得出调整后的控制系数 f_0'、f_1'、f_2'，并再次进行转鼓试验台滑行试验和迭代计算，直到满足偏差要求为止。

2. 基于滑行试验数据计算空气阻力系数

根据滑行阻力拟合计算方法、环境校正计算方法可以得出最终滑行阻力与车速的拟合曲线 $F_0 = a_0 + b_0 v_2$，使用式（3-15）得到空气阻力系数 C_D。

$$C_D = \frac{2b_0 3.6^2}{A\rho} \tag{3-15}$$

式中　b_0——基准气象条件下阻力随车速变化二次项 $[N/(km/h)^2]$；

　　　A——迎风面积（m^2），可以通过测试或者 CAE 仿真获得，如图 3-24 和图 3-25 所示；

　　　ρ——空气密度（kg/m^3），标准气象（100kPa，20℃）下空气密度是 $1.189kg/m^3$。

由滑行法得到的空气阻力系数与风洞法有较高的一致性，虽然精度与风洞不是一个量级，但可以替代精度要求不高的风阻测试任务，缩短试验周期，降低试验成本。

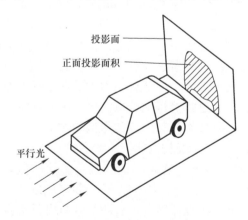

投影面

正面投影面积

平行光

图 3-24　激光投影法示意图

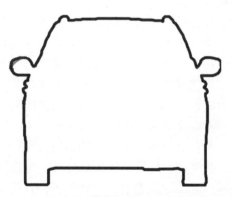

图 3-25　某汽车迎风面积轮廓示意图

3. 提高滑行试验精度的措施

道路滑行试验对气象条件，特别是风速要求苛刻。常常因试验风速条件不满足试验要

求，影响试验进度。为了提高试验效率和精度，行业开发出试验同步测试风速风向并对结果进行校正的新方法，如图 3-26 所示。使用该方法，气象条件的风速要求可以放宽到：平均风速 ≤ 7m/s，最大风速 ≤ 10m/s，侧向最大风速 ≤ 4m/s。

$$F_0 = f_0 + f_1 v + f_2 v^2 + \frac{1}{2} \rho A v_r^2 (a_0 + a_1 Y + a_2 Y^2 + a_3 Y^3 + a_4 Y^4) \tag{3-16}$$

式中　　　　　　　　　　v_r——相对风速（km/h），滑行试验过程的同步采集数据，采集频率不低于 10Hz；

Y——相对于车辆行驶方向的表面风速偏离角（°），同步采集数据；

a_0、a_1、a_2、a_3、a_4——偏离角函数的常数项、一次项、二次项、三次项、四次项系数，可以通过滑行试验数据分析得到，或者由风洞试验直接得出，如图 3-27 所示。

图 3-26　风速风向测试　　　　　　　　图 3-27　风洞测试偏离角函数

第六节　动力性试验实例

某款电动 SUV 第一辆试验样车，需要开展道路滑行和转鼓动力性试验，验证其滑行阻力和动力性是否满足设计要求。该研发项目组将试验需求提交给试验部门，试验部门组建了该项任务的试验团队，试验团队成员包括工程师、驾驶员、试验员、安全员等，试验团队制定了详细的试验大纲，涵盖涉及的试验计划、试验设备、试验标准等，并组织对试验大纲的评审和完成相关流程的签批。试验人员的能力需要严格认证，驾驶员需要拥有与车辆相符的驾照并且具备该车辆驾驶的特殊技能要求，道路滑行试验员需要熟练掌握试验设备的操作和试验方法，转鼓试验员需要拥有转鼓设备操作证和熟练掌握试验方法，转鼓安全员需要熟练掌握现场应急预案，并且在试验过程中时刻监控车辆、实验室设备状态。

滑行试验前，驾驶员和试验员需要完成车辆、设备、道路场地、气象条件的检查工作，并将试验质量、气象条件等关键信息填入电子记录表中。按照试验步骤完成试验，并整理到电子记录表中，依据模板公式得出计算结果，检查环境校正后的行驶阻力是否有异常现象，检查统计精度是否满足 4% 的重复性要求，根据检查结果及时进行分析及决定是否继续试验。试验结束后，需要再次记录气象条件，恢复车辆、设备并做好交接和存放。试验员将试验原始数据、电子记录表等电子资料移交工程师。电子记录表前 4 次记录结果见表 3-3，完成 8 次试验满足精度要求，最终得出滑行阻力随车速变化的函数：

$$F_0 = 125.1 + 1.3127v + 0.03636v^2$$

表 3-3　滑行试验电子记录表

试验日期	2021/4/15		风向	东		风向	东	试验地点
试验质量 /kg	1410	试验前	风速 / (m/s)	0.2	试验后	风速 / (m/s)	1.3	新港试验场
试验设备	滑行数采		温度 /℃	13.8		温度 /℃	20.3	
驾驶员			气压 /kPa	99.7		气压 /kPa	99.7	
试验员			湿度（%）	67.7		湿度（%）	67.2	

速度 / (km/h)	第一次 时间 /s		第二次 时间 /s		第三次 时间 /s		第四次 时间 /s	
	东	西	东	西	东	西	东	西
130	0.0	0.0	0.0	0.0	0.0	0.0	0.0	0.0
125	2.2	2.1	2.2	2.0	2.2	2.0	2.3	2.1
120	4.6	4.4	4.6	4.3	4.5	4.3	4.7	4.5
115	7.0	6.8	7.1	6.8	7.0	6.6	7.3	7.0
110	9.6	9.3	9.6	9.4	9.6	9.2	10.0	9.6
105	12.5	12.1	12.5	12.2	12.5	12.0	12.8	12.4
100	15.6	15.0	15.6	15.1	15.5	14.9	16.0	15.4
95	18.6	18.1	18.7	18.3	18.8	18.1	19.2	18.6
90	22.4	21.6	22.5	21.6	22.2	21.5	22.9	22.0
85	26.2	25.1	26.4	25.3	26.0	25.1	26.8	25.7
80	30.0	29.0	30.7	29.2	30.2	29.0	31.0	29.7
75	34.4	33.2	35.0	33.1	34.7	33.4	35.3	34.2
70	39.2	37.5	39.8	37.9	39.7	38.3	39.9	38.6
65	44.5	42.6	44.9	42.8	45.1	43.5	44.7	43.6
60	50.0	48.1	50.2	48.4	51.0	49.2	50.1	49.1
55	56.2	54.0	56.1	54.1	57.6	55.4	55.8	54.9
50	62.8	60.3	62.5	60.4	64.5	62.2	62.1	61.3
45	70.2	67.6	69.2	67.3	71.4	69.5	68.9	68.1
40	77.9	75.3	76.8	75.1	77.7	77.9	75.9	75.6
35	86.8	83.5	85.1	83.4	86.7	86.8	83.9	83.8
30	96.1	93.0	94.1	92.3	96.6	96.6	92.5	92.6
25	103.5	103.1	104.1	101.9	107.5	107.2	102.7	102.1
20	116.0	114.1	114.8	113.7	116.7	118.4	112.9	113.6
15	128.6	126.6	126.5	126.1	126.6	131.0	124.7	125.1
10	142.6	140.0	139.8	139.9	141.1	145.6	138.5	139.2
5	157.9	155.4	153.2	155.0	153.6	161.1	154.0	154.9

进行转鼓试验前，驾驶员和试验员需要完成车辆、转鼓试验台的检查工作，将试验车辆固定在转鼓试验台上并完成预热，按照转鼓试验台阻力设定方法，得出转鼓加载阻力系数 $F_{dyno} = 29.4 + 1.0437v + 0.0368v^2$。按照步骤完成试验，并将试验数据整理到试验报告中，见表 3-4。

表 3-4　试验报告中部分数据示意

项目	试验结果	技术要求	结论
120km/h 滑行阻力 /N	806.2	≤ 820	合格
80km/h 滑行阻力 /N	462.8	≤ 470	合格
40km/h 滑行阻力 /N	235.8	≤ 240	合格
30min 最高车速（60% 电量）/（km/h）	103.5	≥ 100	合格
30min 最高车速（30% 电量）/（km/h）	103.7	≥ 100	合格
1 km 最高车速（60% 电量）/（km/h）	131.7	≥ 130	合格
1 km 最高车速（30% 电量）/（km/h）	131.8	≥ 130	合格
4% 坡道最高车速（60% 电量）/（km/h）	129.0	≥ 120	合格
4% 坡道最高车速（30% 电量）/（km/h）	128.7	≥ 120	合格
12% 坡道最高车速（60% 电量）/（km/h）	89.2	≥ 80	合格
12% 坡道最高车速（30% 电量）/（km/h）	85.0	≥ 80	合格
倒车最高车速（60% 电量）/（km/h）	38.3	≤ 40	合格
倒车最高车速（30% 电量）/（km/h）	38.6	≤ 40	合格
0—100km/h 起步加速时间（60% 电量）/ s	13.2	≤ 14	合格
0—100km/h 起步加速时间（30% 电量）/ s	14.5	≤ 14.5	合格
0—50km/h 起步加速时间（60% 电量）/ s	3.9	≤ 4	合格
0—50km/h 起步加速时间（30% 电量）/ s	4.2	≤ 4.5	合格
50—80km/h 超车加速时间（60% 电量）/ s	4.1	≤ 4.5	合格
50—80km/h 超车加速时间（30% 电量）/ s	4.6	≤ 5	合格
最大坡道起步（%）	25.3	≥ 20	合格
最大爬坡度（%）	32.6	≥ 30	合格

试验工程师组织试验团队参与人员、试验需求方的相关设计人员、试验领域的专家等人员进行试验报告评审；评审完成后，经过校对、审核、会签、标准化、批准等流程，完成试验报告的签批，签批完成后，将所有试验过程数据和试验报告上传至试验数据管理系统存档，参考试验报告模板整理成试验报告，下发和存档。

复习思考题

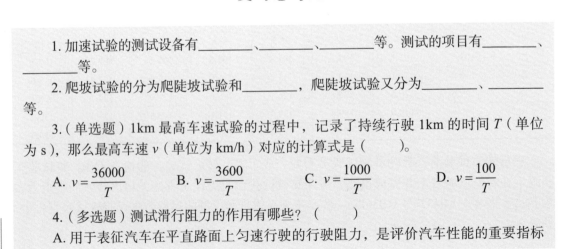

1. 加速试验的测试设备有_____、_____、_____等。测试的项目有_____、_____等。

2. 爬坡试验的分为爬陡坡试验和_____，爬陡坡试验又分为_____、_____等。

3. （单选题）1km 最高车速试验的过程中，记录了持续行驶 1km 的时间 T（单位为 s），那么最高车速 v（单位为 km/h）对应的计算式是（　　）。

A. $v = \dfrac{36000}{T}$ 　　　　 B. $v = \dfrac{3600}{T}$ 　　　　 C. $v = \dfrac{1000}{T}$ 　　　　 D. $v = \dfrac{100}{T}$

4. （多选题）测试滑行阻力的作用有哪些？（　　　　）

A. 用于表征汽车在平直路面上匀速行驶的行驶阻力，是评价汽车性能的重要指标

之一

B. 从滑行阻力当中可以简单拆解出风阻并计算得出风阻系数，替代精度要求不高的风洞试验，降低试验成本

C. 基于滑行阻力设定转鼓试验台阻力，用于在转鼓上开展热平衡热害、最高车速等各类试验

D. 将滑行阻力数据输入专业的动力性经济性软件系统，开展相关仿真试验

5. 基于表3-3和本章相关公式，计算滑行阻力系数，并与教材中给出的结果作比较。

6. 试验实例中的样车的迎风面积为2.5m²，根据第六节试验数据，计算该车空气阻力系数。

思政故事　共和国汽车工业的奠基人——饶斌

饶斌（1913—1987），共和国汽车工业的奠基人，历任新中国第一汽车厂厂长、第二汽车厂（东风）厂长、国家机械工业部部长，他几乎将全部心血都注入了中国的汽车工业。

新中国成立前，汽车工业是一片空白。全国解放时，我国汽车保有量只有约10万辆。为适应经济建设、国防建设和人民生活的迫切需要，新中国急需建设汽车制造厂。1950年初，中苏签订《中苏友好同盟条约》，在156项援建项目中，就有由苏联援建的一个年产3万辆的中型货车制造厂。1950年12月，苏联汽车设计专家组到北京考察，并和筹备组在长春选定了厂址，工厂定名为第一汽车制造厂，代号为"652厂"。

这是新中国成立以后第一个汽车项目，又是在战争的废墟上建设大规模机械工业项目，困难之大，难以想象。当时的机械工业部对于能否在三年内建成感到疑虑，但是苏联专家要求一定如期完成。

当时饶斌是东北财经学院的院长，他很羡慕那些在基层实实在在干事业的人，便自告奋勇去担任厂长。经决议后，中央正式任命饶斌为长春第一汽车制造厂厂长。

壮志满腔的饶斌全身心地投入轰轰烈烈的建设热潮之中，工作强度很大，以至于回到家里常常饭菜还没有端上桌，人已经酣然入梦。为了掌握汽车工业制造技术和建筑技术，他不仅是汽车厂长，也是建筑公司的经理，为此他虚心向技术人员和有经验的老工人求教，亲力亲为，给建设工地推车送浆，在车间操作机床，努力摘掉不懂汽车工业的"白帽子"。

1956年7月，第一辆解放牌4t载货汽车试制成功。从此，中国不能造汽车的历史宣告结束。

第四章

经济性试验

本章主要介绍试验工况、不同车型的经济性试验以及排放试验，分别从试验设备、试验原理和试验方法等方面进行讲述，最后分别以具体试验实例展示试验过程，强化关键知识点。

第一节 概　　述

在保证汽车动力性的基础上，以尽可能低的能量消耗行驶的能力，称作汽车的经济性。汽车经济性是车辆非常重要的性能，往往是客户购买车辆时非常关注的参数。经济性的评价指标主要有：L/100km、km/L、W·h/km、g/km（碳排放值）、L/h 等。对于电动汽车来说，常用续驶里程作为其经济性指标。

汽车排放是汽车的排气排放物、蒸发排放物、曲轴箱排放物的总称。其中排气排放物是指发动机排气管排出的 CO、CO_2、CH、NO_x 及碳颗粒等物质，是汽车排放物的主要组成部分。汽车排放会对环境造成较大危害，因此世界各国对汽车的排放制定了严苛的管控标准。

汽车经济性和排放性能的影响因素很多，为了准确测试和评价车辆的经济性和排放性能，国家制定了一系列的测试及评价标准，这些标准对试验环境温度、载荷、工况、设备等影响因素做了详细的规定。常用的测试标准有 GB/T 19233—2020《轻型汽车燃料消耗量试验方法》、GB/T 27840—2021《重型商用车燃料消耗量测量方法》、GB/T 18386.1—2021《电动汽车能量消耗量和续驶里程试验方法　第 1 部分：轻型汽车》、GB/T 19753—2021《轻型混合动力电动汽车能量消耗量试验方法》、GB 18352.6—2016《轻型汽车污染物排放限值及测试方法（中国第六阶段）》等。

为降低车辆的平均油耗和排放，除了积极推广混合动力和纯电动汽车外，还可以通过研究测试技术来优化车辆性能，达到经济性、驾驶性和排放等性能最优的控制逻辑。

第二节 试验工况

对车辆在道路上行驶状况（如加速、减速、匀速和怠速等）的运动特征进行调查和解析，形成能够代表车辆运动状态的速度与时间曲线，即为车辆行驶工况。

不同国家在这些影响因素上存在较大差异，因此制定了不同用途的工况曲线。自美国加州 1966 年开发出世界上第一个车辆循环工况 FTP72 后，世界各主要汽车生产销售的国家和地区均开展了相关研究和开发，形成了种类繁多、用途各异的循环工况。本节主要介绍经济性和排放所用的中国汽车测试工况（China Automotive Test Cycle，CATC）和全球统一轻型车测试工况（Worldwide-harmonized Light Vehicles Test Cycle，WLTC）。

一、试验工况的作用和分类

1. 按行驶工况构造形式分类

根据行驶工况的构造不同，可将试验工况分为瞬态工况和模态工况。所谓瞬态工况，指的是在瞬态行驶工况，速度 - 时间曲线与车辆的实际运行过程非常相似，必须符合车辆的实际运行特征。瞬态工况的代表有 CATC 工况。所谓模态工况，指的是在模态行驶工况，速度 - 时间曲线主要由一些线段组成，分别代表匀速度、匀加速度和匀减速度等运行工况，其特点是试验操作较为简单，但不太符合车辆的实际运行特征。模态工况的代表有欧洲 NEDC 工况。

2. 按行驶工况的使用目的分类

（1）认证工况

由权威部门颁布，具有法规效用、通用的评价标准，认证工况范围宽，对地域针对性不强，是一种由大量真实道路工况合成的具有代表性的工况，如 CATC、WLTC 等。

（2）开发工况

以企业产品开发或满足特定市场需求而设定的工况，如针对山城重庆开发的高温爬坡工况、合肥市区城市工况等。

3. 常见试验工况

到目前为止，已形成数百条不同试验目的的试验工况，常见工况见表 4-1。

表 4-1　常见工况

序号	工况名称			简称	备注
1	中国工况	中国轻型汽车行驶工况	中国乘用车行驶工况	CLTC-P	—
2			中国轻型商用车行驶工况	CLTC-C	—
3		中国重型商用车行驶工况	中国客车行驶工况	CHTC-B	城市公交车
4				CHTC-C	—
5			中国货车行驶工况	CHTC-LT	总质量 ≤ 5500kg
6				CHTC-HT	总质量 > 5500kg
7			中国自卸汽车行驶工况	CHTC-D	总质量 > 3500kg
8			中国半挂牵引车列车行驶工况	CHTC-TT	—
9	中国调整世界重型商用车辆瞬态循环			C-WTVC	—
10	全球统一轻型车测试工况			WLTC	—
11	新欧洲汽车法规循环工况			NEDC	—
12	美国轻型车排放认证工况			FTP	—
13	日本机动车燃油排放标准			JC08	—
14	速度修正测试循环			SC03	—
15	高速大负荷工况循环			US06	—

二、中国工况

试验工况是车辆能耗测试、排放测试和限值判定的基础，是汽车工业的基础性技术。21 世纪初，我国直接采用欧洲的 NEDC 工况对汽车产品进行能耗、排放认证。随着汽车保有量的快速增长，道路交通状况已发生很大的变化，NEDC 工况已不能满足要求。2015 年1 月，中国工业和信息化部联合财政部、环保部，下达了开发符合中国车辆实际行驶状况的测试工况任务，由中国汽车技术研究中心牵头行业 40 余家车企参与，最终完成了中国工况的开发。

1. 中国工况构建概述

中国汽车行驶工况开发过程主要包括：试验规划、数据采集与处理、权重因子开发、工况合成、工况验证等环节。

（1）试验规划

中国工况服务的汽车性能评价指标包括能耗、排放等。综合考虑人口、汽车保有量、GDP 等多项指标以及我国各典型城市、地区地理、气候特点等因素确定工况数据采集城市、车辆类型等。

（2）数据采集与处理

车辆在相应城市自由行驶，采集参数包括车辆位置信息、动力驱动系统信息、电池信息、排放及环境信息，通过车载终端将数据信息发送到远程数据平台。

将车辆运行数据切分为怠速片段和运动片段；根据制定的包含运行时间、速度范围、加速度范围、最大怠速时长、均速比例和数据缺失率在内的短片段筛选规则对短片段进行筛选，获取可用于工况开发的短片段。根据最大速度将短片段划分为不同速度区间下的运动和怠速片段特征库。基于平均速度、速度分布等典型工况特征进行数据稳定性分析，确认用于工况构建的数据符合统计学要求。

（3）权重因子开发

获取对应城市的低频动态交通量大数据，建立速度流量模型，利用获取的低频动态交通大数据计算各城市路网上相应行驶车队的总行驶时间，建立总行驶时间随平均速度的变化趋势，速度流量关系为

$$流量 = -\frac{速度}{系数} \times \ln\left(\frac{速度}{自由流速度}\right)$$

设定不同速度区间之间的阈值，用该速度阈值切分总行驶时间分布，统计各速度区间的交通量，利用各速度区间的交通量除以总的交通量，便可获得不同速度区间的权重因子；用各个城市不同速度区间的交通量除以各速度区间总的交通量，便可以得到各速度区间不同城市的权重。

（4）工况合成

计算各城市各速度区间的速度 - 加速度联立分布，利用各速度区间不同城市的权重进行加权，获取各个速度区间统一的速度 - 加速度联立分布。根据实际需求和实践经验，确定工况曲线总时长。各速度区间的权重乘以工况曲线的总时长得到各速度区间的时长。根据各速度区间的时长和对应速度区间运动片段及怠速片段的平均时长确定各速度区间需要选择的运动片段数目和怠速片段数目：

$$n_{st,i} = (T_i - T_{id,i}) / (T_{st,i} + T_{id,i})$$

$$n_{id,i} = n_{st,i} + 1$$

式中　$T_{st,i}$——运动片段的平均时间长度；

$\quad\quad$ $T_{id,i}$——怠速片段的平均时间长度；

$\quad\quad$ $n_{st,i}$——运动片段个数；

$\quad\quad$ $n_{id,i}$——怠速片段个数。

根据各速度区间需要选择的运动片段数目和怠速片段数目以及对应的运动和怠速片段时长累计分布，采用等分的方法确定具体的运动和怠速片段时长。

根据片段时长选择出来的候选运动片段，按照笛卡儿积进行自由组合，将组合后片段的速度 - 加速度联立分布与统一的速度 - 加速度联立分布进行卡方检验。由于可能的短片段组合数目较多，为了将计算量和卡方检验次数控制在合理的范围内，利用平均速度、相对正加速度、加速、减速、匀速比例等参数对短片段组合进行初步筛选，只对满足条件的短片段组合进行卡方检验。选择卡方检验结果中较好的，即卡方值最小的组合作为工况曲线。

（5）工况验证

基于整车转鼓台架，对所构建工况的跟随性进行验证，确定工况曲线的可操作性。

2. 中国工况曲线

中国工况开发了 8 条能够代表中国汽车行驶特征的工况曲线，其中包括 1 条乘用车行驶工况（CLTC-P），如图 4-1 所示；1 条轻型商用车工况（CLTC-C），如图 4-2 所示；6 条重型车行驶工况（CHTC）。中国工况与其他工况相比更能体现我国的道路及车辆行驶特征，CLTC-P 与各工况数据特征对比见表 4-2 所示。

与 WLTC、NEDC、FTP75 工况相比，CLTC-P 工况的怠速比例、最高车速、平均速度等特征更能够体现出我国汽车道路行驶特征。

3. 中国工况应用情况

"中国工况"建立了中国汽车行驶工况体系，填补了国内的空白，标志着我国汽车工业在技术基础领域取得了重大突破，中国工况已应用于汽车行业开发过程中的各个阶段。

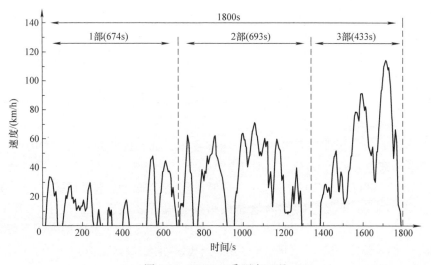

图 4-1　CLTC-P 乘用车工况

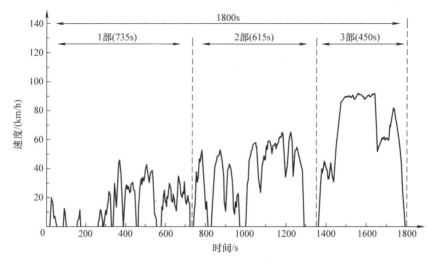

图 4-2　CLTC-C 轻型商用车工况

表 4-2　CLTC-P 与各工况数据特征比较

参数	CLTC-P	WLTC	NEDC	FTP75
总时间 /s	1800	1800	1180	1874
总里程 /km	14.48	23.21	11.03	17.68
最高车速 /（km/h）	114	131.30	120.00	90.16
平均速度 /（km/h）	28.96	46.40	33.60	33.90
运行平均速度 /（km/h）	37.18	53.20	43.50	40.90
平均加速度 /（m/s²）	0.45	0.53	0.53	0.62
平均减速度 /（m/s²）	−0.49	−0.58	−0.75	−0.71
加速比例（%）	28.61	30.90	23.20	31.10
减速比例（%）	26.44	28.60	16.60	27.10
匀速比例（%）	22.83	27.80	37.50	24.70
怠速比例（%）	22.11	12.70	22.60	17.20

（1）标准法规应用

其所创建的 8 条工况曲线已作为国家标准发布，如 GB/T 38146.1—2019《中国汽车行驶工况　第 1 部分：轻型汽车》、GB/T 38146.2《中国汽车行驶工况　第 2 部分：重型商用车辆》；GB/T 18386.1—2021《电动汽车能量消耗量和续驶里程试验方法　第 1 部分：轻型汽车》中，CLTC 工况已经作为电动汽车续驶里程及能耗认证使用；GB/T 27840—2021《重型商用车燃料消耗量测量方法》中，CHTC 工况已作为重型商用车燃料消耗量测试的标准工况；GB/T 19233—2020《轻型汽车燃料消耗量试验方法》中，CLTC 工况作为能耗测试选用工况。

（2）企业开发应用

中国工况测量了车辆在不同城市、不同车辆、不同道路等情况下的行驶特征，采集的车速、位置、加速度、节气门开度等信息，可用于企业针对某一地区、某类车型的专项测试开发，如针对重庆地区的开空调、爬坡工况验证等。

三、其他工况及应用

除中国工况外，在经济性测试及排放测试过程中广泛应用的试验工况有 NEDC 工况、WLTC 工况、FTP75 工况、JC08 工况等。

1. NEDC 工况

NEDC 工况源自 20 世纪 70 年代的 ECE-15 标准，中间经过多次变化升级，在 1997 年正式定名为 NEDC。一个完整的 NEDC 测试循环共计 1180s，由 4 个市区工况小循环（1 部）和一个郊区工况（2 部）组成，如图 4-3 所示。市区工况循环最高车速为 50km/h，平均车速为 18.77km/h，每个循环 195s，行驶 1.013 km；郊区工况 400s，最高车速为 120km/h，平均车速为 62.6km/h，共行驶 6.955km 路程。

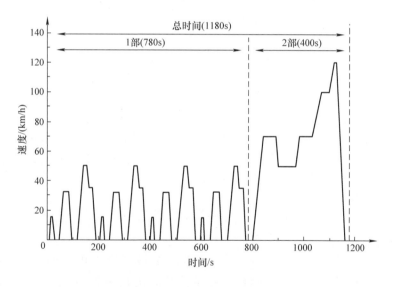

图 4-3　NEDC 工况

NEDC 工况主要参考当时欧洲的汽车市场环境，包括当地的交通状况、驾驶习惯、汽车的使用环境等，其能够较好地反映车辆在道路上的行驶状况，在很长一段时间内作为各国汽车能耗和排放测试中的标准，在汽车工业发展历程中起到非常重要作用。

2. WLTC 工况

WLTC 为瞬态循环工况，是基于美国、瑞士、印度、欧盟、韩国和日本 6 个国家或地区车辆实际行驶工况特征开发的，它涉及较多车辆类别（M1、N1 和 M2 车辆，多种多样的发动机排量等），包括不同的道路类型（城市、乡村、高速公路）以及行驶工况（高峰期、非高峰期、节假日），被认为能反映现阶段车辆实际行驶情况的工况。WLTC 工况由低速、中速、高速和超高速 4 个部分组成，如图 4-4 所示。

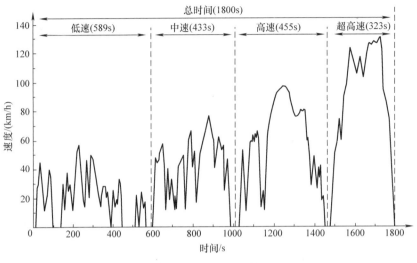

图 4-4　WLTC 工况

从 2017 年起，各国将能耗、排放工况循环切换成 WLTC 工况。WLTC 工况也是目前我国轻型燃油车及混合动力车辆的排放测试工况。

第三节　燃油车经济性试验

燃油车经济性通常用百公里燃油消耗量（L/100km）来衡量，即行驶 100km 所消耗的燃油量，其数值越大，汽车燃油经济性越差。

燃油经济性试验也称作油耗试验，根据测量油耗的原理不同，可分为基于油耗仪测试的直接测量法和基于排放分析仪测试的间接测量法；按照测试工况不同，可分为基于开发性工况的等速工况法和基于认证工况的综合工况法。

一、仪器设备

燃油经济性试验一般在实验室开展，常用的试验设备有转鼓试验台（图 3-3）、油耗仪或者排放分析仪（设备原理在本章第五节中介绍）。转鼓试验台可以模拟车辆道路行驶阻力和质量，同时转鼓也可以测量车辆的行驶速度、距离。油耗仪或者排放分析仪可测量试验过程中的燃油消耗量，燃油消耗量与行驶距离的比值即为油耗。

1. 油耗仪介绍

根据测量物理量的不同，油耗仪可分为体积式油耗仪和质量式油耗仪。

（1）体积式油耗仪

体积式油耗仪外形如图 4-5a 所示，其测试原理与生活中常见的水表类同，但油耗仪的精度较高，其测量参数见表 4-3。

体积式油耗仪主要由活塞、磁性联轴节、固定光栅、光敏管 LED（对置）、转动光栅、信号端子等组成，如图 4-5b 所示。当燃油流过油耗仪时推动活塞运动，活塞带动中间的磁性联轴节旋转及转动光栅旋转，光栅可以发出两路相位相反的电信号。根据活塞的体积、光信号的数量、时序和时间信息即可得到累计燃油消耗量（L）、瞬时燃油消耗量（L/h）和燃油的流向。

表 4-3 油耗仪测量参数

项目		参数	项目	参数
测量范围	流量	0.3 ~ 120L/h	压力损失	2kPa 以下（在汽油流量 60L/h 时）
	温度	0 ~ 99.9℃	最大分辨率	0.1mL 最大
	压力	0 ~ 980kPa	最大流量压力	980kPa
精度	流量	± 0.2%（0.3 ~ 120 L/h）	使用温度范围	0 ~ 65℃
	温度	JIS0.5 级（B 级）	适用的流体	汽油、轻油、煤油、一般石油
	压力	± 0.5% 量程	—	—

a) 外形

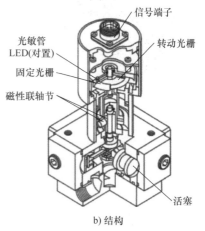

b) 结构

图 4-5 体积式油耗仪

（2）质量式油耗仪

质量式油耗仪一般采用科里奥利质量流量计（Coriolis Mass Flowmeter，简称科氏力流量计）测试燃油的质量，如图 4-6 所示。该流量计是一种利用流体在振动管道中流动时产生与质量流量成正比的科里奥利力原理来直接测量质量流量的装置，由流量检测元件和转换器组成。科里奥利质量流量计实现了质量流量的直接测量，具有高精度、可测多重介质和多个工艺参数的特点，广泛应用于石化、制药、食品等行业。

图 4-6 科里奥利质量流量计

质量式油耗仪往往还配备了燃油恒温装置、调压装置、温度测量模块等，因此其体积较大，一般用于发动机或者整车台架油耗试验中。

（3）油耗仪连接

要测试车辆的燃油消耗量，就需要把油耗仪串联至整车的燃油供给系中，如图4-7所示。

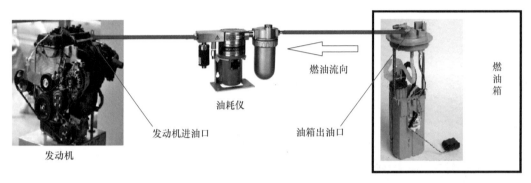

图 4-7　油耗仪连接示意图

2. 距离测试设备

在实验室开展试验时，采用转鼓试验台测试距离；在道路上开展试验时，采用非接触式五轮仪测试。

二、燃油经济性试验计算方法

1. 体积式油耗仪计算方法

采用体积式油耗仪测试油耗，会受到温度的影响，还需要进行温度校正，按照式（4-1）进行计算。

$$Q = \frac{V_L[1 + \alpha(T_0 - T_F)]}{D} \times 100 \tag{4-1}$$

式中　Q——燃油消耗量（L/100km）；

V_L——燃油消耗量体积测量值（L）；

α——燃油容积膨胀系数（10^{-3}/℃）；

T_0——基准温度（℃），通常取 20℃；

T_F——燃油平均温度（℃）；

D——试验期间的实际行驶距离（km）。

2. 质量式油耗仪计算方法

采用质量式油耗仪测试油耗，按照式（4-2）进行计算。

$$Q = \frac{M_{FC}}{D\rho_g} \times 100 \tag{4-2}$$

式中　Q——燃油消耗量（L/100km）；

M_{FC}——燃油消耗量质量测量值（kg）；

ρ_g——基准温度 20℃下的燃油密度（L/kg）。

3. 排放分析仪测试油耗计算方法

1）对于装备汽油机的车辆，按照式（4-3）进行计算。

$$Q = \frac{0.1154}{\rho}(0.866b_{HC} + 0.429b_{CO} + 0.273b_{CO_2}) \tag{4-3}$$

2）对于装备柴油机的车辆，按照式（4-4）进行计算。

$$Q = \frac{0.1155}{\rho}(0.866b_{HC} + 0.429b_{CO} + 0.273b_{CO_2}) \tag{4-4}$$

式中　b_{HC}——测得的碳氢化合物排放量（g/km）；

　　　b_{CO}——测得的一氧化碳排放量（g/km）；

　　　b_{CO_2}——测得的二氧化碳排放量（g/km）；

　　　ρ——基准温度 15℃下的燃油密度（L/kg）。

三、基于等速工况的油耗试验

等速工况油耗试验是指车辆在平直路面上按照试验车速匀速行驶的燃油消耗率，简称等速油耗。试验过程中使车辆保持匀速行驶一段距离（一般为 1km），测试行驶这段距离所消耗的燃油量。

等速油耗试验可以在道路上进行，也可以在转鼓试验台上进行。在道路上进行时，要求：道路水平、平直、干燥；风速小于 2m/s，试验需要开展往返两个方向测试，取平均值；测试精度的要求与道路滑行试验精度类似。在转鼓试验台开展油耗测试时，将转鼓的加载设置为经济性加载，每个速度点测量 2 次，测试误差小于 5%，否则增加试验次数。鉴于转鼓试验台的环境因素可控、结果一致性好、测试精度高等优势，越来越多的企业利用转鼓试验台开展等速油耗试验。

等速油耗一般用于评价汽车在高速行驶时的燃油经济性，如轿车为 120km/h、重型车为 80km/h 车速点油耗，能较好地反映车辆在高速公路上行驶的燃油消耗情况。等速油耗由于其工况稳定，能较好地表征发动机在整车上的稳态油耗特性，因此也常通过开展固定档位、不同车速和阻力下的等速油耗试验来获得发动机整车万有特性，如图 4-8 所示。

四、基于综合工况的油耗试验

相较于等速工况法来说，综合工况油耗试验的车速是时刻变化的，可以模拟车辆实际行驶过程中的起步、加减速、换档等操作。综合工况的种类很多，所有的认证工况都属于综合工况范畴。测量行驶完综合工况全程所消耗的燃油量与行驶距离，并计算燃油量与行驶距离的比值，即为综合油耗。

1. WLTC 综合工况油耗

WLTC 综合工况油耗是现阶段车辆公告认证试验中必须测试的项目。为了保证油耗试验的重复性和准确性，需要对影响试验结果的边界条件进行限制，如车辆要求、环境要求、试验加载参数等。

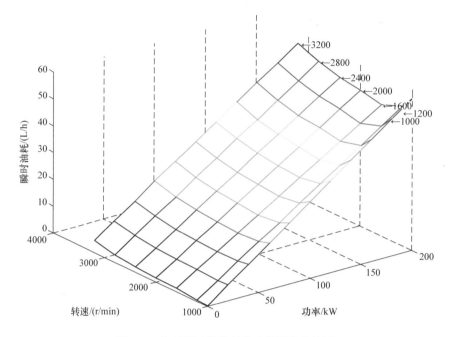

图 4-8　某车型四档整车发动机万有特性图

（1）车辆要求

车辆试验前可以进行磨合，但总里程需少于 15000km；车辆的动力性或其他性能符合制造厂的规定，能在正常行驶条件下运行，特别是正常的冷、热起动；车辆润滑油、冷却液、轮胎气压满足厂家规定要求，燃油加注生产企业推荐的最低牌号；试验前一天需要进行预跑，确认其状态良好。

（2）环境要求

试验车辆置于环境温度为（23±3）℃的浸车间（带有恒温恒湿空调系统的房间）静置处理，静置时间至少为 6h，直至发动机的润滑油和冷却液温度达到室温；试验时，在环境温度为（23±5）℃的环境仓内进行。

（3）试验加载参数

试验加载参数包含测试质量和阻力系数两部分。测试质量指试验车辆的基准质量（整备质量 +100kg）、选装装备质量（车辆选装件）及代表性负荷质量（一般指旋转惯量）三者之和。阻力系数根据第三章介绍的道路滑行阻力，再通过转鼓拟合出阻力加载系数。

（4）试验工况

试验工况采用 WLTC 工况曲线进行，驾驶员按照工况要求的档位、车速来行驶，同步采集油耗和距离。如果车辆不能达到试验循环要求的加速度和最大车速值，则应将加速踏板踏到底，直至回到要求的运行曲线。

（5）试验数据

转鼓或者油耗测试设备一般会自带一套数据采集记录软件，可以实现试验结束后燃油经济性的自动计算，直接得出百公里油耗，见表 4-4。

表 4-4　某乘用车综合油耗值

项目		油耗值 /（L/100km）	技术要求 /（L/100km）	结论
WLTC 综合工况油耗	低速	12.6	≤ 13.0	符合要求
	中速	9.3	≤ 10.5	符合要求
	高速	8.3	≤ 9.0	符合要求
	超高速	12.0	≤ 12.5	符合要求
	综合	10.4	≤ 11.0	符合要求

（6）试验数据修正

使用乙醇汽油 E10（含乙醇 10% 的汽油）来开展试验，试验结果需乘以 0.97 进行校正。对在用车车厂生产一致性抽查时，一般进行"0"km（车辆未磨合）工况油耗试验，试验结果乘以 0.95 进行校正，校正结果与申报值的误差满足法规要求。

2. 其他综合工况油耗

综合油耗能够较好地反映出汽车在特定行驶状况下的燃油消耗情况，广泛应用于车辆开发过程中，除车辆公告认证试验中的综合工况油耗外，许多企业还开展 −7℃采暖工况、30℃带光照空调制冷工况等综合油耗的测试。

第四节　电动汽车经济性试验

电动汽车经济性试验包含续驶里程和能量消耗量试验。续驶里程（km）是电动汽车在动力蓄电池充满电状态下，以指定的行驶工况，连续行驶的最大距离。能量消耗量（W·h/km）是电动汽车经过规定的试验循环后对动力蓄电池重新充电至试验前的容量，从电网上得到的电能与行驶里程的比值。

一般情况下，动力电池容量越大，车辆的续驶里程也越长，但同时也会增加车辆的总质量、行驶阻力以及能量消耗量。因此，续驶里程和能量消耗量需要同步测试评价。

我国电动汽车面市初期续驶里程短，在进行续驶里程和能量消耗量测试时，采用全程实际行驶测试。近年来，由于电池技术的不断突破，续驶里程得到了很大的提升。为提高试验效率，GB/T 18386.1—2021 中规定了缩短法测试方法。下面基于该标准续驶里程和能量消耗量试验缩短法进行介绍。

一、仪器设备

电动汽车经济性试验一般在实验室内开展，除用到转鼓试验台、环境仓外，还有充电桩和电器件功率测试系统，如图 4-9 和图 4-10 所示。充电桩用于为电动汽车充电，同时可测量从电网获取的电能。汽车电器件功率测试系统可以测量试验过程中动力蓄电池的实时工作电流、电压，设备参数见表 4-5 和表 4-6。

二、缩短法续驶里程和能量消耗量试验

电动汽车续驶里程和能量消耗量试验是车辆公告认证试验中的测试项目。为了保证试验的重复性和准确性，需要对影响试验结果的边界条件进行限制，如车辆要求、环境要求、加载参数、试验开始与结束条件等。

电动汽车续驶
里程试验

图 4-9　充电桩

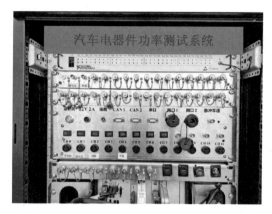

图 4-10　汽车电器件功率测试系统

表 4-5　7kW 充电桩参数

项目	参数	项目	参数
型号	AC7000-TB-06	输出电流	32A
功率	7kW	工作环境温度	−20～50℃
输入电压	AC 220V ± 30V	防护等级	IP54
输入频率	50Hz ± 1Hz	交流电表精度等级	1.0 级

表 4-6　汽车电器件功率测试系统参数

测试项目	量程	精度	通道数
电流	±20A	0.05% 量程	8 个
	±50A	0.05% 量程	
	±200A	0.05% 量程	
	±1000A	0.05% 量程	
电压	±600V	0.01% 量程	32 个
温度	−100～1000℃	±0.5℃	32 个
CAN 信号	根据信号列表		
采样频率	10kHz		

1. 试验基本要求

（1）试验车辆

试验车辆的所有零部件应满足批量生产要求。试验车辆可根据汽车生产企业的需求进行磨合，并保证机械状况良好；在安装可充电储能系统（REESS）的条件下，磨合里程需大于 300km，同时应使 REESS 至少经历一次从满电直至荷电状态（SOC）最低值的过程。除驱动用途外，所有的储能系统应充到汽车生产企业规定的最大值（电能、液压、

气压等）。

（2）试验工况

试验循环工况采用本章第二节中介绍的 CATC 工况（乘用车为 CLTC-P，商用车为 CLTC-C）。如果车辆申报的最高车速小于循环工况的最高车速，那么在目标车速大于车辆申报最高车速时，按照 GB 18352.6—2016 的规定对试验循环进行修正。

（3）试验环境及加载

试验环境条件、试验阻力及加载质量同燃油经济性试验要求。

（4）试验加载参数

试验加载参数与本章第三节中综合工况油耗要求相同。

（5）试验截止条件

在循环工况阶段，试验车辆全油门也不能满足工况曲线的公差要求时，应停止试验；若车辆在恒速段连续 4s 不能满足规定的公差下限要求，应停止试验。达到试验停止条件时，档位保持不变，使车辆滑行至最低稳定车速或 5km/h，再踩下制动踏板进行停车。

2. 试验过程

（1）试验速度片段

缩短法速度片段由 2 个试验循环段和 2 个恒速段组成，如图 4-11 所示。其中 DS_1 和 DS_2 为试验循环段，由 CLTC-P 规定的试验循环构成；CSS_M 和 CSS_E 为恒速段，由 100km/h 恒定车速构成，用以尽快放电，减少测试时间。通过 2 个试验循环段采集的能耗、里程数据，分别计算出车辆的能量消耗量和续驶里程。

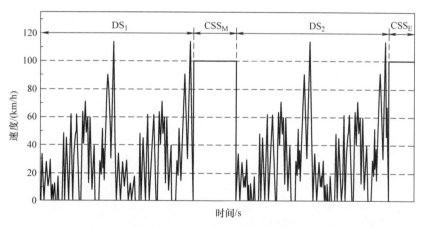

图 4-11 缩短法速度片段测试车速

（2）试验放电及充电流程

续驶里程和能量消耗量试验流程分为放电、充电静置、能量消耗量和续驶里程试验、再次充电，整个试验流程如图 4-12 所示。

在第一个恒速放电阶段，驾驶员控制车辆以 100km/h 的速度行驶，并预估第二个循环阶段 DS_2 的开始时刻，确保第 2 个循环阶段结束后 SOC 小于 10%。在等速阶段，驾驶员每 50km 可以休息 10min，直到到达试验截止条件。试验结束后，在 2h 内进行充电，充电功率小于 42kW，直到充满电为止。

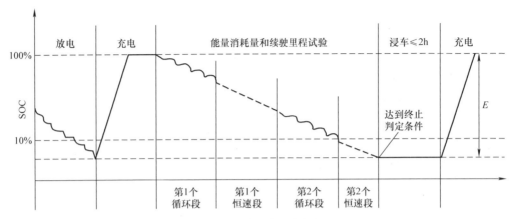

图 4-12　缩短法试验流程

3. 试验数据处理

基于缩短法的续驶里程和能量消耗量试验数据分析计算如下。

（1）能量消耗量和续驶里程计算的相关公式

为计算车辆的能量消耗量和续驶里程，式（4-5）～式（4-7）是必不可少的。

$$EC_{DC,j} = \frac{\Delta E_{REESS,j}}{d_j} \tag{4-5}$$

式中　$EC_{DC,j}$——基于 REESS 电能变化量的第 j 个速度区间的能量消耗量（W·h/km）；

　　　　j——速度区间的序号，对于完整的试验循环，j 记为 c；

　　　　d_j——车辆在第 j 个速度区间的行驶里程（km）；

　$\Delta E_{REESS,j}$——第 j 个速度区间所有 REESS 的电能变化量（W·h），按照式（4-6）计算。

$$\Delta E_{REESS,j} = \sum_{g=1}^{m} \Delta E_{REESS,g,j} \tag{4-6}$$

式中　　　g——REESS 编号；

　　　　　m——REESS 总数量；

　$\Delta E_{REESS,g,j}$——第 j 个速度区间的时间范围内，编号为 g 的 REESS 电能变化量（W·h），
按照式（4-7）计算。

$$\Delta E_{REESS,g,j} = \frac{1}{3600} \int_{t_0}^{t_{end}} \Delta U(t)_{REESS,g,j} \, I(t)_{g,j} \mathrm{d}t \tag{4-7}$$

式中　　　t_0——第 j 个速度区间的开始时刻（s）；

　　　　　t_{end}——第 j 个速度区间的结束时刻（s）；

　$\Delta U(t)_{REESS,g,j}$——第 j 个速度区间的时间范围内，编号为 g 的 REESS 在 t 时刻的电压值（V）；

　　　$I(t)_{g,j}$——第 j 个速度区间的时间范围内，编号为 g 的 REESS 在 t 时刻的电流值（A）。

（2）续驶里程和能量消耗量计算

基于缩短法的续驶里程按照式（4-8）计算。

$$BER = \frac{E_{\text{REESS,STP}}}{EC_{\text{DC}}} \tag{4-8}$$

式中 BER——续驶里程（km）；

$E_{\text{REESS,STP}}$——缩短法试验前后 REESS 的电能变化量（W·h）；

EC_{DC}——基于 REESS 电能变化量的能量消耗量（W·h/km）。

其中，$E_{\text{REESS,STP}}$ 和 EC_{DC} 分别按照式（4-9）、式（4-10）计算。

$$E_{\text{REESS,STP}} = \Delta E_{\text{REESS,DS}_1} + \Delta E_{\text{REESS,CSS}_M} + \Delta E_{\text{REESS,DS}_2} + \Delta E_{\text{REESS,CSS}_E} \tag{4-9}$$

式中 $\Delta E_{\text{REESS,DS}_1}$——计算得到的试验循环段 DS_1 所有 REESS 的电能变化量（W·h）；

$\Delta E_{\text{REESS,CSS}_M}$——计算得到的恒速段 CSS_M 所有 REESS 的电能变化量（W·h）；

$\Delta E_{\text{REESS,DS}_2}$——计算得到的试验循环段 DS_2 所有 REESS 的电能变化量（W·h）；

$\Delta E_{\text{REESS,CSS}_E}$——计算得到的恒速段 CSS_E 所有 REESS 的电能变化量（W·h）。

$$EC_{\text{DC}} = \sum_{c=1}^{4} EC_{\text{DC},c} K_c \tag{4-10}$$

式中 c——试验循环的序号，两个试验循环段 DS_1 和 DS_2 共计 4 个试验循环；

$EC_{\text{DC},c}$——基于 REESS 电能变化量的第 c 个试验循环的能量消耗量（W·h/km）；

K_c——第 c 个试验循环的权重系数，按照式（4-11）计算。

$$K_c = \begin{cases} \dfrac{\Delta E_{\text{REESS},c}}{E_{\text{REESS,STP}}}, & c \leqslant 2 \\[2ex] \dfrac{1 - K_1 - K_2}{2}, & c > 2 \end{cases} \tag{4-11}$$

式中 $\Delta E_{\text{REESS},c}$——计算得到的第 c 个试验循环所有 REESS 的电能变化量（W·h）。

三、混合动力电动汽车经济性试验

混合动力电动汽车由于配备了两套及以上动力系统，为了实现节能，车辆会根据节能策略自动控制采用燃油或者电能来驱动车辆。因此在进行能量消耗量试验中，不仅需要测试燃油消耗，还需测试电能消耗；为了评价混合动力汽车节油效果，还需测试燃油消耗 - 电能消耗之间的修正系数等。混合动力电动汽车能耗测试会进行多种模式试验，试验包括以下 4 个选项，如图 4-13 所示。

1）选项 1：单独进行电量消耗模式试验。

2）选项 2：单独进行电量保持模式试验。

3）选项 3：连续进行电量消耗模式试验和电量保持模式试验。

4）选项 4：连续进行电量保持模式试验和电量消耗模式试验。

具体测试内容可参考 GB/T 19753—2021《轻型混合动力电动汽车能量消耗量试验方法》。

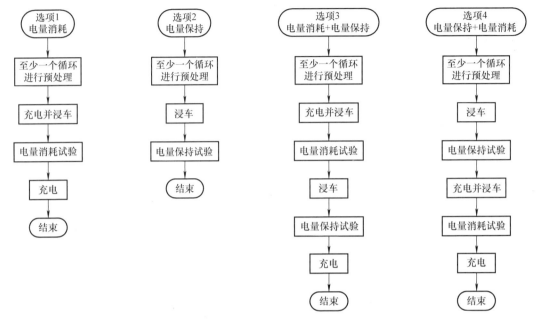

图 4-13　能量消耗量试验流程

第五节　排　放　试　验

随着汽车保有量的不断增加，人们对汽车排放对环境影响的关注度不断提高，世界各国纷纷就汽车排放建立了相应的法规制度，通过严格的法规控制车辆的排放，每一款车上市前都必须经过排放法规认证试验。

在中国，GB 18352.6—2016《轻型汽车污染物排放限值及试验方法（中国第六阶段）》规定了轻型车排放试验的类型、方法及限值要求。

一、排放试验的分类

排放是指汽车在使用过程中由于燃烧化学燃料而对周围环境造成的污染。汽车排放污染来自三个途径：排气污染，即汽车燃料燃烧以后通过排气管排出气体造成的污染，主要有 CO、CO_2、CH、NO_x 及碳颗粒等物质；曲轴箱污染，燃烧的废气以及少量未燃烧的废气以及少量未燃混合气体从气缸内向下窜入曲轴箱进而排放到周围环境造成的污染；燃油蒸发污染，即汽油、柴油在燃油供给系统及发动机内蒸发，泄漏到周围环境中造成的污染。

针对以上三类排放物 GB 18352.6—2016 规定如下排放试验：

（1）排气排放试验

进行排气排放物测试的试验有：常温下冷起动后排气污染物排放试验（Ⅰ型试验）、实际行驶污染物排放试验（Ⅱ型试验）、低温下冷起动后排气中 CO、THC 和 NO_x 排放试验（Ⅵ型试验）、污染物控制装置耐久性试验（Ⅴ型试验）。

（2）曲轴箱排放

曲轴箱排放试验为：曲轴箱污染物排放试验（Ⅲ型试验）。

（3）蒸发物排放试验

蒸发物排放试验有：蒸发污染物排放试验（Ⅳ型试验）、加油污染物排放试验（Ⅶ型试验）。

很显然在汽车排放污染物中，排气污染是最主要的，而且一般的排放性试验也只对经由排气管排出的污染物进行测试。因此，本节以常温下冷起动后排气污染物排放试验（Ⅰ型试验）为例展开介绍。

二、Ⅰ型试验

Ⅰ型试验是车辆公告认证强制性试验，为了保证试验的重复性和准确性，对影响试验结果的边界条件进行了详细规定，如试验设备、车辆要求、环境要求、加载参数、试验过程操作等。

1.试验设备

Ⅰ型排放试验在实验室进行，所使用的主要设备有转鼓试验台、环境舱及排放分析系统。其中转鼓试验台为测试样车提供模拟阻力，环境舱控制测试过程环境温度、湿度和大气压力，排放分析系统对样车测试过程排放的尾气进行取样、计量体积和结果分析。排放分析系统主要包括分析仪、全流排气稀释（CVS）系统、PM测试系统、颗粒物数量（PN）排放测试设备，其结构如图4-14所示。

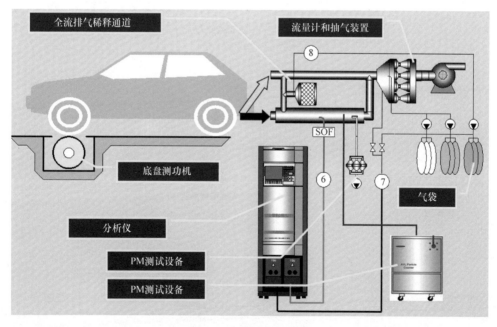

图4-14 排放分析系统

（1）分析仪

分析仪是根据法规要求，在试验过程和试验循环结束后对采集到的样气进行浓度分析，根据GB 18352.6—2016法规要求，需要对尾气排放中的CO、CO_2、HC、CH_4、NO_x、N_2O等气体污染进行测试。各分析仪的型式要求见表4-7。

表 4-7 各分析仪的型式要求

序号	气体	分析仪名称	分析仪类型
1	CO 和 CO_2	CO 和 CO_2 分析仪	不分光红外吸收（NDIR）型
2	HC（除柴油以外的所有燃料）	HC 分析仪	氢火焰离子化（FID）型
3	HC（柴油）		加热式氢火焰离子化（HFID）型
4	CH_4	CH_4 分析仪	气象色谱（GC）+氢火焰离子化（FID）型，或非甲烷截止器+氢火焰离子化（FID）型
5	NO_x	NO_x 分析仪	化学发光（CLD）或非扩散紫外线谐振吸收（NDUVR）型
6	N_2O	N_2O 分析仪	激光红外光谱仪（QCL）

（2）全流排气稀释（CVS）系统

全流排气稀释系统主要由稀释空气处理装置、稀释通道、抽气装置和主稀释系统容积测量装置、气袋等部分组成。该系统的作用有两个：一是完全收集汽车在运行过程中排出的尾气，并通过背景空气进行稀释处理，防止产生冷凝，同时按一定的流量将稀释后的样气送入气袋进行存储，用于试验后取样分析；二是对收集的尾气进行体积计量。体积计量可以使用容积泵（PDP）、临界流量文丘里管（CFV）、亚音流文丘里管（SSV）、超声波流量计（UFM）等方式进行计量，其中 CFV 应用较为广泛。典型的全流排气稀释系统如图 4-15 所示。

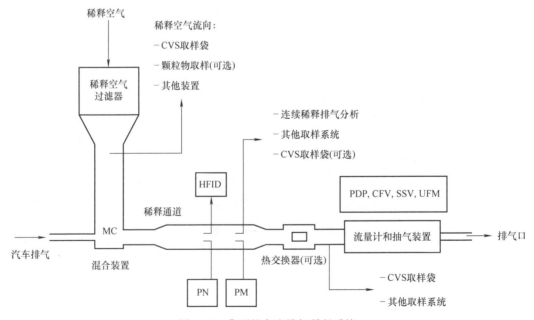

图 4-15 典型的全流排气稀释系统

（3）PM 测试设备

颗粒物取样装置应由安装在稀释通道的取样探头、颗粒物导管、过滤器、取样泵以及

流量调节器和测量单元组成。过滤器通过内部放置的滤纸对稀释后的样气进行过滤，通过微量级的电子天平对试验前后的滤纸进行计量称重，结合取样体积计算得到排气中的 PM 值。颗粒物取样系统示意图如图 4-16 所示。

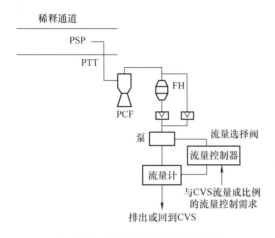

图 4-16　颗粒物取样系统示意图

（4）颗粒物数量（PN）排放测试设备

颗粒物数量（PN）排放测试设备应由稀释通道内取样探头探针（PSP）、粒子传输管（PTT）、粒径预分级器（PCF）和粒子数量浓度测量（PNC）单元及其上游的挥发性粒子去除器（VPR）组成。挥发性粒子去除器应包含取样稀释装置（粒子数量稀释装置：初级粒子数量稀释装置 PND1 和次级粒子数量稀释装置 PND2）和粒子蒸发装置（蒸发管 ET）。待测气体的取样探头应安装在稀释区域内，以能从空气和排气的均匀混合气中抽取具有代表性的样气。粒子在取样系统内的滞留时间和粒子计数器的 T90 响应时间之和不能大于 20s。颗粒物数量（PN）排放测试系统示意图如图 4-17 所示。

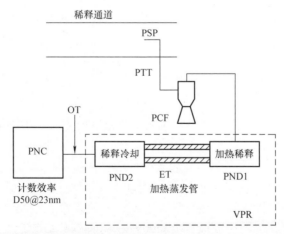

图 4-17　颗粒物数量（PN）排放测试系统示意图

注：OT 是指用于引导稀释样气从挥发性粒子去除器到粒子计数器入口的出口管。

粒子数量浓度测量（PNC）单元的具体要求：

1）在全流控制条件下工作。

2）根据可溯源的原则，从1个/cm³到单个粒子计数模块上限的范围内，计数精度为±10%。若在延长的取样期间内粒子浓度的测量平均值低于100个/cm³，可要求使用更高的统计置信度来验证粒子计数器的准确度。

3）粒子浓度低于100个/cm³时的分辨率至少为0.1个/cm³。

4）单个粒子计数模块在整个测量范围内对粒子浓度具有线性响应。

5）数据采集的频率大于或等于0.5Hz。

6）超过浓度测量范围的T90响应时间不超过5s。

7）具有最大校正可达10%的符合校正功能，可使用CF.2.1.3确定的内部校正系数，但是不能使用任何其他算法来校正或者定义计数效率。

8）对电迁移率粒径为23nm（±1nm）和41nm（±1nm）粒子计数效率分别为50%（±12%）和大于90%。

2. I型试验要求

（1）车辆要求

汽车的机械状况应良好。试验汽车应至少磨合行驶3000km。轮胎压力应与制造厂规定的相同，并与为调整测功机而进行的预备性道路试验使用的压力相同。排气系统不得有任何泄漏，以免减少发动机排出气体的收集量；发动机和汽车控制装置的设定应符合制造厂的规定。

（2）加载阻力获取

试验车辆必须通过道路滑行试验获取该车的道路行驶阻力，按第三章第五节要求进行行驶阻力测试，并在转鼓试验台上完成拟合滑行。

（3）预跑试验

为确认车辆在试验过程中无异常情况，试验前需按照试验工况试跑一次，检查测量无异常、能跟上目标车速。

（4）车辆静置

预跑结束后，将车辆停置在23℃±3℃的浸车间浸车至少6h但不长于30h，车辆机油温度与环境温度相差±2℃以内。

（5）环境条件

温度要求：23℃±3℃。

（6）试验工况

GB 18352.6—2016《轻型汽车污染物排放限值及试验方法（中国第六阶段）》要求使用的试验工况为WLTC工况。

3. 试验开始

将车辆移动至转鼓试验台上（车辆不能起动），并固定于转鼓试验台上；连接排放分析仪尾气收集管与车辆的排气管连接可靠，不能有漏气现象；按照试验车辆、油品等信息完成排放分析参数设置；起动排放取样分析系统，同时驾驶员起动发动机，并按照WLTC试验工况曲线和档位信息驾驶车辆直到试验结束。试验过程中，驾驶员控制车辆车速与目标车速超差控制在±2km/h、时间±1s，如图4-18所示。

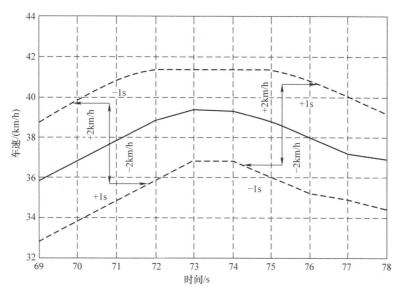

图 4-18　工况速度 - 时间控制曲线

4. 试验数据处理

排放循环结束后，排放分析有一套自动运行程序，根据收集的尾气分析出试验过程中的所有排放物质，并自动出具试验报告。

三、Ⅰ型试验排放物限值

GB 18352.6—2016《轻型汽车污染物排放限值及试验方法（中国第六阶段）》要求轻型汽车的排放限值见表 4-8 和表 4-9。

表 4-8　Ⅰ型试验排放限值（6a）

类别		级别	基准质量（RM）/kg	限值 /（g/km）						
				CO	THC	NMHC	NO_x	THC+NO_x	PM	PN[①]
第一类车			全部	700	100	68	60	20	4.5	6.0×10^{11}
第二类车		Ⅰ	RM < 1305	700	100	68	60	20	4.5	6.0×10^{11}
		Ⅱ	1305 < RM ≤ 1750	880	130	90	75	25	4.5	6.0×10^{11}
		Ⅲ	1760 < RM	1000	160	108	82	30	4.5	6.0×10^{11}

① 仅适用于 2020 年 7 月 1 日前，汽油车适用 6.0×10^{12} 个 /km 的过渡限值。

表 4-9　Ⅰ型试验排放限值（6b）

类别		级别	基准质量（RM）/kg	限值 /（g/km）						
				CO	THC	NMHC	NO_x	THC+NO_x	PM	PN
第一类车			全部	500	50	35	35	20	3.0	6.0×10^{11}
第二类车		Ⅰ	RM < 1305	500	50	35	35	20	3.0	6.0×10^{11}
		Ⅱ	1305 < RM ≤ 1750	630	65	45	45	25	3.0	6.0×10^{11}
		Ⅲ	1760 < RM	7400	80	55	50	30	3.0	6.0×10^{11}

这就要求汽车企业开发生产的燃油车辆排放污染物处于限值以下，才能够上市销售。

第六节　缩短法续驶里程及能量消耗量试验实例

车企在开发一款电动汽车时，会针对市场热销产品、客户群体需求制订续驶里程和能量消耗目标值，车型开发过程中会多次进行续驶里程及能量消耗量测试及优化。其试验流程及要求与第三章第六节类似。

一、试验准备

试验前需要完成车辆准备、车辆检查（表4-10）、试验加载阻力拟合、试验设备测量调试、试验预跑、车辆放电、车辆充满电以及静置等工作。

表 4-10　试验车辆检查

车辆编号			车辆型号			试验项目		
车辆 VIN			电机号			车辆里程		
一、接车检查 [检查人：			检查日期：		确认人：		确认日期：	]
序号	检查项目	要求	检查结果		序号	检查项目	要求	检查结果
1	磨合情况	≥300km			14	冷却系统	★工作正常	
2	动力电池	★★★外观良好、无磕碰痕迹			15	空调系统	★工作正常	
3	整车电路	★★★走向合理、无破皮裸露			16	变速系统	★电驱动系统运行正常	
4	蓄电池	★线束与桩头连接可靠、无松动			17	电机	★运转平稳无异响	
5	仪表	★发动机及安全类警告灯不点亮			18	底盘系统	无明显异响	
6	驾驶室及货箱	★无易燃易爆物			19		★无漏油、漏液痕迹及大面积油液沾染	
7	前机舱内	★电机、控制器等处连接可靠			20	风扇	★风扇工作正常	
8		★无大面积油液沾染			21		★护风圈与风扇无干涉	
9		★★★无线束破皮、裸露			22	轮胎	轮胎型号	
10		★电驱动舱插接件及线束牢靠			23		轮胎气压	
11		★高压主线束接线盒插接件插接牢靠			24		★无破损、无鼓包	
12		★高压接线盒插接件插接牢靠			25		★无石子等杂物	
13	电量表 SOC	★★★续驶里程试验：满电			26	转向系统	★工作正常	
					27	制动系统	★工作正常	
备注：								

试验前一天，对车辆检查状态良好后上转鼓试验台拟合；拟合后调试电功耗测试设备，确保能够对试验车辆的电流、电压进行测试；按照 CLTC-P 工况进行预跑，确认车辆能跟上工况曲线、能量回收等性能正常；将车辆完全放电并充满电后，将车辆移至环境温度控制在 23℃ ±3℃的浸车间内静置 6～12h，等待正式试验。

二、试验执行

将试验车辆推到转鼓试验台，固定车辆；按照前一天的阻力拟合数据设置好转鼓加载数据；调整工况曲线为 CLTC-P；连接并打开电器功耗测试设备，确认试验数据正常后开始记录电流、电压、车速、SOC 等试验数据。

1. DS_1 循环段测试

试验员通知驾驶员开始试验，并起动工况曲线；驾驶员收到指令后起动车辆，并控制车辆按照工况车速运行，该阶段共计 2 个 CLTC-P 循环、时间 1h、约行驶 29km。试验过程中对驾驶员要求极高，要求驾驶员控制车辆车速与目标车速超差控制在 ±2km/h、时间 ±1s。车辆实际速度与工况速度误差小于 ±5km/h、试验前一天完成该车行驶阻力在转鼓试验台上加载阻力拟合，试验过程需要记录每个循环的里程。

2. CSS_M 等速段测试

该试验段为电量消耗，控制车辆按照 100km/h 的车速等速行驶，驾驶员每行驶 50km 允许休息 10min，并预估车辆再进行 2 个 CLTC-P 循环后 SOC 值小于 10% 停止电量消耗。

3. DS_2 循环段测试

与 DS_1 循环段测试一样进行 2 个 CLTC-P 循环试验，试验过程需要记录每个循环的里程。

4. CSS_E 等速段测试

控制车辆按照 100km/h 的车速等速行驶，直到完全踩下加速踏板后仍然无法跟上车后松开加速踏板，车辆自然减速至 5km/h 时踩下制动踏板停车，同时结束电器功耗设备对车辆电能数据的采集。

5. 车辆充电

试验结束后 2h 内，将车辆移动至充电桩充电，并记录将该车动力电池充满电后的电能。

三、试验数据分析与处理

试验过程数据见表 4-11。

试验过程数据实例

表 4-11 试验过程数据

测试工况	净放电量 /W·h	行驶里程 /km	能耗 /（W·h/km）	起始 SOC	结束 SOC
循环 1	1417.5	14.478	97.9	100%	95%
循环 2	1400.5	14.472	96.8	95%	91%
循环 3	1397.7	14.489	96.5	16%	12%
循环 4	1399.1	14.492	96.5	12%	—

注：一般电动汽车在 SOC 小于 10% 时显示 "—"。

试验结果见表 4-12。

表 4-12　试验结果

序号	试验结果		技术要求	达标判断
1	累计净放电量 / W·h	31378	—	—
2	来自电网电量 / W·h	36440	—	—
3	充放电效率	0.861	—	—
4	权重系数循环 1	0.045	—	—
5	权重系数循环 2	0.045	—	—
6	权重系数循环 3、4	0.455	—	—
7	加权循环放电能耗 /（W·h/km）	96.58	—	—
8	续驶里程 / km	324	≥ 306	合格
9	基于外部获取能量消耗量 /（W·h/km）	112	≤ 113	合格

复习思考题

1.燃油车经济性通常用＿＿＿＿＿＿来衡量。燃油经济性试验根据测量油耗的原理不同，可分为＿＿＿＿＿测量法和＿＿＿＿＿测量法；按照测试工况不同，可分为＿＿＿＿＿工况法和＿＿＿＿＿工况法。

2.燃油经济性试验常用的试验设备有＿＿＿＿＿、＿＿＿＿＿。

3.（多选题）排气排放试验包涵哪几型试验（　　　）。

A. Ⅰ型试验　　B. Ⅱ型试验　　C. Ⅲ型试验　　D. Ⅴ型试验　　E. Ⅵ型试验

4.根据第六节二维码试验数据及第四节中的相应公式，计算该车 EBA 值是多少？

5.根据第六节二维码试验数据及第四节中的相应公式，计算该车 EC_{DC} 值是多少？

思政故事　　当着厂长找厂长的郭力

郭力（1916—1976），中国汽车工业的开创者之一。1952 年 4 月，时任中央重工业部汽车工业筹备组主任的郭力被任命为长春汽车厂（后正式命名为第一汽车制造厂）厂长，他随即带领筹备组部分成员来到长春。

在市郊，郭力指着一片辽阔的庄稼地，兴奋地对前来报到的年轻人说："我们就要在这里建设我国的第一座汽车制造厂"，新中国的第一个现代汽车制造基地从这片田野上起步。

创业初期，汽车厂"一无人力、二无阵地、三无经验"，郭力求贤若渴，大量"招兵买马"。正当大家在郭力的带领下热火朝天地筹建时，他却有了"让贤"的想法。这是为何？郭力曾告诉战友们，他想请一位熟悉东北情况的人当厂长，自己当副手："中央决定汽车厂要三年建成投产，如能有一位熟悉东北情况，资格老一点、能力更强、位置更高的同志来当厂长，会更有利于调动各地力量支持一汽建设"。

　　为了把厂长"让出去"，郭力多次赴北京、沈阳，向党中央、东北局请调厂长。1953 年初，郭力终于盼来了接替他的饶斌，自己"降职"为第一副厂长兼总工程师。

　　饶斌抓基本建设，郭力抓生产准备；饶斌大刀阔斧、雷厉风行，郭力踏踏实实、认真细致，两人配合默契，圆满完成三年建成投产的任务。"当着厂长找厂长"的故事，也成为新中国汽车工业创业史一段广为流传的佳话。

第五章

驱动电机系统与动力电池系统试验

新能源汽车驱动电机系统和动力电池系统的相关试验项目，均需要依托试验台架开展，本章重点围绕台架试验介绍这两大系统与整车性能强相关的一些特性参数试验方法，如驱动电机系统的转矩－转速特性试验和动力电池系统电性能试验等。

第一节 概　　述

我国新能源汽车已经进入成长期，其零部件关键技术如驱动电机技术、动力电池技术等已经处于世界前列。驱动电机系统高度集成化，功率密度性能显著提升，成本大幅降低。动力电池系统的能量密度由 2010 年的 $80W·h/kg$ 提升至 2022 年的 $180W·h/kg$ 以上。同时，测试标准和法规也不断完善。2005—2022 年，与动力电池系统相关的国家及行业标准共计 27 项，涉及锂电池、燃料电池、锌空气电池、电池管理系统和电池回收利用等各方面。

依据 GB/T 18488.2—2015《电动汽车用驱动电机系统　第 2 部分：试验方法》规定，驱动电机系统试验包括一般性试验、温升试验、输入输出特性试验、安全性试验、环境适应性试验和可靠性试验。其中输入输出特性试验测定的功率、转矩、转速等参数，直接影响整车加速性能、爬坡能力、最高车速和能耗等性能，尤为重要。

动力电池系统试验包括电性能试验、寿命试验和安全试验，涉及的主要国家标准有 GB/T 31484—2015《电动汽车用动力蓄电池循环寿命要求及试验方法》、GB/T 31486—2015《电动汽车用动力蓄电池电性能要求及试验方法》和 GB 38031—2020《电动汽车用动力蓄电池安全要求》。电性能中的放电能量影响整车的续驶里程，放电功率影响整车的动力性。新能源汽车在使用过程中，动力电池的额定能量会持续衰减，寿命试验可以验证衰减速率是否满足要求。当前新能源汽车的安全事故多与动力电池系统有关，动力电池系统安全是整车安全的基础。

第二节 驱动电机系统试验

驱动电机系统是纯电动汽车重要的能量转换单元，是实现电力驱动的关键。驱动电机系统主要包括驱动电机及其控制器等。结合我国稀土资源优势，目前国内车企普遍采用三相交流永磁同步电机，由控制器将动力电池直流电逆变成交流电供其输入。该电驱系统具有体积小、效率高、寿命长的优势。

驱动电机试验项目

根据 GB/T 18488.2—2015，驱动电机系统试验分为 6 大类 27 小项。转矩－转速特性试验是表征电机关键特性的重要试验，本节以此为例进行介绍。

一、试验台架系统

驱动电机系统的转矩-转速特性试验主要在台架上进行，典型的驱动电机系统试验台架如图 5-1 所示，主要由测功机、动力直流电源、电功率分析仪和冷却系统等组成。其通过专用计算机控制各部件运行，同时测量转速、转矩、电流、电压等参数。

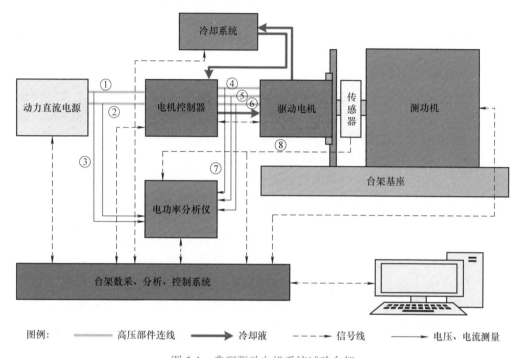

图 5-1　典型驱动电机系统试验台架

①—母线正极　②—母线负极　③—母线电压、电流采集　④—U 相　⑤—V 相　⑥—W 相
⑦—三相线电压、电流采集　⑧—转矩、转速信号采集

测功机系统类似一个闭环的驱动电机系统，包括测功机（主要是电机）、变频柜、传感器、操控系统等，主要功能是为被测电机提供驱动力或负载等。动力直流电源为被测驱动电机系统提供动态直流电源，根据试验需求提供可变的电压和电流。电功率分析仪同步测量各相电压电流信号，以及测功机的转速转矩信号（一般为频率或电压信号）并计算控制器的输入和输出功率，结果输出到台架数采。冷却系统控制冷却液循环的温度与流量，冷却液依次进入电机控制器和驱动电机，然后返回冷却系统进行冷却及再循环。某企业驱动电机系统试验台架主要技术参数见表 5-1。

表 5-1　某企业驱动电机系统试验台架主要技术参数

序号	设备名称	主要技术参数
1	测功机	最大转矩：933.5N·m；额定转矩：280N·m 最大转速：16000r/min；额定转速：4500r/min 额定功率：132kW
2	动力直流电源	峰值功率：200kW；峰值电流：667A 电压范围：24~800V；电压精度：≤ 0.1% 量程

（续）

序号	设备名称	主要技术参数
3	电功率分析仪	电压采集范围：15～1000V；精度：0.01%读数 电流传感器采集范围：0～600A；精度：0.01%读数
4	冷却系统	冷却能力：20kW；控制范围：50～120℃；控制精度：±1℃ 流量范围：2～40L/min；流量精度：±0.5L/min

二、转矩-转速特性试验

转矩-转速特性试验是测试驱动电机系统在不同转速、不同转矩下的工作特性是否满足产品技术文件的规定。一般情况下，根据试验目的选定测量点和设置边界条件。如峰值转矩试验，产品技术文件规定某电机的峰值转矩为200N·m，对应的转速为3000r/min，持续工作30s，试验就是验证驱动电机系统能否按照该工作点工作相应的时长。再如最高工作转速试验，试验就是验证驱动电机系统能否按产品技术文件规定最高工作转速持续工作3min。下面以驱动电机系统效率试验为例介绍转矩-转速特性试验方法。

1.试验准备

检查被测样品。外观完好，无锈蚀，紧固件连接牢固。分别测量电机定子绕组对壳体的绝缘电阻和电机控制器对壳体的绝缘电阻。

搭建试验台架。按图5-1所示搭建好试验台架，调试传感器及设备。设置冷却系统进水口温度和流量。为保证测量的精度，控制器输入端的电流、电压测量点应靠近控制器接线端子处；驱动电机的转速、转矩测量点应直接在驱动电机轴端。

2.试验执行

选取测试点，包括选取电机转速测试点和转矩测试点。对于驱动电机系统效率试验，测试点越多，测试结果越准确，一般按以下规则选取测试点：转速点的选取要求在驱动电机系统工作转速范围内不少于10个，最低转速点不大于最高工作转速的10%，相邻转速点间隔不大于最高工作转速的10%，还应包括额定工作转速点、最高工作转速点、持续功率对应的最低工作转速点等；转矩点的选取要求每个中低转速点不少于10个转矩点，每个高速转速点不少于5个转矩点，还应包括持续转矩点、峰值转矩点、持续功率曲线上的点、峰值功率曲线上的点等。

将驱动电机控制器直流母线电压设定为额定电压。用计算机控制驱动电机系统按照选定的测试点依此测试，每个测试点稳定工作5s，记录驱动电机控制器直流母线电压、电流，驱动电机的相电压、相电流、频率和电功率，驱动电机的转速、转矩和机械功率。

试验过程中，应防止被测驱动电机系统过热而影响测量的准确性，必要时，试验可以分段测量。

3.试验分析及处理

驱动电机系统效率指标主要包括驱动电机控制器效率、驱动电机效率、驱动电机系统效率、高效工作区等。

（1）驱动电机控制器效率

驱动电机控制器效率分为电动状态控制器效率和馈电状态控制器效率，其值为驱动电机控制器输出功率和输入功率的比值，按式（5-1）计算。

$$\eta_c = \frac{P_{co}}{P_{ci}} \times 100\% \qquad (5\text{-}1)$$

式中　η_c——驱动电机控制器效率（%）；

　　　P_{co}——驱动电机控制器输出功率（kW）；

　　　P_{ci}——驱动电机控制器输入功率（kW）。

（2）驱动电机效率

驱动电机效率分为电动状态效率和馈电状态效率，其值为输出功率和输入功率的比值，按式（5-2）计算。

$$\eta_m = \frac{P_{mo}}{P_{mi}} \times 100\% \qquad (5\text{-}2)$$

式中　η_m——驱动电机效率（%）；

　　　P_{mo}——驱动电机输出功率（kW）；

　　　P_{mi}——驱动电机输入功率（kW）。

（3）驱动电机系统效率

驱动电机系统处于电动工作状态时，输入功率为驱动电机控制器直流母线输入的电功率，输出功率为驱动电机轴端的机械功率，电动状态效率按式（5-3）求取。

$$\eta = \frac{Tn}{9.55UI} \times 100\% \qquad (5\text{-}3)$$

式中　η——驱动电机系统的效率（%）；

　　　n——驱动电机转速（r/min）；

　　　T——驱动电机轴端转矩（N·m）；

　　　U——驱动电机控制器直流母线电压平均值（V）；

　　　I——驱动电机控制器直流母线电流平均值（A）。

驱动电机系统处于馈电工作状态时，输入功率为驱动电机轴端的机械功率，输出功率为驱动电机控制器直流母线输出的电功率，馈电状态效率按式（5-4）求取。

$$\eta = \frac{9.55UI}{Tn} \times 100\% \qquad (5\text{-}4)$$

（4）高效工作区

按照效率计算的方法计算出所有测试点的效率，使用常用的数据处理软件（如Matlab、Python等）生成MAP图，计算出效率不低于80%工作区与总工作区的比值，该值应不低于产品技术文件的规定。

（5）最高效率

选择所有测试点中效率最高值即为最高效率。

三、其他试验简述

1. 工作电压范围试验

一般情况下，驱动电机系统的输入电压只有在额定电压以上，才能确保输出的最大转

矩和最大功率能达到规定的峰值转矩和峰值功率等，当输入电压降低到一定范围，其输出的最大转矩和最大功率会降低甚至无法工作。

试验时，将电机控制器的直流母线电压分别设定为最高工作电压和最低工作电压。在不同工作电压下，测试驱动电机系统在各个转速下的最大输出转矩及功率，检查转矩、功率输出是否能符合产品技术文件的规定，并绘制转矩、功率-转速特性曲线，如图 5-2 所示。

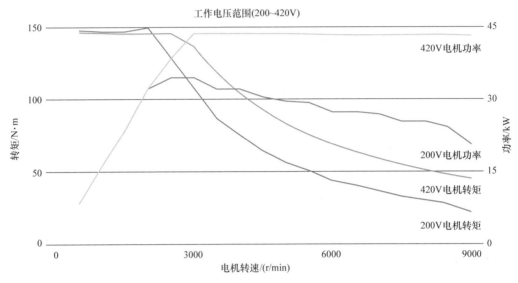

图 5-2　某电机最高、最低电压下转矩、功率-转速特性曲线

2. 持续转矩、功率试验

将驱动电机控制器直流母线电压设定为额定电压，控制驱动电机系统工作于产品技术文件规定的持续转矩点及其对应的转速点，试验方法及数据记录参照效率试验。驱动电机系统应能长时间正常工作，一般时长为 2h。

按照试验获得的持续转矩和相应的工作转速，利用式（5-5）即可计算获得驱动电机在相应工作点的持续功率。

$$P_{\mathrm{m}} = \frac{Tn}{9550} \tag{5-5}$$

式中　P_{m}——驱动电机轴端的持续功率（kW）。

3. 峰值转矩、功率试验

将驱动电机控制器直流母线电压设定为额定电压，控制驱动电机系统工作于产品技术文件规定的峰值转矩及其对应的转速点，试验方法及数据记录参照效率试验。驱动电机系统在规定的时间内应能正常工作，一般时长为 1min。

按照试验获得的峰值转矩和相应的工作转速，利用式（5-5）即可计算获得驱动电机系统在相应工作点的峰值功率。

4. 最高工作转速试验

将驱动电机控制器直流母线电压设定为额定电压，控制驱动电机系统工作于产品技术文件规定的最高工作转速，并施加规定的负载。驱动电机系统应能维持该状态工作时长不低于 3min。

第三节 动力电池系统试验

动力电池系统是能量存储装置，由单体蓄电池或模组构成的电池包和电池管理系统等组成。动力电池种类众多，主要包括锂离子电池、铅酸电池等。当前，锂离子电池具有能量密度高、输出电压和功率高、使用寿命长以及支持高倍率充放电等优点，被国内大多数电动汽车企业所采用。

本节以锂离子动力电池系统为例，介绍电性能、寿命以及安全三个方面的动力电池系统试验方法。

一、电性能试验

动力电池系统电性能试验主要包括容量、能量试验以及功率试验。下面主要介绍电性能试验设备与原理，以及相关试验方法。

1. 试验设备

动力电池系统试验过程中，使用充放电设备实现动力电池系统的充放电，大型高低温环境试验箱可提供动力电池系统试验的环境条件。

动力电池系统试验原理如图 5-3 所示，动力电池系统的高压、低压（以及热管理装置等）与充放电设备相连，直流 12V 电源提供低压电，专用计算机可按照试验要求通过 CAN 总线实现对动力电池系统各参数（如电流、电压、功率、温度等）的监控或控制。

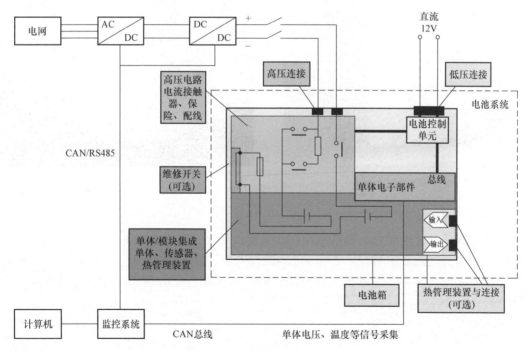

图 5-3 动力电池系统试验原理

（1）动力电池系统充放电设备

动力电池系统充放电设备既可充当电源实现动力电池系统的充电，也可充当负载实现动力电池系统的放电。动力电池系统试验前，只需按照极性，将充放电设备与动力电池系

统正负极相接，并人为控制电池管理系统吸合动力电池管理系统内部继电器，充放电设备即可按照设定程序通过控制回路电流或端电压等方式，实现动力电池系统的充电与放电。

如某动力电池系统充放电设备的关键性能参数为输出电压 DC 20～600V 连续可调，输出电流 ±600A，电压控制、电流控制、测量精度≤满量程0.05%，最大可持续输出功率160kW，如图5-4所示。

（2）高低温交变湿热试验箱

环境温湿度不同，动力电池系统的性能表现亦不相同。试验箱可以按照要求进行温度与湿度工况自动调节，提供动力电池系统试验的环境条件，确保动力电池系统温湿度在试验要求范围内，且兼顾阻燃防爆的作用。

某大型试验箱的关键性能参数如下：尺寸 2000mm×1500mm×1500mm，温度范围 −40～130℃，温度波动率≤ ±0.5℃，可满足动力电池系统常规试验的环境要求，如图5-5所示。

图5-4　动力电池系统充放电设备

图5-5　高低温交变湿热试验箱

2. 容量、能量试验

容量和能量是衡量动力电池系统性能的关键指标之一，放电能量的多少直接影响整车续驶里程。动力电池系统容量、能量试验规程，按照先后顺序包括一个充电和一个放电；放电过程中放电电流对时间的积分为容量；放电电压和电流的乘积对时间的积分为能量，计算公式分别见式（5-6）和式（5-7）。

$$C = \frac{1}{3600} \int I \, \mathrm{d}t \qquad\qquad (5\text{-}6)$$

$$E = \frac{1}{3600} \int UI \mathrm{d}t \qquad\qquad (5\text{-}7)$$

式中　C——动力电池系统充电或放电总容量（A·h）；

I——动力电池系统充电或放电瞬时电流（A）；

E——动力电池系统充电或放电总能量（W·h）；

U——动力电池系统瞬时电压（V）；

t——动力电池系统充电或放电时间（s）。

试验过程中使用电压作为动力电池系统充电、放电是否完成的判断依据。

不同型号、不同制造商，单体蓄电池电压范围均不相同。例如，某磷酸铁锂单体蓄电池，其电压范围为 2.3 ~ 3.65V，即代表充电过程电压升高，当电压达截止电压 3.65V 时，说明蓄电池已满电；放电过程电压降低，当电压达截止电压 2.3V 时，说明蓄电池已空电。

动力电池系统由若干个单体蓄电池通过串联或者并联的方式连接而成，如某动力电池系统由 665 个磷酸铁锂蓄电池组成，成组方式为 19P35S，即 19 个单体蓄电池并联形成一个模块，再由 35 个模块相互串联，并配备其他电子部件、结构件构成动力电池系统。该单体蓄电池额定容量为 15A·h，则动力电池系统额定容量为 285A·h。动力电池系统充放电过程中，由于单体蓄电池存在一定差异，并非所有单体蓄电池同时达截止电压，因此当某一个（或相互并联的若干个）单体蓄电池电压达截止电压时，则认为动力电池系统已达满电或空电的状态，因此动力电池系统实际容量一定小于每一串单体蓄电池容量之和。为保证动力电池系统额定容量符合要求，单体实际容量应略大于 15A·h。充放电末期各个单体蓄电池电压差值可用于判断所有单体蓄电池的一致性，电压差越小，则一致性越好，动力电池系统的性能越好。

（1）试验准备

试验准备包括试验对象检查、试验台架搭建以及试验程序设定。

1）试验对象检查：正式试验开始前，完成对试验对象的检查，确保其基础功能正常。检查项目主要包括试验对象外观与铭牌、高低压线束、绝缘阻值等。

2）试验台架搭建：按照试验原理图，将试验对象的高压、低压线束按需与试验设备、计算机连接；并将试验对象置于环境试验箱，可根据试验需求另增热管理系统装置或其他设备。

3）试验程序设定：按照试验需求设定相关试验程序，实现对动力电池系统的充电、放电；试验程序中应包括试验保护阈值（防止试验过程发生意外）以及试验数据采集周期（保证数据采集充分）。

（2）试验执行

室温下的容量、能量试验：使用高低温交变湿热试验箱，将试验对象温度调整至室温（室温：25℃ ±2℃，本节提到的温度均指动力电池系统内所有单体蓄电池温度）；第一步，使用 1C 电流将试验对象放至空电；第二步，使用 1C 倍率电流将试验对象充至满电；第三步，使用 1C 倍率电流将试验对象放至空电。

试验对象每次充放电前，应静置 1h，并确保试验对象内部单体蓄电池电压无波动，温度达室温且无波动。

（3）试验分析与处理

按照式（5-6）、式（5-7）计算试验对象放电容量、能量；为保证结果的准确性，一般重复测量 3 次，取平均值作为最终结果。对于合格的动力电池系统，室温条件下放电容量应不低于额定容量。

以上是动力电池认证试验规定的方法，但对于动力电池系统，不同的温度和放电电流

均会影响放电容量、能量。一般情况下，动力电池放电倍率越大，温度越低，则放电容量、能量越小。因此也有标准采用 1/3C 放电电流。对于温度，各企业可根据目标市场的气候特点，开展相应温度范围试验。某制造商根据需要制定的试验温度范围见表 5-2。此处的温度仅针对容量、能量试验最后一步的放电温度，前期准备及充电温度仍为室温。

表 5-2　不同温度条件下容量和能量测试记录项目

温度	测试项目
40℃、25℃、10℃、0℃、–10℃、–20℃	放电容量 /A·h、放电能量 /kW·h

随着我国新能源汽车技术、动力电池技术的不断发展，动力电池系统的各项性能指标均有不同程度的提升，其中便包括动力电池系统（质量）能量密度。动力电池系统能量密度的大小表征了单位质量可存储的能量，其数值越大，即表示动力电池系统有限质量内可以布置能量更多的蓄电池，有利于纯电动汽车的轻量化，降低能耗，提升续驶里程。动力电池系统能量密度计算方法见式（5-8）。

$$PED = \frac{E}{M} \tag{5-8}$$

式中　PED——动力电池系统放电能量密度（W·h/kg）；

　　　　E——动力电池系统放电能量或多次试验放电能量平均值（W·h）；

　　　　M——动力电池系统质量，由衡器测量得到（kg）。

3. 功率试验

动力电池系统作为纯电动汽车的储能装置，工作时不仅为电机提供能量，也为电机输出功率。整车急加速工况中，动力电池系统通过大功率输出以满足电机功率需求，此时各个单体蓄电池电压短时间内被迅速拉低，若电压低于一定范围，则可能会损坏单体蓄电池。因此，当动力电池系统功率不足时，整车会控制动力电池系统的输出功率，牺牲部分加速性能。

动力电池系统的放电功率性能受温度以及 SOC 影响；一般来讲，温度越高、SOC 越高，动力电池系统放电功率越大。为提前预估不同状态动力电池系统的功率性能，动力电池系统开展功率试验，验证动力电池系统与电机是否匹配，并为整车功率策略的制定提供参考。

（1）试验准备

试验准备同容量、能量试验准备。

（2）试验执行

以某制造商开展功率试验为例，试验采用恒功率放电的方法，即恒定功率法，可验证动力电池系统某一温度、某一 SOC、某一脉冲时间下的实际恒定功率放电能力。恒定功率法包括两个重要工况：调整 SOC 和恒定功率放电。

1）调整 SOC：一般来讲，高 SOC 动力电池系统的功率性能基本可满足电机功率需求，因此往往只需验证 20%SOC 或以下的动力电池系统的放电功率性能。

如调整 SOC 至 20%，按照容量、能量试验中的充电步骤将动力电池系统充至满电；静置；使用 1C 电流放电 0.8h，此时动力电池系统为 20%SOC。调整 SOC 至试验目标值 n% 的 1C 放电时间 t 的计算方法见式（5-9）。

$$t = \frac{100 - n}{100} \qquad (5\text{-}9)$$

每次调整 SOC 后且在恒定功率试验前，试验样品需完成静置。

2）恒定功率放电：试验前，需预估当前状态下动力电池系统的放电功率 P，并设定放电截止时间 t 和单体蓄电池截止电压 U；如果以功率 P 放电，放电时间和最小单体蓄电池电压恰好分别达 t_0、U_0，其中 $t_0 \geq (t - 1.5)$ 且 $U_0 \leq (U + 0.1)$，则认为 P 为该动力电池系统在该状态下 t 时间的最大可持续放电功率。

如某磷酸铁锂动力电池系统，状态为 20%SOC，单体蓄电池电压范围为 2.3 ~ 3.65V。环境条件为室温，设置放电时间为 10s、单体蓄电池截止电压为 2.3V；开启 60kW 恒功率放电，经 10s 后，最小单体蓄电池电压为 2.34V（结果当前状态实际功率略大于 60kW，但误差较小可以忽略），则认为 60kW 为该动力电池系统在室温条件、20%SOC、10s 脉冲时间下的最大可持续放电功率。

恒定功率法试验时，不同制造商根据整车需求设定不同温度、不同 SOC 以及不同脉冲时间的测试点开展功率试验（表 5-3）。

表 5-3 某动力电池系统放电功率测试点

温度	荷电状态
25℃，10℃，0℃，−10℃，−20℃（或制造商规定的其他温度）	20%SOC（或制造商规定的其他低于 20% 的 SOC）

（3）试验分析与处理

根据功率试验结果判定动力电池系统与电机是否匹配，以及提前预估动力电池系统会在何种状态下不满足电机峰值功率运行。

如某纯电动汽车搭载峰值功率 50kW 电机以及某动力电池系统，开展该动力电池系统功率试验，试验结果见表 5-4。

表 5-4 动力电池系统不同温度下 20%SOC 功率试验结果

温度 /℃	10s 脉冲时间放电功率 / kW	判定
25	≥ 50	合格
10	≥ 50	合格
0	≥ 50	合格
−10	≥ 50	合格
−20	< 50	不合格

试验结果说明，该动力电池系统 −10℃及以上、SOC ≥ 20% 时，可满足电机峰值功率运行；−20℃及以下、SOC ≤ 20% 时，动力电池系统不满足电机峰值功率起动条件，此时电机需降低功率获取。

二、寿命试验

动力电池系统充放电的本质是锂离子反复可逆的氧化还原反应，锂离子通过在两个电极之间往返嵌入和脱嵌实现动力电池系统的充电和放电。反应过程中，会伴随其他副反应，

导致锂离子数量不可逆减少，引起动力电池系统容量、能量减少，导致整车续驶里程随使用次数增加呈不断降低的趋势。

对动力电池系统开展循环寿命试验，通过连续的充放电循环，记录试验样品放电容量、能量的衰减，模拟整车实际工作过程容量、能量衰减引起续驶里程的减少。

（1）试验准备

试验准备同容量、同能量试验准备。

（2）试验执行

重复容量、能量试验 500 次或 1000 次，记录每一次放电过程的放电容量和能量。

（3）试验分析与处理

循环寿命试验过程中，将第一次放电过程的容量、能量视为试验样品的初始容量、能量。若第 500 次循环的放电容量高于初始容量的 90%，则结果合格，停止试验；若低于初试容量的 90%，则继续循环 500 次，若第 1000 次循环放电容量高于初始容量的 80%，则结果合格，停止试验；反之，判断为不合格。

动力电池系统寿命受单体蓄电池种类的影响，不同化学体系的单体蓄电池的寿命性能存在不同程度的差异。此外在实际使用中，动力电池系统的寿命受多方面因素影响，主要包括环境温湿度、充电方式、驾驶员操纵习惯和使用频率等，其寿命可能会产生一定的偏差，且动力电池系统寿命会受到单体蓄电池一致性的影响。不同制造商可根据技术要求，设定不同的充放电电流以及环境温度开展循环寿命试验。

三、安全性试验

近年来，随着纯电动汽车市场规模的不断扩大，纯电动汽车安全事故也随之增多；其中，据某车企统计，近八成纯电动汽车起火事故由动力电池引起。较其他部件而言，动力电池系统风险较高，因此开展动力电池系统安全性试验尤为重要。

根据 GB 38031—2020《电动汽车用动力蓄电池安全要求》，动力电池系统安全性试验测试项目共 16 项，见表 5-5。本节以挤压、浸水、外部火烧以及热扩散试验为例进行介绍。

表 5-5　动力电池系统安全性试验测试要求

序号	测试项目	测试要求
1	振动	模拟安装在车辆上的随机振动情况，要求无泄漏，无外壳破裂，无起火或爆炸现象，绝缘正常
2	机械冲击	模拟安装在车辆上或运输状态时，因车辆颠簸所造成的 Z 轴方向的冲击 / 撞击力，要求无泄漏，无外壳破裂，无起火或爆炸现象，绝缘正常
3	模拟碰撞	模拟安装在车辆上发生车辆碰撞的情况，要求无泄漏，无外壳破裂，无起火或爆炸现象，绝缘正常
4	挤压	模拟安装在车辆上发生车辆碰撞，并且电池包发生严重挤压变形的情况，要求无起火或爆炸现象
5	湿热循环	模拟高温高湿的存储或运输情况，要求无泄漏，无外壳破裂，无起火或爆炸现象，绝缘正常
6	浸水	模拟产品直接被海水完全浸没的极端情况（多见于我国南方地区），要求无泄漏，无外壳破裂，无起火或爆炸现象，绝缘正常

（续）

序号	测试项目	测试要求
7	外部火烧	模拟产品直接暴露于外部火焰的情况（一般发生于因线路短路或燃油泄漏着火的情况），要求无爆炸现象
8	热扩散	模拟动力电池系统由于单体蓄电池热失控引起热扩散时，进而导致乘员舱发生危险前5min，要求提供一个热事件报警信号（服务于整车热事件报警，提醒乘员疏散）
9	温度冲击	模拟外部环境温度快速变化的使用情况，要求无泄漏，无外壳破裂，无起火或爆炸现象，绝缘正常
10	盐雾	模拟高盐雾地区（海边地区）的使用情况，要求无泄漏，无外壳破裂，无起火或爆炸现象，绝缘正常
11	高海拔	模拟高海拔、低气压的使用情况，要求无泄漏，无外壳破裂，无起火或爆炸现象，绝缘正常
12	过电流保护	模拟过电流情况下系统的保护功能，要求无泄漏，无外壳破裂，无起火或爆炸现象，绝缘正常
13	过温保护	模拟高温滥用情况下系统的保护功能，要求无泄漏，无外壳破裂，无起火或爆炸现象，绝缘正常
14	短路保护	模拟外部短路情况下系统的保护功能，要求无泄漏，无外壳破裂，无起火或爆炸现象，绝缘正常
15	过充电保护	模拟过充电滥用情况下系统的保护功能，要求无泄漏，无外壳破裂，无起火或爆炸现象，绝缘正常
16	过放电保护	模拟过放电滥用情况下系统的保护功能，要求无泄漏，无外壳破裂，无起火或爆炸现象，绝缘正常

1. 挤压

动力电池系统挤压试验模拟当其受到挤压时，是否起火、爆炸（图5-6）。

按规定选择挤压板和挤压方向，挤压方向为 x 和 y 方向，挤压速度不大于2mm/s。挤压力达到100kN或挤压变形量达到挤压方向的整体尺寸的30%时停止挤压，保持10min。

完成挤压试验后，观察是否起火、爆炸。

图5-6　挤压试验

2. 浸水

动力电池系统内部进水可能会导致单体蓄电池损坏甚至发生安全事故，因此对密封性能要求很高。浸水试验模拟整车泡水，考核动力电池系统的密封性（图5-7）。

图 5-7 浸水试验

试验对象按照整车连接方式连接好线束、接插件等零部件，选择以下两种方式中的一种进行试验。

1）方式一：试验对象以实车装配方向置于 3.5%（质量分数）氯化钠溶液中 2h，水深要足以淹没试验对象。

2）方式二：试验对象按照 GB/T 4208—2017《外壳防护等级（IP 代码）》中所述方法和流程进行试验。试验对象按照制造商规定的安装状态全部浸入纯水中。对于高度小于850mm 的试验对象，其最低点应低于水面 1000mm；对于高度大于或等于 850mm 的试验对象，其最高点应低于水面 150mm。试验持续时间 30min。水温与试验对象温差不大于5℃。

将试验对象取出水面，在试验环境温度下静置观察 2h。

3. 外部火烧

外部火烧试验测试动力电池系统在受到外部火烧时可能存在的安全风险，主要模拟当整车其他零部件起火时，对动力电池系统是否产生影响。

动力电池系统外部火烧试验在环境温度为 0℃以上、风速不大于 2.5km/h（0.7m/s）的环境下开展，布置方案如图 5-8 所示。试验总共分为 4 个阶段。

1）第一阶段：预热。在离试验对象至少 3m 远的地方点燃汽油，经过 60s 的预热后，将油盘置于试验对象下方。

2）第二阶段：直接燃烧。试验对象直接暴露在火焰下 70s。

3）第三阶段：间接燃烧。将耐火隔板盖在油盘上。试验对象在该状态下测试 60s。

4）第四阶段：离开火源。将油盘或者试验对象移开，在试验环境温度下观察 2h 或待试验对象外表温度降至 45℃以下。

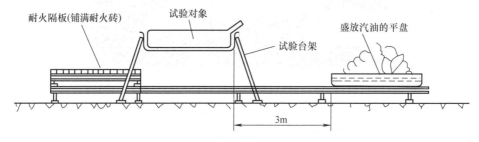

图 5-8 外部火烧布置方案

记录试验对象是否有起火、爆炸等现象；如果有火苗，则记录是否在火源移开后 2min 内熄灭。外部火烧试验如图 5-9 所示。

图 5-9　外部火烧试验

4. 热扩散

热扩散的试验目的是验证当单个蓄电池发生热失控时，是否会出现热扩散导致整个动力电池系统发生严重安全问题。

热扩散试验在环境温度 0℃以上、相对湿度为 10%~90%、大气压力为 86 ~ 106kPa 的环境中进行。试验开始前，需将试验对象的 SOC 调整至规定范围。

热失控触发对象为试验对象中的单体蓄电池，选择动力电池系统中靠近中心位置，或者被其他蓄电池包围的蓄电池，通过针刺或者加热触发热失控，同时监测温度和电压。

热失控的判定条件：

1）触发对象产生电压降，且下降值超过初始电压的 25%。

2）监测点温度达到制造商规定的最高工作温度。

3）监测点的温升速率≥ 1℃/s，且持续 3s 以上。

当 1）和 3）或者 2）和 3）发生时，判定发生热失控。

为了确保热扩散不会导致车辆乘员发生危险，需采用针刺和加热两种方法分别验证；如果发生热失控，则记录热事故报警信号发出后试验对象外部发生起火或爆炸的时间，该时间应不少于 5min。热扩散原理如图 5-10 所示。

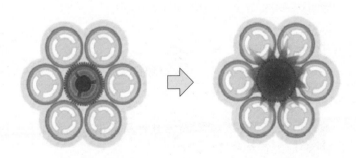

图 5-10　热扩散原理

第四节 驱动电机系统与动力电池系统试验实例

本节以某小型纯电动汽车的驱动电机系统和动力电池系统为例，介绍驱动电机系统效率试验和动力电池系统电性能试验。

一、驱动电机系统效率试验

根据该小型纯电动汽车的加速性能、爬坡性能和最高车速等技术指标要求，开发一款与之匹配的驱动电机系统。该驱动电机系统规格参数见表5-6，需开展驱动电机系统的效率试验，并判断是否满足以下要求：

1）额定电压下，驱动电机最高效率不低于93%，系统最高效率不低于91%。

2）额定电压下，驱动电机效率高效区（效率 > 80%）占比不低于80%。

表 5-6 某电机系统规格参数

参数项目	参数规格
电机型式	永磁同步交流感应电机
额定功率	20kW
峰值功率	50kW
峰值转矩	215N·m
最高转速	7500r/min
额定电压	DC 353V
最低 / 最高电压	DC 245V/412V

1.试验准备

（1）样品及环境条件检查

按表5-7中的要求做好检查并记录，检查结果必须满足技术要求。

表 5-7 试验前检查记录

序号	检查项目	技术要求	检查结果
1	外观	完好、无锈蚀	合格
2	紧固件	连接牢固	合格
3	电机三相线和低压绝缘	DC 1000V ≥ 200MΩ	合格
4	环境温度	18 ~ 28℃	合格
5	相对湿度	45% ~ 75%	合格
6	气压	86 ~ 106kPa	合格

（2）台架搭建

台架试验步骤一般为：制作工装→安装测试电机及传感器→连接水循环，高、低压线路，功率分析仪→CAN 通信配置及台架调试。

设置冷却系统参数，控制器入口冷却液温度为 65℃ ±2℃，冷却液流量为 8L/min。冷却系统一般根据测试对象的冷却系统进行选型适配。按照冷却机组→电机控制器→被测电

机→冷却机组循环回路，实现冷却液流量和温度的控制，为驱动电机系统提供冷却。

2. 试验执行

选择测试点。该驱动电机最高转速为 7500r/min，因此可将最低转速点选定为 500r/min，转速点间隔也选定为 500r/min，共计 15 个转速点。峰值转矩 215N·m，按 10N·m间隔一个点，低转速工作点每个点对应 22 个转矩点；随着驱动电机转速升高，最大转矩逐渐降低，7500r/min 对应的最大转矩约为 65N·m，按 10N·m 间隔一个点，高转速点对应的转矩点为 7 个。总计 210 个测试点，具体分布见表 5-8。

表 5-8　测试点分布

转速 /（r/min）	500	1000	1500	2000	2500	3000	3500	4000
对应测点个数 / 个	22	22	22	22	20	16	14	12
转速 /（r/min）	4500	5000	5500	6000	6500	7000	7500	—
对应测点个数 / 个	11	10	9	8	8	7	7	—

将驱动电机控制器的直流母线电压设置在额定工作电压 353V，按选定的测试点依次测试，记录稳定的转速、转矩、电压、电流、功率等数据。

电机转矩 - 转速特性测试实例完整数据

3. 试验分析及处理

将试验结果按表 5-9 中的要求记录完整。其中，驱动电机系统转速、转矩，控制器母线电压、电流，控制器输入、输出功率可通过计算机直接读取。电机输出功率的计算见式（5-5），控制器效率、电机效率和系统效率的计算分别见式（5-1）、式（5-2）和式（5-3）。

表 5-9　电机转矩 - 转速特性测试数据（节选）

系统转速 $n/(\text{r/min})$	系统转矩 $T/\text{N·m}$	控制器母线电压 U/V	控制器母线电流 I/A	控制器输入功率 P_{in}/W	控制器输出功率 P/W	控制器效率 η_c（%）	电机输出功率 P_{out}/W	电机效率 η_{em}（%）	系统效率 η_s（%）
499.6	7.88	353	2.3	811.9	580	71.44	412	71.08	50.77
500.7	16.34	352.9	3.8	1341.02	1080	80.54	857	79.32	63.88
500.6	25.39	353	5.6	1976.8	1650	83.47	1331	80.66	67.33
…	…	…	…	…	…	…	…	…	…
7501	53.36	352.3	133.2	46926.36	45670	97.32	41911	91.77	89.31
7500	63.04	352.3	159.3	56121.39	54570	97.24	49508	90.72	88.22
7500	66.65	352.2	169.6	59733.12	58040	97.17	52343	90.18	87.63

试验数据测试记录完成后，将转速、转矩、效率数值导入常用的数据处理软件（如MATLAB、Python 等）生成 MAP 图，如图 5-11 ~ 图 5-13 所示。通过 MAP 图得出电机的最高效率为 93.45%，高效区占比 86.8%，系统最高效率 91.13%，均满足技术要求。

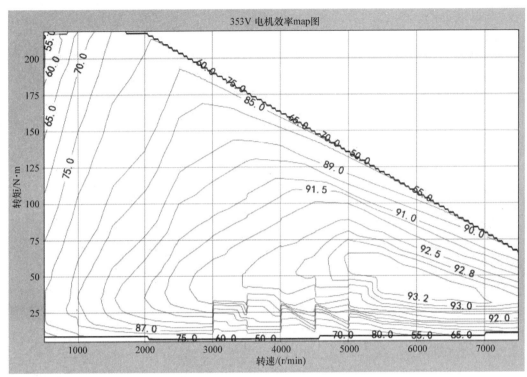

图 5-11　电机效率 MAP 图

注：最高效率 93.45%，高效区占比 86.8%。

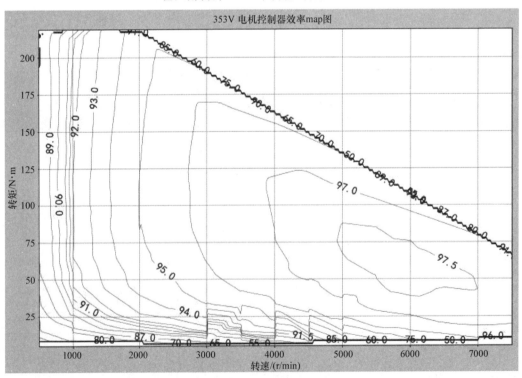

图 5-12　控制器效率 MAP 图

注：最高效率 97.61%，高效区占比 99.79%。

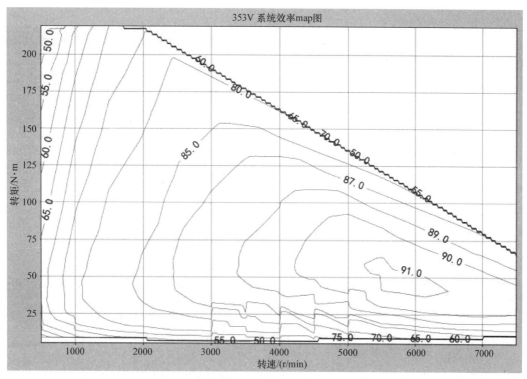

图 5-13 系统效率 MAP 图

注：最高效率 91.13%，高效区占比 71.98%。

二、动力电池系统电性能试验

根据该小型纯电动汽车 250km 续驶里程要求以及驱动电机功率，开发一款与之相匹配的动力电池系统，该动力电池系统基本参数见表 5-10；现开展动力电池系统电性能试验，试验项目为容量、能量以及功率试验，并判断是否满足以下要求：

1）该动力电池系统实际容量、能量符合整车续驶里程要求。

2）该动力电池系统不同温度下，20%SOC，满足驱动电机峰值功率运行 10s。

表 5-10 动力电池系统基本参数

序号	项目	项目信息
1	成组方式	5P106S
2	额定容量	75A·h
3	额定能量	25.4kW·h
4	功率要求	25℃、0℃、−20℃，10s 20%SOC 放电功率 ≥ 50kW
5	电压范围	265.0～386.9V

动力电池系统检查

1. 试验准备

试验准备包括试验对象检查、试验台架搭建以及试验程序设定。

（1）试验对象检查

试验开始前，完成对试验对象的检查，确保其基础功能正常（表 5-11）。

表 5-11 检查项目及要求

序号	检查项目	要求	评价
1	外观	无磕碰、无损坏	合格
2	铭牌	有型号、编号、生产日期、厂家及关键参数	合格
3	低压线束	外观完好，针脚无变形、定义完整	合格
4	高压线束	正负极标签完整清晰，过电流能力大于试验所需电流	合格
5	高压维修开关	外观完好，两端导通	合格
6	绝缘阻值	$\geqslant 500\,\Omega/V$	合格
7	静态压差	$\leqslant 100mV$	合格
8	上位机故障监测	LBC 上电后无故障上报	合格

（2）试验台架搭建

连接试验对象的高压、低压线束（表 5-12），并将试验对象置于试验箱内。

表 5-12 高压、低压线束连接要求

序号	项目	要求	评价
1	高压线束	螺栓连接力矩大于 20N·m	合格
2	低压线束	连接可靠，无干涉	合格

（3）试验程序设定

设置程序保护阈值：总电压（264～388V）、单体蓄电池电压（2.49～3.66V）、电流（≤600A）以及温度（−20～55℃），当某参数超出保护阈值时，可通过断开动力电池系统继电器终止试验。

设置数据采样率：充放电过程 1s 采集一次，静置过程 3s 采集一次，调整温度过程不采集数据，只进行监控；设置每个试验用程序的工步，包括充放电电流（或功率）、截止电压或时间以及静置时间。

2. 试验执行

开展该动力电池系统容量、能量以及功率试验。

（1）容量、能量试验

1）开启试验箱，设置温度 25℃，调整动力电池系统温度至 25℃ ±2℃，使用 75A 电流放电至 u_{min}=2.5V（u_{min} 为动力电池系统最小单体蓄电池电压）。

2）静置 1h；动力电池系统温度达到 25℃ ±2℃后，使用 75A 充电至 u_{max} = 3.65V（u_{max} 为动力电池系统最大单体蓄电池电压）。

3）静置 1h；动力电池系统温度达到 25℃ ±2℃后，使用 75A 放电至 u_{min} = 2.5V，此为该动力电池系统 25℃下的实际容量。

4）使用同样的方式将动力电池系统充至满电，使用试验箱依次将动力电池系统温度调整至 10℃、0℃、−10℃、−20℃，并使用 75A 放电；记录所有充放电过程的容量、能量。

（2）功率试验

1）使用同样的方式将动力电池系统充至满电。

2）使用 75A 放电 0.8h，将动力电池系统调整至 20%SOC。

3）将动力电池系统温度调整为 25℃ ±2℃，设置功率试验程序：预设放电功率 70kW，放电截止时间 10s，截止单体蓄电池电压 2.5V；开启恒功率放电，经 10s 后，最小

单体蓄电池电压为 2.51V，则认为该动力电池系统在 25℃、20%SOC、脉冲时间 10s 的最大可持续放电功率为 70kW。

4）采用同样的方式完成 10℃、0℃、-10℃、-20℃下，动力电池系统 20%SOC、脉冲时间 10s 的最大可持续放电功率试验；记录不同温度下的功率，放电过程时间，起始及终止的总电压、u_{max}、u_{min}。

3.数据分析与处理

（1）容量、能量试验

通过容量、能量试验测得动力电池系统在不同温度的放电容量、能量，试验结果见表 5-13，不同温度放电容量、能量均合格。

表 5-13 动力电池系统不同温度下的放电容量 / 能量试验

温度 /℃	放电容量 /A·h	放电能量 /kW·h	目标容量 /A·h	目标能量 /kW·h	评价
25	76.2	25.5	> 75.0	> 25.4	合格
10	73.7	24.1	> 72.0	> 23.0	合格
0	72.7	23.5	> 70.0	> 22.0	合格
-10	64.2	21.1	> 60.0	> 19.0	合格
-20	55.4	17.9	> 50.0	> 16.0	合格

（2）功率测试

通过功率试验测得动力电池系统在不同温度下，20%SOC、脉冲时间 10s 的最大可持续放电功率，试验结果见表 5-14。

表 5-14 动力电池系统不同温度下 20%SOC 的功率试验

温度 /℃	脉冲时间 10s 放电功率 /kW	电机峰值功率 / kW	评价
25	70		合格
10	65		合格
0	60	50	合格
-10	55		合格
-20	35		不合格

功率试验结果反映出动力电池系统的最大可持续放电功率有明显的随温度（一定范围内）降低而降低的趋势。该动力电池系统在环境温度 -10℃ 及以上、SOC ≥ 20% 时，10s 放电的最大可持续功率均大于 50kW，满足设计要求。当此动力电池系统处于 -20℃（及以下）低温环境、SOC ≤ 20% 时，10s 放电的最大可持续功率小于电机峰值功率，此时驱动电机需限功率运行。

针对某动力电池系统开展相关试验，结论如下：

1）该动力电池系统在不同温度下的放电容量、能量均满足设计要求。

2）该动力电池系统在环境温度 -10℃ 及以上、SOC ≥ 20% 时，满足电机峰值功率运行。

复习思考题

1. 典型驱动电机系统台架主要由_____、_____、_____和_____组成。

2. 锂离子动力电池主要有_____、_____和_____等优点，而被国内大多数电动汽车企业所采用。

3. 驱动电机系统在峰值转矩工作的时长一般要求是_____。

A. 1s   B. 30s   C. 30min   D. 2h

4. 开展某动力电池模组放电功率试验，成组方式为 5P2S，单体电压范围为 2.8 ~ 4.2V，电压截止条件应设置为_____。

A. 最小单体蓄电池电压 ≤ 2.8V   B. 最大单体蓄电池电压 ≥ 4.2V

C. 模组总电压 ≤ 5.6V   D. 模组总电压 ≥ 8.4V

5. 结合驱动电机系统效率试验实例中的系统效率 MAP 图，当该驱动电机系统工作转速为 3000r/min、转矩为 130N·m 时，其系统效率的大概范围是多少？利用本章第四节二维码中的完整数据，计算出系统效率 > 85% 的占比。

6. 某纯电动汽车动力电池系统采用三元锂电池，单体容量为 32A·h，最大可支持 3C 持续充放电，单体电压范围为 2.8 ~ 4.2V，额定电压为 3.6V，系统成组方式为 5P100S。现开展该动力电池系统相关电性能试验，问：

1）试验时，应如何设置设备保护阈值？

2）开展该动力电池系统容量、能量试验，应如何设置充放电电流？

3）开展该动力电池系统室温、20%SOC、10s 脉冲时间功率试验，怎么将 SOC 调整至 20%，如何设置功率试验过程截止条件？

思政故事   鞠躬尽瘁的孟少农

　　孟少农（1915—1988）是汽车工程专家、中国科学院学部委员（院士），毕生致力于汽车工业建设事业，是新中国汽车工业技术的主要奠基人。

　　孟少农到二汽时身负重任，但他患有痛风，当病发严重不能走动时，就请大家（攻关人员）到家里研究问题，有时连阳台上、走道上都坐满了人；桌上、地上都铺满了图样，争分夺秒地和大家一起攻克质量关。

　　孟少农几十年身处一线，扎根基层，从不考虑个人得失。晚年，组织上曾几次让他迁居北京，而他总是婉谢。他说过："我是搞具体技术工作的，脱离基层，远离生产现场又能干什么呢！"这既是他的谦虚，也充分体现了他的奉献精神。

　　孟少农晚年是在口授笔耕、培育后人中渡过的。他曾对二汽领导说过："如果说，我在有生之年有什么奢望的话，就是在培养年轻一代上贡献点微力。"1985 年，他已体弱多病，但还亲自编写讲义，为湖北汽车工业学院的学生讲授了国内外无人讲过的

一门新课——《汽车设计方法论》。虽然他的健康状况一直欠佳，经常需要住院治病，但他从未因此停止给学生讲课。

1988年1月9日，也就是他逝世的前六天，当二汽同志去医院看望他时，他还关心地问："你们搞的小轿车前期工程怎样？"当听到"进展顺利"时，他很满意，还自信地说："等病好了，我和你们一起干。"他早就有把中国轿车工业搞上去的愿望，但无情的病魔使他壮志未酬。

为缅怀这位著名的汽车专家孟少农，二汽遵照国家科委提议，为他塑了半身铜像两座，一座安放在湖北汽车工业学院，一座安放在武汉理工大学。

第六章

制动性能试验

本章主要介绍行车制动效能试验、制动衰退试验、电子控制制动系统试验，分别从试验设备、试验方法、试验内容、数据处理和评价方法等方面陈述，最后以具体试验实例展示试验数据分析与处理过程。

第一节 概　　述

汽车的制动性能是指汽车行驶时能在短距离内停车且维持行驶方向稳定性和在下长坡时能维持一定车速的能力。制动性能是汽车的重要使用性能之一，它的好坏直接关系到行车的安全。因此，不管是新车出厂，还是在用车辆年检，都将其制动性能作为重点检测项目之一。

汽车的制动性能主要由三个方面来评价，即制动效能、制动效能的恒定性、制动时汽车的方向稳定性。此外，汽车的制动性能还包括驻车制动能力、制动响应时间、防抱死制动系统的效能等。对于纯电动汽车，还增加了再生制动系统的效能和安全性。

国际上较常用的汽车制动性能标准有 ECE R13、ECE R13H、FMVSS135、FMVSS126、ISO 6597 等。

我国汽车制动性能的相关国家标准有 GB 21670—2008《乘用车制动系统技术要求及试验方法》、GB 12676—2014《商用车辆和挂车制动系统技术要求及试验方法》、GB/T 34588—2017《重型商用车辆　转弯制动　开环试验方法》、GB/T 13594—2003《机动车和挂车防抱制动性能和试验方法》、QC/T 1089—2017《电动汽车再生制动系统要求及试验方法》。

制动性能试验项目主要包括行车制动效能试验、制动衰退试验和电子控制制动系统试验。其中，行车制动效能试验包括冷态制动效能试验（又称 0 型试验）和应急制动效能试验；制动衰退试验包括制动热衰退试验（又称 I 型试验）和涉水制动试验；电子控制制动系统试验包括防抱制动系统性能试验和再生制动系统试验，此外，还有驻车制动试验、制动时间响应试验等。

制动性能试验方法包括台架试验法和道路试验法，当前通常使用的试验方法是道路试验法。进行道路试验时，应先进行磨合试验，然后再进行后续动态试验。进行动态试验时，推荐先进行空载试验，后进行满载试验。对于乘用车，制动热衰退试验应在其他所有动态试验项目完成后进行。

制动性能试验

第二节　行车制动效能试验

行车制动效能是指汽车在坚实、平坦路面上从一定初速度制动到停车的制动距离与制动减速度，它是汽车制动性最基本的评价指标。汽车的行车制动系统应保证驾驶员在行车过程中能控制车辆安全、有效地减速和停车。

一、试验设备

行车制动效能的试验方法包括台架试验法和道路试验法。台架试验设备有滚筒式制动试验台、平板式制动试验台等。汽车道路试验法的主要设备包括卫星定位天线、数据采集系统、踏板力传感器、轮速传感器、制动触发器等。设备连接如图 6-1 所示，其中卫星定位天线放置在试验车的车顶中心位置，踏板力传感器、制动触发器放置在制动踏板处，其余设备放置在试验车中，由试验人员操作并记录。

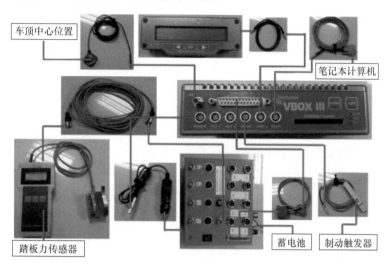

图 6-1 设备连接

二、磨合试验

在进行行车制动效能道路试验时，应先进行磨合试验，试验过程包括磨合前的检查试验和磨合行驶试验。

1.磨合前的检查试验

磨合前的检查试验用于初步检查汽车的制动性能和各仪表状况。若存在较严重的问题，则应在检修好后再进行试验；如果制动性能和仪表性能难以恢复，则中断试验。

先对汽车制动系统进行静态检查，包括制动器磨损及调节检查、制动系统结构检查、控制力与管路压力比例关系检查、储液罐／主缸检查、报警信号检查、储能与供能检查，以及电力再生式制动系检查。

动态检查试验应在平坦、硬实、清洁、干燥且附着系数不小于 0.7 的混凝土或沥青路面上进行，试验时风力应不致影响试验结果。试验前制动器应处于冷态。

试验时，制动初速度为 30km/h，末速度为 0，减速度为 3m/s²，或保持相应的踏板制动力、制动管路压力，制动间隔距离 1.6km，制动次数 10 次。同时，测量制动管路压力、制动减速度及制动器温度。

车辆在制动前沿试验通道中线行驶，在制动过程中保持稳定，横摆角应不大于 15°，不应偏离试验通道，也不应发生异常振动。

试验中应按规定加载车辆。空载是指车辆处于整备质量状态，除驾驶员外，前排座椅上可坐一人记录试验结果。满载是指包括驾驶员、试验记录人员和所需的试验设备的质量

在内，将车辆加载至最大设计总质量，确保质量分配符合汽车企业规定。如有几种不同的质量分配方案，则应采用前后轴质量分配之比最大的方案。

2. 磨合行驶试验

在进行各项制动性能试验前，应该对车辆进行磨合行驶。乘用车与商用车的磨合行驶具体方法有所不同。

（1）乘用车磨合行驶

将车辆满载，以最高车速的80%（≤120km/h）作为初速度行驶，再以3m/s²的减速度开始制动，当速度降至初速度的50%时，松开踏板，将车速加速至初速度，重复试验。磨合总次数为200次。如因条件限制不能连续完成200次，则可根据具体情况调整试验次数。

（2）商用车磨合行驶

商用车磨合行驶的制动初速度为60km/h，制动末速度约为20km/h。若为全盘式制动系统，首先以约2m/s²的制动减速度进行30次制动，然后以4m/s²的制动减速度进行30次制动；若为前盘后鼓式或全鼓式制动系统，首先以约2m/s²的制动减速度进行100次制动，然后以4m/s²的制动减速度进行100次制动。在磨合过程中，制动盘或制动鼓的温度不应超过200℃。

三、冷态制动效能试验

冷态制动效能试验是检测汽车制动效能的主要方法，也是确认汽车制动安全的一项主要试验，主要检测试验车辆的制动距离、制动减速度等。

冷态制动效能试验又称为0型试验，包括动力装置脱开的0型试验和动力装置接合的0型试验。在试验过程中需关闭再生制动装置，或使其产生的制动力不得超过系统设计所保证的最低水平。

1. 动力装置脱开的0型试验

试验按表6-1中各车型规定的车速进行。对因最高设计车速限制而不能达到规定车速的车辆，可用试验时所能达到的最高车速进行试验。试验时，在附着条件良好的水平路面上，将车辆加速至试验规定车速以上5km/h，脱开档位，在车速下降至试验规定车速时全力进行行车制动。

表6-1　0型试验条件

车辆类型		M_1	M_2	M_3	N_1	N_2	N_3
动力装置脱开的0型试验	v/（km/h）	100	60	60	80	60	60
	S/m	$\leq 0.1v + 0.0060v^2$	$\leq 0.15v + v^2/130$				
	d_m/(m/s²)	≥ 6.43	≥ 5.0				
	F/N	65～500	≤ 700				
动力装置接合的0型试验	v=80% v_{max}/（km/h）	≤ 160	≤ 100	≤ 90	≤ 120	≤ 100	≤ 90
	S/m	$\leq 0.1v + 0.0067v^2$	$\leq 0.15v + v^2/103.5$				
	d_m/(m/s²)	≥ 5.76	≥ 4.0				
	F/N	65～500	≤ 700				

注：v为规定的试验车速；S为制动距离；d_m为充分发出的平均减速度；F为制动踏板力；v_{max}为最高车速。

重复上述制动过程，确认车辆在未发生车轮抱死的情况下所能达到的最佳制动性能符合要求。

2. 动力装置接合的 0 型试验

对于乘用车，该项试验仅适用于最高车速 $v_{\max}>125$km/h 的车辆。试验按表 6-1 规定的车速进行；对于 $v_{\max}>200$km/h 的车辆，试验车速取为 160km/h 试验时，在附着条件良好的水平路面上将车辆加速至试验规定车速以上 5km/h，采用相应的最高档行驶，松开加速踏板但保持档位不变，在车速下降至试验规定车速时进行行车制动。采用的制动控制力（或管路压力）与动力装置脱开的 0 型试验接近。制动控制力应在整个制动过程中保持恒定，确保达到最大的制动强度但不会发生车轮抱死。

对于商用车，该项试验应在表 6-1 所指的各种车速下进行，最低试验车速为车辆最高设计车速的 30%，最高试验车速为车辆最高设计车速的 80%。对于装备限速器的车辆，限速器的限制车速将作为车辆的最高设计车速。

四、应急制动性能试验

应急制动是指在常规的行车制动失效后，在适当的距离内将车停住。汽车应急制动装置必须可控制、可调节，且应保证在行车制动只有一处失效的情况下，在规定的距离内将汽车停住。因此，有必要进行应急制动性能试验。

应急制动试验应以一定的初速度，按发动机脱开的 0 型试验条件进行，试验时作用在行车制动控制装置上的力应在一定范围内。

对于乘用车，应急制动的初速度为 100km/h，制动控制力应在 65~500N 的范围内。对于商用车，应急制动初速度要求如下：M_2 和 M_3 类车为 60km/h；N_1 类车为 70km/h；N_2 类车为 50km/h；N_3 类车为 40km/h。对于因最高设计车速限制而不能达到规定试验车速的车辆，可以所能达到的最高车速进行试验。

试验应模拟行车制动系统的实际失效状态进行。对于气制动车辆，应分别断开前、后行车制动气室来模拟前、后轴失效；对于液压制动车辆，应分别断开制动主缸前、后腔出油硬管与制动软管转接处来模拟前、后轴失效。

应急制动的制动距离 S 和充分发出的平均减速度 d_m 应满足的要求见表 6-2。对于乘用车，作用在行车制动控制装置上的力应在 65～500N 的范围内。对于商用车，当制动采用手控装置时，控制力不大于 600N；当采用脚控装置时，控制力不大于 700N。

表 6-2　应急制动的性能要求

车辆类型	M_1	M_2、M_3	N
制动距离 S	$\leqslant 0.1v + 0.0158v^2$	$\leqslant 0.15v + (2v^2/130)$	$\leqslant 0.15v + (2v^2/115)$
平均减速度 d_m	$\geqslant 2.44$m/s^2	$\geqslant 2.5$m/s^2	$\geqslant 2.2$m/s^2

此外，应急制动试验应模拟行车制动系统的实际失效状态进行。装备电力再生式制动系的车辆，还应保证行车制动系输出的电动部件完全失效，且失效状态导致电动部件产生最大制动力，在这两种失效状态下检查应急制动性能。

五、行车制动效能评价指标

行车制动效能的直接评价指标有制动距离和充分发出的平均减速度（MFDD），间接指标有制动稳定性要求和制动协调时间。对于制动距离或制动减速度的要求，符合其中之一即为合格。

1. 制动距离

制动距离，是指从驾驶员开始促动制动系统的控制装置开始至车辆停住时所驶过的距离。乘用车制动初速度为 50km/h 时，空载检测制动距离要求不大于 19m，满载检测制动距离要求不大于 20m。商用车制动初速度为 50km/h 时，空载检测制动距离要求不大于 21m，满载检测制动距离要求不大于 22m。

2. 制动稳定性要求

制动稳定性要求，是指制动过程中车辆任何部位都不允许超过规定宽度的试验通道边缘线。按照国标要求，乘用车制动试验过程中车辆不能偏离 3.5m 宽的试验通道，对商用车的试验通道的要求则是 3.7m 宽。同时，制动试验过程中车辆的横摆角应不大于 15°。

3. 充分发出的平均减速度

汽车在规定初速度下急踩制动踏板时，充分发出的平均减速度及制动稳定性要求应符合表 6-2 的规定，且制动协调时间对液压制动的汽车应不大于 0.35s，对气压制动的汽车应不大于 0.60s，对汽车列车、铰接客车和铰接式无轨电车应不大于 0.80s。制动协调时间，是指在急踩制动踏板时，从脚接触制动踏板时起至车辆减速度（或制动力）达到国标规定的车辆充分发出的平均减速度的 75% 时所需的时间。

车辆制动时充分发出的平均减速度 d_m 可表达为

$$d_{m} = \frac{v_{b}^{2} - v_{e}^{2}}{25.92\left(S_{e} - S_{b}\right)} \tag{6-1}$$

式中　d_m——充分发出的平均减速度（m/s^2）；

　　　v_b——试验车速（km/h），$v_b = 0.8v_0$；

　　　v_e——试验车速（km/h），$v_e = 0.1v_0$；

　　　v_0——试验车制动初速度（km/h）；

　　　S_b——试验车速从 v_0 到 v_b 之间车辆行驶的距离（m）；

　　　S_e——试验车速从 v_0 到 v_e 之间车辆行驶的距离（m）。

4. 制动踏板力（或制动气压）

国标对制动性能试验时的制动踏板力或制动气压做了相应要求：

1）满载试验时，对于气压制动系统，要求气压表的指示气压不大于额定工作气压；对于液压制动系统，要求乘用车的踏板力不大于 500N，商用车的踏板力不大于 700N。

2）空载试验时，对于气压制动系统，要求气压表的指示气压不大于 600kPa；对于液压制动系统，要求乘用车的踏板力不大于 400N，商用车的踏板力不大于 450N。

5. 制动踏板行程

液压行车制动在达到规定的制动效能时，踏板行程应不大于踏板全行程的 3/4；制动器装有自动调整间隙装置的机动车的踏板行程不应大于踏板全行程的 4/5，且乘用车不应大于 120mm，其他机动车不应大于 150mm。

第三节　制动衰退试验

制动效能的恒定性是评价汽车制动性能的指标之一，主要是指汽车在高速高强度制动、下长坡连续制动、涉水等工况下保持冷态制动效能的特性。这一性能主要用抗热衰退性能以及抗水衰退性能表示。

一、制动热衰退试验

汽车制动过程中，汽车行驶的动能被制动器转变为热能并吸收，使得制动器摩擦材料受热后，摩擦系数下降，从而导致制动效能降低。因此，需要按照国家标准进行汽车的制动热衰退试验，也称 I 型试验。

该试验按照制动器加热过程、热态性能试验、恢复性能试验的步骤依次进行。

1. 制动器加热过程

采用最高档，以表 6-3 规定的初速度 v_1 进行两次动力装置脱开的 0 型试验，确定车辆满载时产生 $3m/s^2$ 的减速度所需的控制力或管路压力，同时确认车速能在规定的时间 Δt 内从 v_1 下降至 v_2。之后，以上述确定的力在车速为 v_1 时开始制动，使车辆产生 $3m/s^2$ 的平均减速度。在车速下降至 v_2 时解除制动，选择最有利的档位使车速快速恢复到 v_1，在最高档维持该车速至少 10s，然后再次制动并确认两次开始制动之间的时间间隔等于 Δt。时间测量装置应在第一次制动操作时起动或重新设置。

重复上述"制动 - 解除制动"过程，次数见表 6-3。

对装备有电力再生式制动系的车辆，动力电池在试验开始时的荷电状态应确保电力再生式制动系产生的制动力不超过系统设计所保证的最低水平。

表 6-3　加热试验条件

车辆类别	试验条件			
	制动初始车速 v_1/（km/h）	制动结束车速 v_2/（km/h）	制动循环周期 Δt/s	制动次数 N
M_1	$80\%v_{max} \leqslant 120$	$v_1/2$	45	15
M_2	$80\%v_{max} \leqslant 100$	$v_1/2$	55	15
N_1	$80\%v_{max} \leqslant 120$	$v_1/2$	55	15
M_3、N_2、N_3	$80\%v_{max} \leqslant 60$	$v_1/2$	60	20

注：v_{max} 为车辆的最高设计时速；Δt 指从一次制动开始到下一次制动开始所经历的时间。

2. 热态性能试验

在上述制动器加热过程最后一次制动结束后，可以测定行车制动系的热态制动性能。

车辆应在动力装置脱开的情况下，立即加速至 0 型试验车速，所使用的平均控制力不应超过满载 0 型试验中实际使用的控制力。

车辆在未发生车轮抱死的情况下，其热态性能不应低于满载 0 型试验实际性能的 60% 和 0 型试验规定性能的 75%（商用车为 80%）。

对装备电力再生式制动系的车辆，为进行对比，还应在与热态试验相同的车速下进行冷态制动试验，应将动力电池荷电状态调整至适当水平，使电力再生式制动产生的制动力与热态试验接近。

如车辆在 0 型试验控制力下能达到 0 型试验性能的 60%，但不能达到规定性能的 75%，可采用不超过 500N（商用车为 700N）的更高的控制力进一步进行热态性能试验。两次试验结果均应记入试验报告。

3. 恢复性能试验

热态性能试验结束后，立即在动力装置接合的情况下，以 $3m/s^2$ 的平均减速度、从 50km/h 的车速进行四次停车制动。各次制动的起点之间允许有 1.5km 的距离。每次制动结束后，立即在最短的时间内加速至 50km/h 并保持该车速直至进行下次制动。

恢复过程结束时，应立即加速至 0 型试验车速，进行动力装置脱开的 0 型试验，以不超过相应 0 型试验的平均控制力测定行车制动系的恢复性能。

恢复性能不应低于动力装置脱开的 0 型试验结果的 70%，但也不应超过 150%。

装备电力再生式制动系的车辆，应在无电力再生式制动部件参与制动的条件下进行恢复试验。

使制动器冷却到环境温度，确认制动器未发生粘合。对装有自动磨损补偿装置的车辆，应在最热的制动器冷却降温至 100℃时，检查车轮是否能自由转动。

4. 评价指标

评价制动器抗热衰退性能的指标主要是制动效能衰退率，即

$$\eta = \frac{F_i - F_1}{F_1} \times 100\% \tag{6-2}$$

式中　F_i——第 i 次踏板力（管路压力）；

　　　F_1——基准踏板力（管路压力）。

式（6-2）中的数值均是在相同的制动减速度下取得的。显然，衰退率越高，说明为了获得相同的制动效能，衰退后的制动器需要更大的制动踏板力（或制动管路压力），抗热衰退性能就越差。

二、涉水制动试验

制动器被水浸湿后，其表面会产生水膜，使摩擦系数下降，从而导致制动效能降低，这就是制动器的水衰退现象。涉水制动试验就是考察抗水衰退性能，其性能也用衰退率评价，同样制动效能下衰退率越小，说明抗水衰退性能越强。图 6-2 所示为某乘用车正在进行涉水试验。

图 6-2　涉水试验

涉水制动试验的基本思想和操作要点与制动器热衰退试验类似，分为基准试验、涉水试验、恢复试验这三个试验步骤。

1. 基准试验

基准试验的制动初速度为30km/h，制动末速度为0。最大总质量不大于3500kg的汽车制动减速度为4.5m/s²；最大总质量大于3500kg的汽车制动减速度为3.0m/s²。制动器初始温度不大于90℃，共制动三次。试验过程中测量制动减速度、制动踏板力或制动管路压力以及制动器初始温度。

2. 涉水试验

将试验车辆驶入水槽，车轮浸入水中的深度应大于车轮半径，并使制动器处于放松状态，然后驾驶车辆以10km/h以下的车速在水槽中往返行驶。行驶2min后驶出水槽。

3. 恢复试验

试验车辆涉水后，驶出水槽1min时进行恢复试验。恢复试验的制动初速度为30km/h，制动末速度为0。最大总质量不大于3500kg的汽车制动减速度为4.5m/s²；最大总质量大于3500kg的汽车制动减速度为3.0m/s²。冷却车速为30km/h，制动间隔距离为500m。试验时，记录制动踏板力、制动管路压力、制动减速度。

在试验过程中测量制动减速度，另外测量制动踏板力或制动管路压力。计算衰退率，评价制动器的抗水衰退性能。

第四节　电子控制制动系统试验

随着现代传感技术和电控技术的发展，各种电子控制系统逐渐应用于汽车，其中涉及制动系统的包括防抱制动系统（ABS）和再生制动系统等，这些电子控制系统均需要各种试验和评价来验证其功能安全。

一、防抱制动系统性能试验

ABS是一种在紧急制动或在湿滑路面上制动时，以防止车轮抱死和保证汽车的方向稳定性、操纵性及安全性为目的的车辆主动安全控制系统。

ABS是保障汽车试验安全的重要结构，必须在汽车长时间、全行程行车制动时保持其性能，因此必须通过安装有ABS的汽车进行道路试验来验证。ABS试验主要依据GB/T 13594—2003《机动车和挂车防抱制动性能和试验方法》规定进行，需要经过不同类型路面的测试，包括高附着系数路面试验、低附着系数路面试验、高低附着系数对开路面试验（图6-3）和高低附着系数对接路面试验，此外，必须分别进行空载试验和满载试验。国标规定的试验过程依次是能耗试验、附着系数利用率测定试验和附加检查试验。

1. 能耗试验

能耗试验用来验证装备ABS的车辆能够在长时间、全行程行车制动时保持其性能，主要针对气压制动的车辆。

试验时，使动力装置停止运转，或切断对储能装置的供能，在附着系数小于或等于0.3的路面上，车辆满载以不低于50km/h的初速度全行程制动。在整个制动时间内，间接控制车轮消耗的能量应考虑在内，且所有直接控制车轮必须处于防抱死系统的控制下。

图 6-3　高低附着系数对开路面试验

接下来，对行车制动连续进行四次全行程制动，当进行第五次制动时，必须保证满载车辆至少能够达到规定的应急制动效能。

2. 附着系数利用率测定试验

该试验用来测定附着系数利用率 ε，这是 ABS 的评价指标之一。首先测定最大制动强度 z_{AL} 和附着系数 k_M，进而计算出附着系数利用率 ε。

（1）最大制动强度 Z_{AL} 的测定

试验时，接通 ABS，踩下制动踏板，确认每个制动器都正常工作。以 55km/h 的初速度制动，测定速度从 45km/h 下降至 15km/h 的时间 t'。制动过程中，保证 ABS 全循环（即 ABS 经历一次减压、保压、升压的调节过程）。

根据三次试验的平均值 t'_m，计算 ABS 工作时的最大制动强度 Z_{AL}，其计算方式如下：

$$Z_{AL} = 0.849/t'_m \qquad (6-3)$$

（2）附着系数 k_M 的测定

附着系数 k_M 是在无车轮抱死的前提下，由最大制动力除以被制动车轴（桥）的相应动态载荷的商来确定的。

试验前，脱开 ABS 或使其不工作。仅对试验车辆的单根车轴进行制动试验，试验初速度为 50km/h。试验时，逐次增加管路压力进行多次试验来确定车辆的最大制动强度 Z_m。每次试验时，应保持脚踩制动踏板力不变。制动强度应根据车速从 40km/h 降到 20km/h 所经历的时间 t 的算术平均值 t_m 来计算，即

$$Z_m = 0.566/t_m \qquad (6-4)$$

式中　Z_m——ABS 不工作时的最大制动强度；

t_m——从 t 的最小测量值 t_{min} 开始，在 t_{min} 和 $1.05t_{min}$ 之间选择 3 个 t 值，取其算术平均值。

根据测得的制动强度和未制动车轮的滚动阻力计算制动力和动态轴荷。驱动桥和非驱动桥的滚动阻力分别为其静载轴荷的 0.015 倍和 0.010 倍。下面以后轴驱动的两轴车为例进行说明。

当用前轴制动时，最大制动力 F_{bf} 与前轴动态轴荷 F_{fdyn} 的计算方式如下：

$$F_{bf} = Z_{mf}mg - 0.015F_2$$

$$F_{fdyn} = F_1 + \frac{h}{L}Z_m mg$$

当用后轴制动时，最大制动力 F_{br} 与后轴动态轴荷 F_{rdyn} 的计算方式如下：

$$F_{br} = Z_{mr}mg - 0.010F_1$$

$$F_{rdyn} = F_2 + \frac{h}{L}Z_m mg$$

式中　F_1、F_2——前、后轴的法向约束力（N）；

　　　　m——试验车辆质量（kg）；

　　　　h——试验车辆质心高度（mm）；

　　　　L——试验车辆轴距（mm）。

分别计算前、后轴的附着系数 k_f、k_r 和整车附着系数 k_M，k 值应圆整到千分位。

前轴附着系数 k_f 为

$$k_f = \frac{Z_{mf}mg - 0.015F_2}{F_1 + \frac{h}{L}Z_{mf}mg} \tag{6-5}$$

后轴附着系数 k_r 为

$$k_r = \frac{Z_{mr}mg - 0.010F_1}{F_2 - \frac{h}{L}Z_{mr}mg} \tag{6-6}$$

可得整车附着系数 k_M 为

$$k_M = \frac{k_f F_{fdyn} + k_r F_{rdyn}}{mg} \tag{6-7}$$

（3）附着系数利用率 ε 的测定

附着系数利用率 ε 定义为防抱制动系统工作时的最大制动强度 Z_{AL} 和附着系数 k_M 的商，即

$$\varepsilon = Z_{AL}/k_M \tag{6-8}$$

式中　Z_{AL}——最大制动强度；

　　　　k_M——轮胎与路面间的附着系数。

若满足附着系数利用率 $\varepsilon \geq 0.75$，则认为该 ABS 是符合要求的。

3. 附加检查试验

附加检查试验的目的是分别考察车辆在不同路面类型条件下紧急制动时，被控车轮的抱死情况和车辆的方向稳定性。

试验时，脱开发动机，车轮允许短暂抱死；当车速低于 15km/h 时，车轮允许任意抱死。间接控制车轮在任何车速下都允许抱死，但不应影响车辆的行驶稳定性和转向性能。试验时不必完全制动使车辆停下。

（1）单一路面试验

在附着系数不大于 0.3 和约为 0.8（干路面）的两种路面上，以 40km/h 和国标规定的初速度急促全力制动。试验过程中，由防抱死制动系统直接控制车轮不应抱死。

（2）对接路面试验

1）高附着系数路面到低附着系数路面。试验车辆某一车轴以国标规定的高、低两种速度从高附着系数路面驶向低附着系数路面，急促全力制动，确保 ABS 在高附着系数路面上全循环，检查直接控制车轮未抱死。

2）低附着系数路面到高附着系数路面。试验车辆以约为 50km/h 的速度从低附着系数路面驶向高附着系数路面，急促全力制动，确保 ABS 在低附着系数路面上全循环，检查车辆的减速度在合适的时间内有明显的增加，且车辆未偏离原来的行驶路线。

（3）对开路面试验

试验开始时，车辆的左右车轮分别位于不同附着系数的两种路面上，车辆的纵向中心平面通过高低附着系数路面的交界线。以 50km/h 的初速度急促全力制动，检查直接控制车轮未发生抱死，轮胎的任何部分均未越过此交界线。

试验过程中，允许进行转向修正，但转向盘的转角在最初 2s 内不应超过 120°，总转角不应超过 240°。

此外，防抱死制动系统应有专门的报警信号装置，当任何影响到该系统功能和性能要求的电器故障或传感器工作不正常时，应以专门的光报警信号向驾驶员报警，因此应有指示灯检查试验。

当防抱死制动系统失效时，剩余制动效能应达到一定性能，即相关标准规定的该车辆在行车制动传能装置的部件失效时的性能。对于挂车，防抱死制动系统出现故障时的剩余制动效能至少应达到该类挂车满载时行车制动规定性能的 80%。因此，还应进行剩余制动效能试验。

防抱死制动系统的工作受到磁场或电厂的不利影响时应能正常工作，应按相关标准对车辆进行抗电磁干扰试验。

二、再生制动系统性能试验

对于纯电动汽车，应按标准 QC/T 1089—2017《电动汽车再生制动系统要求及试验方法》来验证其功能安全，确保再生制动系统不影响车辆的制动效能。此外，还通过该试验得出制动能量回收效能。

1. 制动安全性试验

制动安全试验需要测试可充电储能系统在不同 SOC 条件下汽车制动效能的恒定性，选

取车辆分别处于以下 3 种状态来进行试验：

1）车辆完成充电或 SOC 在 95％以上。

2）车辆放电，完成 1/3 等速续驶里程。

3）车辆放电，完成 2/3 等速续驶里程。

本试验要求车辆空载，制动初速度为车辆最高车速的 80％，且不能超过 160km/h。试验时，首先确认温度最高的车轴上的行车制动器的平均温度处于 65 ~ 100℃；在附着良好的水平路面上，先将车辆加速到试验规定车速以上 5km/h，待车速自然下降到试验规定车速时，全力进行行车制动。车辆从规定初速度制动到 10km/h 过程中，车轮应未发生抱死，并记录制动距离 S_1。根据试验结果计算得出汽车的平均减速度 d_{m1}。

接下来，开启制动能量回收功能，重复试验，并根据试验结果计算得出这 3 种情况下充分发出的平均减速度及其标准差 S 和平均值（Mean）。

$$S = \sqrt{\sum_{i=1}^{n} \frac{\left(X_i - \overline{X}\right)^2}{n-1}} \qquad (6\text{-}9)$$

将标准差 S 与平均值的比值定义为不同 SOC 下电动汽车制动试验中充分发出的平均减速度的变异系数（CV），即 CV = S/Mean。

电动汽车在紧急制动情况下，制动能量回收功能开启与关闭时，制动效能应不发生巨大变化，满足制动系统性能要求，且试验得出车辆的平均减速度变异系数应不超过 15％。

2. 制动能量回收效能试验

制动能量回收效能试验的内容包括等速法试验和工况法试验，先进行等速法试验，主要验证再生制动系统的开启关闭状态，当该试验结果被认定为有效时，再进行工况法试验测试能量回收效能。试验车辆、场地、磨合等条件应符合 GB/T 18386.1—2021 中规定的要求。

（1）等速法试验

试验前开启制动能量回收功能，指定某一车速（60 ~ 80 km/h），进行等速法试验，记录试验车辆驶过的距离 D_0（km）。

然后，关闭制动能量回收功能，以同样车速进行等速法试验，记录试验车辆驶过的距离 D'_0（km）。

比较 D_0 与 D'_0。若（$D_0 - D'_0$）/$D'_0 \times 100\% \leqslant 3\%$，则试验结果有效，可继续完成后续试验（证明制动能量功能完全关闭）；否则无效。

（2）工况法试验

试验前开启制动能量回收功能，按照 GB/T 18386.1—2021 的试验方法进行试验，实时测量动力电池的母线电流和电压，并将回馈电流记为 I（A），将动力电池两端的电压记为 U（V），试验结果都以一个 NEDC 测试循环的试验结果计算。

在试验循环结束时，记录试验车辆驶过的距离 D_1（km），记为车辆的续驶里程。

然后，关闭制动能量回收功能，重复试验步骤。在试验循环结束时，记录试验车辆驶过的距离 D_2（km），记为车辆在关闭制动能量回收功能状态下的续驶里程。

（3）数据分析与处理

对工况法试验结果可以进行以下处理：

1）回收的制动能量的计算方式为

$$E_1 = \frac{\int IU\mathrm{d}t}{3600 \times 1000} \qquad (6\text{-}10)$$

式中　E_1——汽车减速过程中，由再生制动系统回收，最终回馈至可充电储能系统的能量（kW·h）；

　　　I——汽车减速过程中，回馈至可充电储能系统总线的电流，可在试验中得到（A）；

　　　U——汽车减速过程中，可充电储能系统两端的电压，可在试验中得到（V）。

2）最大理论制动能量的计算方法见式（6-14）和式（6-15）。

$$E_2 = E_3 - \int v\left(A + Bv + Cv^2\right)\mathrm{d}t \qquad (6\text{-}11)$$

式中　E_2——试验循环内汽车减速过程中所需施加的制动能量（kW·h）；

　　　E_3——试验循环内汽车减速过程中的动能减少量（kW·h）；

　　　v——试验循环内汽车减速过程中的车速，可在试验中得到（km/h）；

A、B、C——车辆滑行系数，按照 GB 18352.6—2016《轻型汽车污染物排放限值及测量方法（中国第六阶段）》中规定的滑行方法进行滑行试验得到。

$$E_3 = \frac{1}{2}m\frac{v_1^2 - v_2^2}{3.6^2 \times 3600 \times 1000} \qquad (6\text{-}12)$$

式中　m——汽车基准质量（kg）；

　　　v_1、v_2——试验循环内汽车减速过程中的车速（km/h），v_1 为前一时刻的车速，且 $v_1 > v_2$。

3）制动能量回收效率，是指最终回馈至可充电储能系统的能量 E_1 与汽车减速过程中所需施加的制动能量 E_2 之间的比值，即

$$\eta = \frac{E_1}{E_2} \qquad (6\text{-}13)$$

4）动能量回收系统续驶里程贡献率（P_1），是指开启与关闭制动能量回收功能时电动汽车运行里程的差值（$D_1 - D_2$），与关闭制动能量回收功能时的运行里程 D_2 的比值的百分数，即

$$P_1 = \frac{D_1 - D_2}{D_2} \times 100\% \qquad (6\text{-}14)$$

转弯制动
试验

第五节 制动性能试验实例

以某汽车企业的纯电动乘用车为试验对象，进行制动热衰退试验和防抱死制动系统试验，验证制动性能是否满足国家标准要求。

一、制动热衰退试验

1.试验准备

试验前需要完成车辆、设备、道路场地、气象条件的检查工作。

1）车辆检查：需要检查轮胎气压是否满足要求；车辆试验质量是否按照要求配载。

2）试验设备检查：本次试验设备包括卫星定位天线、数据采集系统、踏板力计、接线盒、电子平台秤、综合气象仪、综合胎压计。将卫星定位天线安装于车顶确认牢固，检查信号线、电源线、数据线连接及固定可靠，起动设备电源及数据采集软件查看数据正常。

3）道路场地检查：判断路面状况是否满足制动试验要求。

4）气象条件检查：在试验场地离地高度 0.7m 的地方测试环境气压、温度、风速，气压和温度用于试验数据修正，风速用于判断是否具备条件。

2.试验执行与数据处理

（1）制动器加热过程

采用最高档，以 120km/h 的初速度开始制动，速度降到 60km/h 时解除，使车速快速恢复到初速度，以此循环制动 15 次，每个循环周期的时间约 50s。加热过程连续制动过程如图 6-4 所示，加热过程试验结果见表 6-4。

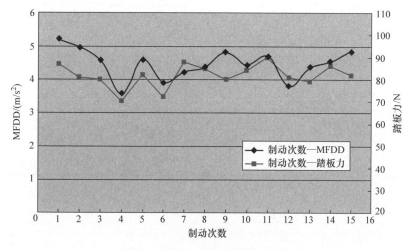

图 6-4 加热过程连续制动过程

表 6-4 加热过程试验结果

试验项目	测量结果														
试验次数	1	2	3	4	5	6	7	8	9	10	11	12	13	14	15
充分发出的平均减速度 /（m/s²）	5.2	5.0	4.6	3.6	4.6	3.9	4.2	4.4	4.8	4.4	4.7	3.8	4.4	4.6	4.9
制动平均踏板力 /N	87	81	80	70	82	72	88	85	80	84	90	81	79	86	82

（2）热态性能试验

加热过程结束后，车辆在动力装置脱开的情况下，立即加速至 100km/h，进行制动系的热态性能试验，试验结果见表 6-5，试验制动过程如图 6-5 所示。

表 6-5　热态性能试验结果

试验内容	技术要求	试验结果	
		数据	车辆状态
制动初速度 /（km/h）	100	101.08	车速大于 15km/h 时车轮未抱死；制动过程中车辆未超出 3.5m 通道；制动过程中 ABS 触发 制动盘（鼓）温度：左前 569℃，右前 541℃，左后 225℃，右后 228℃
充分发出的平均减速度 /（m/s²）	—	10.16	
实际制动距离 /m	—	43.60	
修正制动距离 /m	—	42.68	
充分制动距离 /m	—	24.21	
最大制动踏板力 /N	—	338.00	
0.25s 时踏板力 /N	—	280.00	
峰值减速度 /g	—	1.14	
制动系统响应时间 /s	—	0.30	

注：充分制动距离为从制动初速度的 80% 到车辆停止时的距离。

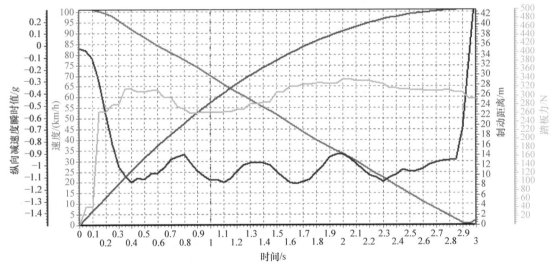

图 6-5　热态性能试验制动过程

（3）恢复性能试验

热态性能试验结束后，立即在动力装置接合的情况下，以 3m/s² 的平均减速度、从 80km/h 的车速进行停车制动。恢复性能试验结果见表 6-6，试验制动过程如图 6-6 所示。

3.试验结论

该车型的制动系统制动热衰退试验结果满足 GB 21670—2008《乘用车制动系统技术要求及试验方法》的要求。

表 6-6 恢复性能试验结果

试验内容	技术要求	试验结果	
		数据	车辆状态
制动初速度 /（km/h）	80	80.01	车速大于 15km/h 时车轮未抱死 制动过程中车辆未超出 3.5m 通道 制动过程中 ABS 触发
充分发出的平均减速度 /（m/s²）	≥ 10	10.57	
实际制动距离 /m	—	26.51	
修正制动距离 /m	≤ 29.5	26.51	
充分制动距离 /m	—	14.99	
最大制动踏板力 /N	—	462	
0.25s 时踏板力 /N	—	290	
峰值减速度 /g	—	1.332	
制动系统响应时间 /s	—	0.3	

注：充分制动距离为从制动初速度的 80% 到车辆停止时的距离。

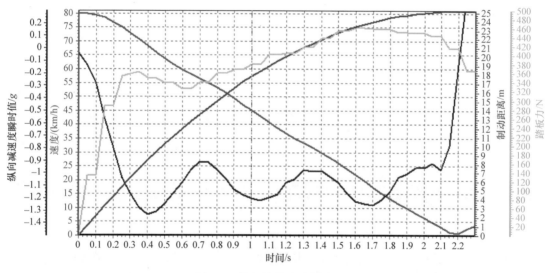

图 6-6 恢复性能试验制动过程

二、防抱制动系统试验

1. 试验准备

试验前需要完成车辆、设备、道路场地、气象条件的检查工作，与"制动热衰退试验"相同。

2. 试验执行与数据处理

（1）一般要求检验

1）ABS 警告灯检验：ABS 任何电路失效或传感器工作不正常，包括供电、控制器的外电路失效，控制器和调节器失效，应以专门的光报警信号向驾驶员报警；系统自检正常后，报警信号应熄灭。检查项目及结果见表 6-7。

表 6-7　ABS 警告灯检查项目及结果

序号	标准要求	结果	判断
1	ABS 通电时，警告灯应点亮	符合要求	
2	ABS 自检通过后，警告灯应熄灭	符合要求	合格
3	ABS 出现故障时，警告灯应点亮	符合要求	
4	即使在白天，警告灯也应醒目	符合要求	

　　2）失效剩余制动性能试验：ABS 失效时，剩余制动效能检测切断 ABS 电源。在高附着系数路面上以 80km/h 制动初速度分别进行空、满载工况制动，检测项目及结果见表 6-8。

表 6-8　ABS 失效剩余制动性能检测项目及结果

试验内容	标准要求	空载	满载	判断
制动初速度 /（km/h）	50	50	50	
控制线压力 /bar	—	7.06	6.91	
充分发出的平均减速度 /（m/s²）	≥ 2.20	7.61	6.39	合格
制动稳定性	车辆任何部分均不许超出 3.5m 宽车道	车辆任何部分均没超出 3.5m 宽车道	车辆任何部分均没超出 3.5m 宽车道	

　　（2）特殊要求检验

　　1）能耗试验。能耗试验主要针对动力制动系统，切断其动力源（如空压机），在 ABS 低附着路面进行一定时间的能量消耗后检查车辆制动系统剩余的能量，要达到应急制动要求。能耗试验的检测项目及结果见表 6-9。

表 6-9　能耗试验的检测项目及结果

试验内容	标准要求	检验结果	判断
经过 15s 低附着路面制动能量损耗后，再进行 4 次制动促动	经过规定能量损耗后，车辆制动系统剩余的能量要达到应急制动要求	第五脚制动时的管路压力为 4.36bar	合格

　　2）附着系数利用率。在平直路面（附着系数 0.8 以上）和低附着系数路面（附着系数 0.3 以下）上进行空载和满载状态检测，指标要求附着系数利用率 ε 大于 75%，如果大于 100%，则要求重新测量附着系数，但允许 10% 的误差，即 $-\varepsilon$ 在 110% 以内被认为是合理的，结果见表 6-10。

表 6-10　附着系数与附着系数利用率

标准要求	载荷	路面	检验结果	判断
$\varepsilon \geq 0.75$	空载	高附着系数路面	1.03	合格
		低附着系数路面	0.99	合格
	满载	高附着系数路面	1.05	合格
		低附着系数路面	1.04	合格
$Z_{mal} \geq 0.75[(4K_L+K_H)/5]=0.30$	满载	对开路面	0.37	合格

　　3）附加检查。相同（高、低）附着系数路面试验；试验车辆在空载、满载两种工况

下，分别在高、低附着系数路面上进行试验。车辆根据标准要求分别以初速度 40km/h 和 72km/h 急促全力制动。制动时，车轮不得抱死，汽车任何部位不许超出 3.5m 宽车道。试验结果见表 6-11。

表 6-11　高、低附着系数路面试验结果

标准要求	路面	状态	制动初速度 /（km/h）	车轮是否抱死	是否超出车道	制动踏板力 /N	充分发出的平均减速度 /（m/s²）	判断
车轮不得抱死，车辆任何部位不允许超出 3.5m 车道	高附着系数路面	空载	40	否	否	503	7.35	合格
			72	否	否	550	7.02	合格
		满载	40	否	否	580	6.95	合格
			72	否	否	630	6.52	合格
	低附着系数路面	空载	40	否	否	201	1.01	合格
			72	否	否	251	0.96	合格
		满载	40	否	否	280	0.97	合格
			72	否	否	320	0.93	合格

① 对接路面适应性试验：试验车辆在空载、满载两种工况下。从高附着系数路面驶入低附着系数路面。车辆根据标准要求分别以初速度 40km/h 和 120km/h 急促全力制动。制动时，车轮不得抱死，汽车任何部位不许超出 3.5m 宽车道。试验结果见表 6-12。

表 6-12　由高附着系数路面到低附着系数路面试验结果

标准要求	状态	制动初速度		判断
		40km/h	72km/h	
车轮不得抱死，车辆任何部位不允许超出 3.5m 车道	空载	无车轮抱死	无车轮抱死	合格
		没有超出跑道	没有超出跑道	
	满载	无车轮抱死	无车轮抱死	合格
		没有超出跑道	没有超出跑道	

试验车辆在空载、满载两种工况下，从低附着系数路面驶入高附着系数路面，以初速度 50km/h 急促全力制动。在过路面对接点后，要求车辆减速度明显提升，无车轮抱死，同时不偏离原行驶路线。试验结果见表 6-13。

表 6-13　由低附着系数路面到高附着系数路面试验结果

标准要求	状态	制动初速度	判断
		50km/h	
车轮不得抱死，车辆任何部位不允许超出 3.5m 车道	空载	无车轮抱死	合格
		没有超出跑道	
	满载	无车轮抱死	合格
		没有超出跑道	

② 对开路面适应性试验：试验车辆在空载、满载两种工况下，左右车轮分别位于高附着系数和低附着系数路面，在 50km/h 的初速度下急促全力制动，应无车轮抱死现象。在制动过程中允许用转向盘进行修正，转向盘转角最初 2s 内不许超过 120°，总转角不超过 240°，结果见表 6-14 和表 6-15。

表 6-14　左轮位于高附着系数路面、右轮位于低附着系数路面

制动初速度 /（km/h）	标准要求		车辆状态		判断
			空载	满载	
50	转向盘修正量	最初 2s 内小于 120°	小于 120°	小于 120°	合格
		总转角小于 240°	小于 240°	小于 240°	合格
	车轮不得抱死		未抱死	未抱死	合格
	车辆任何部位不允许超出 3.7m 车道		未超出车道	未超出车道	合格

表 6-15　左轮位于低附着系数路面、右轮位于高附着系数路面

制动初速度 /（km/h）	标准要求		车辆状态		判断
			空载	满载	
50	转向盘修正量	最初 2s 内小于 120°	小于 120°	小于 120°	合格
		总转角小于 240°	小于 240°	小于 240°	合格
	车轮不得抱死		未抱死	未抱死	合格
	车辆任何部位不允许超出 3.7m 车道		未超出车道	未超出车道	合格

3. 试验结论

该车型的防抱死制动系统试验结果满足 GB 21670—2008《乘用车制动系统技术要求及试验方法》的要求。

复习思考题

1.（多选题）汽车制动性能的评价指标有哪些？
A. 制动效能的恒定性　　　　　　　B. 制动时汽车的方向稳定性
C. 再生制动系统的安全性　　　　　D. 行驶稳定性

2.（多选题）对于制动性能试验前的磨合试验，乘用车与商用车的试验方法有哪些不同要求？
A. 制动初速度不同　　　　　　　　B. 路面附着系数不同
C. 制动减速度不同　　　　　　　　D. 制动次数要求不同

3. 乘用车的行车制动在产生最大制动效能时的踏板力应不大于＿＿＿＿N。

4. 制动性能试验方法包括＿＿＿＿法和＿＿＿＿法，其中通常使用的方法是＿＿＿＿法，主要设备包括＿＿＿＿、＿＿＿＿、＿＿＿＿、＿＿＿＿等。

5. 简述制动热衰退试验的基本工况要求。

6. 什么是制动距离？试分析其影响因素。

第七章

操纵稳定性试验

本章主要介绍了一系列汽车操纵稳定试验项目，分别从试验设备、试验方法、试验内容、数据处理和评价方法等方面陈述，最后以具体试验实例展示试验分析与处理过程。

第一节 概 述

汽车操纵稳定性是指在驾驶员不感到过分紧张、疲劳的条件下，汽车能遵循驾驶员通过转向系及转向车轮给定的方向行驶，且当遭遇外界干扰时，汽车能抵抗干扰而保持稳定行驶的能力。汽车操纵稳定性是决定汽车安全、高速行驶的一个主要性能，是汽车操纵性能与汽车行驶稳定性的结合。

汽车操纵稳定性试验主要遵循国家标准 GB/T 6323—2014《汽车操纵稳定性试验方法》，以及 QC/T 480—1999《汽车操纵稳定性指标限值与评价方法》等。汽车操纵稳定性试验同时也参考国际标准，有 ISO 3888、ISO 13674 等。

操纵稳定性的评价指标体系较复杂，包括车辆控制的难易程度、车辆的抗干扰性和车辆的平稳性等等，需要采用较多的物理量从多方面进行评价，因此汽车操纵稳定性试验项目较多。广义而言，汽车的操纵稳定性试验包括三类，分别为汽车力学参数测定试验、轮胎的机械特性试验和操纵稳定性道路试验。

汽车力学参数测定试验主要包括汽车质量、质量分配、质心位置及转动惯量的测定、静态抗侧倾能力试验、转向器和转向系统刚度试验及车轮定位参数的测定等。轮胎的机械特性试验则主要研究轮胎 - 地面相互作用力、行驶工况、道路条件和车轮定位等之间的关系。汽车操纵稳定性道路试验是考核和评价汽车操纵稳定性的主要手段，按照国家标准通常有蛇行试验、转向瞬态响应试验、转向回正性能试验、转向轻便性试验、稳态回转特性试验、转向盘中心区操纵稳定性试验、汽车电子稳定性控制系统性能试验等。对每项试验项目的评价指标均有评价计分，汇总计算得出的总分值即为汽车操纵稳定性总评价分。

汽车操纵稳定性道路试验包括人 - 车开环系统试验和人 - 车闭环系统试验两类。

人 - 车开环系统，是指对试验车辆给出一个特定的与驾驶员操作特性无关的输入，然后观察车辆的输出，如转向盘角位移输入或转向盘力输入，然后观察汽车的输出（运动特性或称响应），如图 7-1 所示。本章涉及的开环系统试验有转向瞬态响应试验、转向回正性能试验等项目。开环系统试验用来研究汽车自身特性，因此只采用客观评价方法。该方法通过测试仪器测出表征性能的物理量来评价操纵稳定性，如横摆角速度、侧向加速度、侧倾角及转向力等。

人 - 车闭环系统，是指驾驶员在进行转向控制时，不仅受到外界环境的影响，还受到来自汽车各输出响应反馈信息的影响，它将驾驶员和汽车作为统一的整体对汽车操纵稳定性进行研究，如图 7-2 所示。本章涉及的闭环系统试验有蛇行试验、转向轻便性试验。闭

环系统试验的结果不仅反映汽车特性，还包括驾驶员自身操作技能在内，因此对试验结果的评价通常同时采用客观评价与主观评价两种方法。主观评价即感觉评价，让驾驶员根据试验时自己的感觉对汽车性能做出主观评价，并按规定的项目和评分办法进行评分。

图 7-1　人 - 车开环系统　　　　　　图 7-2　人 - 车闭环系统

第二节　常用仪器设备

操纵稳定性
试验

一、试验设备

汽车操纵稳定性道路试验常用的试验设备包括卫星定位数据采集系统、转向盘测力仪和电子陀螺仪等。整车操纵稳定性测试系统如图 7-3 所示。

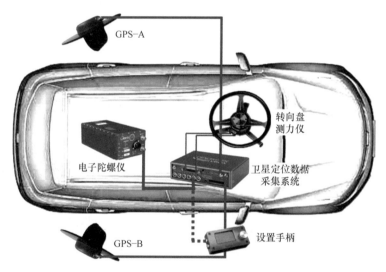

图 7-3　整车操纵稳定性测试系统

记录和处理仪器一般有车辆动态测试仪或操纵稳定性现场数据处理系统。整个测量系统的频带宽度不小于 3Hz，各测量用仪器的测量范围及最大误差在国家标准中均有严格规定，见表 7-1。

1. 卫星定位数据采集系统

双天线卫星定位数据采集系统使用两个放在固定距离的卫星定位天线来测量横向速度、纵向速度、横摆角速度，能够以 100Hz 的更新率更新所有卫星定位，在不使用基站的情况下也能达到小于 1m 的定位精度，和地面基站结合可以达到 ±2cm 的绝对定位精度。双卫星定位天线（图 7-4）沿车辆方向安装可测量俯仰角，如果横向安装则可测量侧倾角，并可以双星为基准，测量车上任意点位置的倾角。

表 7-1　测试仪器的精度要求

测量变量	测量范围	测量仪器的最大误差
转向盘转角	±360°	±2°（转角≤180°） ±4°（转角>180°）
转向盘力矩	±50N·m ±100N·m	±1N·m ±3N·m
汽车横摆角速度	±50°/s	±0.5°/s
汽车纵向速度	0~50m/s	±0.3m/s
汽车横向速度	±10m/s	±0.4m/s
车身侧倾/俯仰角	±15°	±0.15°
汽车质心侧偏角	±15°	±0.5°
汽车纵向/侧向加速度	±15m/s²	±0.15m/s²

图 7-4　双卫星定位天线

2. 转向盘测力仪

转向盘测力仪用于测定施加在转向盘上的转角、转向力矩、转向角速度。转角量程一般为 ±1080°，转向力矩为 ±1000N·m。这种仪器的测力元件要求有较大的扭转刚度，因转向系的力学模型本身就是质量、弹簧、阻尼系统，转向盘上装上测力仪后，测力元件被串联在转向系中，如果其扭转刚度小，则会使系统力学特性发生变化，或者说，测量汽车的运动特性会与原车不一样。

转向盘测力仪有两种形式。一种是带一个装有测力元件的副转向盘（图 7-5），试验前将副转向盘与被试汽车的转向盘刚性地串联在一起。试验时操纵副转向盘进行转向输入。这种结构形式的转向盘测力仪的优点是安装方便，但由于增加了一个副转向盘，相当于增大了被试汽车转向盘的转动惯量，会使系统的运动特性发生改变，特别是进行力输入试验时影响更大。驾驶员操作起来亦会感到不便。另一种转向盘测力仪不带副转向盘，只有力传感器和角度传感器的组件，可装在原车转向盘下方。试验时，驾驶员操纵的是原车转向盘，不会产生不适感，也不会影响原车的动态特性。但安装传感器组件时，比前一种要复杂些。

图 7-5　转向盘测力仪

3 惯性传感器

惯性传感器（Inertial Measurement Unit，IMU）是主要用来测量加速度与旋转运动的传感器。常用的惯性传感器是陀螺仪。

陀螺仪是能够测量相对于惯性空间中固定坐标系角速度的仪器，是测量敏感角运动的一种装置，其主要组成部分是安装在框架内能绕任意轴高速旋转的转子。转子绕自转轴高速旋转而具有动量矩，当框架翻转时，转子的动量矩能使转子保持其姿态，这就是通常所称的陀螺特性。这一特性使陀螺仪在飞机、船舶等运载器的导航与惯性制导系统以及运载器测倾角、俯仰角和角速度的测量中得到了非常有价值的应用。

三坐标电子陀螺仪测量模块由三个加速度计和三个角速度传感器组成，如图7-6所示，可同时测量横摆角、俯仰角、加速度、角速度和偏航速率，既能够作为传感器单独使用，也能够与卫星定位数据采集系统一起使用。

图 7-6 三坐标电子陀螺仪

4. 驾驶机器人

使用驾驶机器人可以确保客观测试的驾驶精度，保证对同一辆车的测试重复性，节省时间、降低成本，使驾驶员免于危险。常用的驾驶机器人有转向机器人（图7-7）、制动加速联合机器人、换档机器人等。

图 7-7 转向机器人

二、测量设备

汽车操纵稳定性试验开始前需要对整车参数进行测量和调整，包括质量（轴荷分配）、质心高度、四轮定位参数、转向角传动比，所使用的测量仪器有轴荷计、四轮定位仪、静侧翻试验台、举升机等。

1. 四轮定位仪

汽车悬架与车轮之间存在精密的相对位置关系，包括车轮前束、车轮外倾、主销后倾

角、主销内倾角等，这些被称为四轮定位参数。为确保汽车在行驶时能发挥应有的直线行驶能力和转向能力，并保证驾驶员在试验过程中能安全、方便地驾驶，汽车在试验前需要测量四轮定位参数，对不符合参数要求的部件进行调整和更换。

目前常用的光学探头 3D 定位仪通过附加在四个轮胎上的传感器提供数据，让车辆前后进行滚动，通过摄像头感知标靶移动或转动位置来采集数据反馈给主机，并测算得出相关参数。

2. 轴荷仪

轴荷仪用于测量整车的轮荷、前后轴荷、左右载荷以及总重。可同时连接 4 块轴重板进行静态称重，同时显示轮荷、前后轴荷以及整车重量，一般误差在 0.1% ~ 0.5% 左右。

3. 静侧翻试验台

汽车静侧翻试验台可用于整车称重试验、整车侧翻试验和整车三维质心测量，在操稳性道路试验的测量准备阶段，主要用于测量整车质心位置。常见的静侧翻试验台通过若干独立浮动板测量汽车的轮荷和总重量，通过液压装置举升试验台侧翻，使整车侧翻一定角度，测试整车的侧翻稳定性，并通过质量反应法，测量整车的质心三维坐标。如图 7-8 所示。

图 7-8 汽车静侧翻试验台

第三节 蛇行试验

蛇行试验是一种比较常见的全面评价汽车操纵稳定性的试验，属于人 - 车闭环系统试验。该试验要求车辆严格按照规定的工况、沿事先画定的复杂路径行驶，对于驾驶人的反馈和驾驶能力有一定的要求。蛇行试验综合考察汽车的随动性、收敛性、转向操纵轻便性以及事故的可避免性等。

一、试验准备

试验准备阶段的工作主要包括车辆准备和场地准备。所有操纵稳定性试验项目在试验准备阶段的工作基本相同。

1. 车辆准备

首先，试验汽车应是按汽车企业规定装备齐全的汽车。试验前应测量车轮定位参数，并对转向系、悬架系进行检查、调整和紧固。按规定进行润滑。只有认定试验汽车已符合汽车企业规定的技术条件时，才能进行试验。

如使用新轮胎试验，试验前至少应经过 200km 正常行驶的磨合；若用旧轮胎，试验结束时，胎冠花纹的深度不小于 1.6mm。轮胎气压应符合汽车出厂技术要求。轮胎冷充气压力须符合该车技术条件的规定，误差不超过 ±10kPa。试验前，以试验车速直线行驶 10km，或者沿半径 15m 的圆周、以侧向加速度达 3m/s² 的相应车速行驶 500m（左转与右

转各进行一次），使轮胎升温。

蛇行试验汽车载荷状态为汽车最大设计总质量，轴载质量应符合设计任务书的规定。其中货车装载时，其装载物应均匀分布于货箱内；客车装载时，其装载物分布于座椅和地板上。

转向瞬态响应试验、转向回正性能试验、转向轻便性试验、稳态回转试验汽车载荷状态为最大设计总质量和轻载两种状态。轻载状态是指汽车整备质量状态除驾驶员、试验员及仪器外，没有其他加载物的状态。对于承载能力小的汽车，如果轻载时的总质量已超过最大总质量的 70%，则不必进行轻载状态的试验。

陀螺仪应根据使用说明书进行安装，尽可能安装在车辆质心位置，并固定牢固，使其与车厢间不产生相对移动。车速计的传感器部分应安装在车辆纵向对称平面内，安装高度应正确。测力角方间盘传感器应按要求与被试汽车转向盘连接牢固。

2. 场地准备

操纵稳定性试验场地应为干燥、平坦而清洁的水泥混凝土或沥青铺装的路面，任意方向上的坡度不大于 2%。试验时风速不大于 5m/s，大气温度在 0 ~ 40℃ 范围内。

二、试验执行

蛇行试验的操作并不复杂，就是俗称的"绕桩"。蛇行试验场地的标桩布置如图 7-9 所示。标桩间距 L 和基准车速的具体数值参照标准选取。

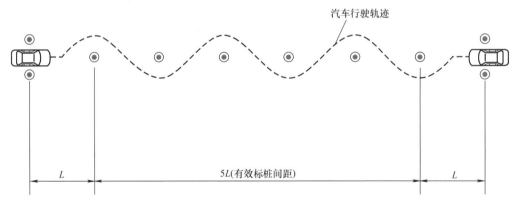

图 7-9　蛇行试验标桩和汽车行驶轨迹

试验驾驶人应具有丰富的驾驶经验，在正式试验前，应在试验场练习至少 5 个往返。

试验时，汽车以接近基准车速一半的速度匀速直线行驶。在进入试验区段之前，各测量数据的记录曲线调零，然后按图 7-9 所示路线蛇行通过试验路段，同时记录各参数的时间历程和汽车通过有效标桩区的时间。

试验按自行规定的车速间隔，从低到高逐步提高试验车速，每个车速各进行一次试验，共 10 次（撞到标桩的次数视为失败，重新进行试验，不计在内）。试验的最高车速以保证安全为原则，自行选取，但不得超过 80km/h。基准车速与汽车的最大总质量有关。

试验过程中的测量参数有转向盘转角、横摆角速度、车身侧倾角、通过有效标桩区时间和侧向加速度等。

三、试验分析与处理

作为一项典型的人 - 车闭环系统试验，蛇行试验对于驾驶员的反应能力和驾驶技能要求较高，也就是说，试验结果受试验员的影响较大。有的时候就采取主观评价法，也就是由有经验的驾驶员按规定工况和路线进行试验驾驶，然后对汽车的操纵稳定性给出"很好""较好""中等""较差"或"很差"的定性评价。事实上，有关操纵稳定性的很多道路试验项目都可以由驾驶人进行主观评价，根据各项分数进行加权，得到该车的操纵稳定性主观评价试验的综合结果。

当对蛇行试验采用客观评价法时，最简便的方法就是按汽车通过有效标桩区的时间评价，数值越小，认为车辆的操纵稳定性越好。但这种评价一方面不可避免地受到驾驶人因素的影响，对于车辆性能来说难称客观；另一方面这样单纯追求高速通过，往往忽视安全，结果不够全面。

目前，我国的标准已经采用基准车速下的平均转向盘转角峰值、平均横摆角速度峰值和平均车身侧倾角峰值等参数来进行客观评价，同样的基准车速下，这些峰值越大，说明车辆的"蛇行"越难以控制。根据测量数据计算出这些参数，并拟合画出这些参数各自与车速的关系图。根据 QC/T 480—1999 规定的评价方法可进行评价计分。

1. 试验车速

第 i 次试验的蛇行车速按下式确定：

$$v_i = 18 \cdot L/t_i$$

式中　v_i——第 i 次试验的蛇行车速（km/h）；

　　　L——标桩间距（m）；

　　　t_i——第 i 次试验通过有效标桩区时间（s）。

2. 平均转向盘转角

第 i 次试验平均转向盘转角按下式确定：

$$\bar{\delta}_{swi} = \frac{1}{4} \sum_{j=1}^{4} |\delta_{swij}|$$

式中　$\bar{\delta}_{swi}$——第 i 次试验平均转向盘转角（°）；

　　　δ_{swij}——在有效标桩区内，转向盘角时间历程曲线峰值（°），j 表示一次试验中的每一次响应。

3. 平均横摆角速度

第 i 次试验平均横摆角速度按下式确定：

$$\bar{r}_i = \frac{1}{4} \sum_{j=1}^{4} |r_{ij}|$$

式中　$\bar{r}_i$——第 i 次试验平均横摆角速度 [(°)/s]；

　　　r_{ij}——在有效标桩区内，横摆角速度时间历程曲线峰值 [(°)/s]。

4. 平均车身侧倾角

第 i 次试验平均车身侧倾角按下式确定：

$$\bar{\Phi}_i = \frac{1}{4} \sum_{j=1}^{4} |\Phi_{ij}|$$

式中　$\bar{\Phi}_i$——第 i 次试验平均车身侧倾角（°）；

　　　Φ_{ij}——在有效标桩区内，车身侧倾角时间历程曲线峰值（°）。

5. 侧向加速度

侧向加速度值既可以用侧向加速度计测量，也可以用瞬时横摆角速度（rad/s）乘以汽车前进瞬时速度（m/s）来计算得出。

用侧向加速度计测量时，其输出轴应与车辆坐标系的 Y 轴（平行于地面，从质心指向驾驶员的左侧）对正或平行，如加速度传感器随车身一起侧倾较大时，应按下式加以修正：

$$a_y = \frac{a'_y - g \sin\varphi}{\cos\varphi}$$

式中　a_y——真实的侧向加速度值（m/s²）；

　　　a'_y——加速度传感器指示的侧向加速度值，（m/s²）；

　　　g——重力加速度（m/s²）；

　　　φ——车身侧倾角（°）。

6. 平均侧向加速度

第 i 次试验平均侧向加速度按下式计算：

$$\bar{a}_{yi} = \frac{1}{4}\sum_{j=1}^{4} |a_{yij}|$$

式中　$\bar{a}_{yi}$——第 i 次试验平均侧向加速度（m/s²）；

　　　a_{yij}——在有效标桩区内，侧向加速度真实值时间历程曲线峰值（m/s²）。

第四节　转向瞬态响应试验

汽车转向瞬态响应特性是评价汽车操纵稳定性的重要指标之一，包括时域响应特性和频域响应特性。在汽车转向瞬态响应试验中，通常通过转向盘转角阶跃输入试验来得到汽车的时域响应特性，而通过转向盘角脉冲试验来得到汽车做横摆运动时的频域响应特性。

一、转向盘转角阶跃输入试验

汽车在等速直线行驶工况下，给转向盘一个突然的转角并维持此转角不变，汽车须经过一个短暂而复杂的过程之后才进入等速圆周行驶，这一"短暂而复杂的过程"就是转向盘转角阶跃输入试验。这一段时间内汽车的瞬态响应过程反映了汽车转向的瞬态特性，反应时间越短，车辆的瞬态转向特性越好，驾驶员感觉到的响应越快，车辆操纵越灵敏。

1. 试验执行

试验前以试验车速行驶 10km，使轮胎升温，接通仪器电源，使仪器达到正常工作温度。汽车转向盘自由行程在直线行驶时不超过 ±10°，必要时应进行调整。其他试验准备工作如第二节所述。

试验车速为试验汽车最高车速的 70%，圆整至 10km/h 的整倍数，建议取 60km/h、80km/h、100km/h 或 120km/h 的车速进行试验。

试验之初先在停车状态下记录车速零线。然后，使汽车以试验车速匀速直线行驶，先按预想的转向方向轻轻靠紧转向盘（例如，准备向左转向，就将转向盘略用力向左轻轻靠

紧，消除转向系统的角间隙），并将各测试变量的记录曲线调零。接下来，快速转动转向盘（时间不超过 0.2s 或转动角速度大于 200°/s），使其达到预先选定的位置并保持不变，同时维持车速不变，记录该过程的各参数，直至达到新的稳态，也就是等速圆周行驶。

试验中转向盘转角预选位置（输入角）按稳态侧向加速度值 1～3m/s² 确定，试验从 1m/s² 侧向加速度做起，每间隔 0.5m/s² 进行一次行驶试验。左转与右转两个方向的行驶试验都要做，可以交替进行，也可以先连续地进行一个方向的试验，做完再进行另一个方向的试验。试验中汽车行驶路径如图 7-10 所示。

试验过程中的测试参数有汽车前进速度、转向盘转角、横摆角速度、车身侧倾角、侧向加速度和汽车侧偏角。

2.试验分析与处理

按照试验目的和试验标准进行数据处理，并绘制不同的关系曲线。各测量变量的稳态值，采用进入稳态后的均值。若汽车前进速度的变化率大于 5% 或转向盘转角的变化超出平均值的 10%，则本次试验无效。

（1）横摆角速度与侧向加速度响应时间

以转向盘转角达到终值的 50% 的时刻作为时间坐标原点，至所测变量过渡到新稳态值的 90% 所需的时间为整个时间域，得到横摆角速度和侧向加速度的响应时间曲线，如图 7-11 所示。

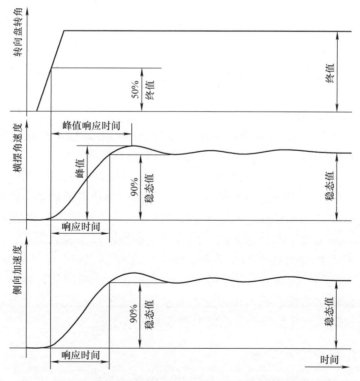

图 7-10　转向盘转角阶跃输入试验行驶示意图

图 7-11　横摆角速度与侧向加速度响应时间曲线

从以转向盘转角达到终值的 50% 时刻为时间坐标原点开始，到所测变量响应达到其第一个峰值为止的时间，称为横摆角速度峰值响应时间，如图 7-11 所示。如不出现峰值，应在试验报告中加以说明。

（2）横摆角速度超调量

$$\sigma = \frac{r_{\max} - r_0}{r_0} \times 100\%$$

式中　σ——横摆角速度超调量（%）；

　　　r_0——横摆角速度响应稳态值（°/s）；

　　　$r_{\max}$——横摆角速度响应最大值（°/s）。

（3）横摆角速度总方差

$$E_r = \sum_{i=0}^{n} \left(\frac{\theta_i}{\theta_0} - \frac{r_i}{r_0} \right)^2 \Delta t$$

式中　E_r——横摆角速度总方差（s）；

　　　θ_i——转向盘转角输入的瞬时值（°）；

　　　r_i——汽车横摆角速度输出的瞬时值（°/s）；

　　　θ_0——转向盘转角输入的稳态值（°）；

　　　r_0——汽车横摆角速度输出的稳态值（°/s）；

　　　Δt——采样时间间隔（s），不应大于 0.2s；

　　　n——采样点数，取至汽车横摆角速度响应达新稳态值为止。

（4）侧向加速度总方差

$$E_{ay} = \sum_{i=0}^{n} \left(\frac{\theta_i}{\theta_0} - \frac{a_{yi}}{a_{y0}} \right)^2 \Delta t$$

式中　E_{ay}——侧向加速度总方差（s）；

　　　a_{yi}——侧向加速度的瞬时值（m/s²）；

　　　a_{y0}——侧向加速度的稳态值（m/s²）。

此外，按上节所述方法获取侧向加速度时间历程，确定稳态加速度值。"汽车因素"（TB）值由横摆角速度峰值响应时间乘以稳态汽车侧偏角求得。

计算出试验车速下，侧向加速度为 2m/s² 时的上述数据并记录，其中横摆角速度响应时间为基本评价指标，横摆角速度峰值响应时间、横摆角速度超调量、侧向加速度响应时间、横摆角速度总方差、侧向加速度总方差和"汽车因素"为建议获取指标。

根据不同侧向加速度下的试验数据，拟合绘制曲线图以表现数据关系，包括：横摆角速度响应时间与稳态侧向加速度的关系图、侧向加速度稳态响应与转向盘转角的关系图、横摆角速度稳态响应与转向盘转角的关系图、侧向加速度响应时间与稳态侧向加速度的关系图、汽车质心侧偏角与稳态侧向加速度的关系图、横摆角速度总方差与稳态侧向加速度的关系图、侧向加速度总方差与稳态侧向加速度的关系图。

二、转向盘转角脉冲输入试验

汽车转向盘转角脉冲输入试验，是测定从转向盘转角脉冲输入开始，到所测横摆角速

度达到新稳态值为止的这段时间内汽车的瞬态响应过程，确定汽车横摆角速度的频域响应特性，从而反映汽车对转向输入响应的真实程度。

1. 试验执行

脉冲输入试验对场地要求不高，宽度大于 20m 即可。试验前，检查并调整转向盘自由行程，直线行驶时不得超过 ±10°，其他试验准备工作如第二节所述。

为造成横摆角速度的明显振荡波动，要求汽车横摆系统的阻尼比较小，而车速要求较高。试验车速为试验车最高车速的 70%，圆整至 10km/h 的整倍数。

汽车以试验车速直线行驶，维持极小的横摆角速度（0 ± 0.5）°/s，标记转向盘中间位置。保持车速不变，给转向盘一个三角脉冲输入：向左或向右转动转向盘，并迅速转回原处保持不动，转角输入脉宽（0.3 ～ 0.5）s，如图 7-12 所示，其转角峰值应使本次试验过渡过程中的最大侧向加速度为 4m/s²。记录全部过渡过程，包括输入的角脉冲与输出的汽车横摆角速度，直至汽车恢复到直线行驶状态。

试验至少按向左、向右转动转向盘做三角脉冲输入各三次，每次输入的时间间隔不少于 5s。

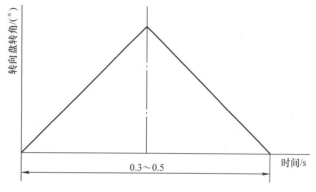

图 7-12　转向盘三角脉冲输入

2. 试验分析与处理

记录试验过程的时间 t、转向盘转角 δ_{sw}、车速 u、横摆角速度 ω_r 和侧向加速度 a_y。注意观察所记录的汽车车速和转向盘转角时间历程（v-t 和 θ-t 曲线）。其中实际车速的变化不应超过规定车速的 ±5%，转向盘转角的零线在转动转向盘进行脉冲输入的前后应一致，其差别应不大于转向盘转角最大值的 ±10%，否则本次试验记录作废。将转向盘脉冲输入的起点和终点的连线作为参考零点。

对转向盘脉冲输入和横摆响应进行幅频特性与相频特性的分析，可在专门的信号处理设备上进行，亦可使用下式在计算机上进行计算：

$$G(\mathrm{j}k\tilde{\omega}_0 t) = \frac{\int_0^T \gamma(t)\cos(k\tilde{\omega}_0 t)\mathrm{d}t + \mathrm{j}\int_0^T \gamma(t)\sin(k\tilde{\omega}_0 t)\mathrm{d}t}{\int_0^T \theta(t)\cos(k\tilde{\omega}_0 t)\mathrm{d}t + \mathrm{j}\int_0^T \theta(t)\sin(k\tilde{\omega}_0 t)\mathrm{d}t}$$

式中　　$G(\mathrm{j}k\tilde{\omega}_0 t)$——复数形式的传递函数；

　　　　$\tilde{\omega}_0$——圆频率（rad/s）；

　　　　$\theta(t)$——汽车转向盘的时间历程；

　　　　$y(t)$——横摆角速度时间历程；

　　　　T——总采样时间（s），$T = k \times \Delta t$，其中 $k = 1, 2, 3, \cdots, N$；$N\tilde{\omega}_0 = 3\mathrm{Hz}$；

　　　　Δt——采样间隔时间（s）。

分别绘制出汽车的幅频和相频特性图，图中横坐标为对数坐标，亦可采用线性坐标，横坐标值应为 0 ～ 3Hz。在图中确定谐振频率 f、谐振峰水平 D 及相位滞后角 α 作为评价指标。

第五节　转向回正性能试验

转向回正性试验的目的在于鉴别汽车转向的回正能力。在驾驶员松开转向盘之前，驾驶员作用于转向盘上的力为定值，当驾驶员松开转向盘的瞬间，保舵力由某一定值突然变为零。因此，转向回正性能试验实质上是转向盘力阶跃输入的转向瞬态响应试验，它包含着保舵力与汽车运动之间的关系，用以表征和评价汽车由曲线行驶自行恢复到直线行驶的过渡过程和能力，在一定程度上反映出汽车"路感"的好坏。

一、试验执行

试验前，在试验场地上用明显的颜色绘制出半径为 15m 的圆周。其他试验准备工作如第二节所述。转向回正性能试验分为低速与高速两项，每项试验均按照向左转与向右转两个方向进行，每个方向进行三次试验。

1. 低速回正性能试验

试验时，汽车沿直线行驶，记录各测量变量零线。随后调整转向盘转角，使汽车沿半径为 15m 的圆周行驶。然后，驾驶员调整车速，使侧向加速度达到（4 ± 0.2）m/s^2 后固定转向盘转角，稳定车速并开始记录。持续 3s 后，驾驶员突然松开转向盘，至少记录松手后 4s 的汽车运动过程。建议用一个微动开关和一个信号通道同时记录该过程。记录时间加速踏板角度保持不变。

对于侧向加速度达不到（4 ± 0.2）m/s^2 的汽车，按照试验汽车所能达到的最高侧向加速度进行试验，并在试验报告中加以说明。

2. 高速回正性能试验

对于最高车速超过 100km/h 的汽车，要进行高速回正性能试验。试验车速按试验车最高车速的 70%，并圆整至 10km/h 的整倍数。

试验时，汽车按试验车速沿直线行驶，记录各测量变量零线。随后驾驶员转动转向盘，使侧向加速度达到（2 ± 0.2）m/s^2。待车速稳定并开始记录后，驾驶员突然松开转向盘，至少记录松手后 4s 的汽车运动过程。

二、试验分析与处理

根据试验得到的横摆角速度时间历程曲线进行数据处理，以驾驶员松开转向盘的时刻作为时间坐标（横坐标）原点。

横摆角速度时间历程曲线（图 7-13）可分为收敛型（图 7-13 中曲线 1～4）和发散型（图 7-13 中曲线 5、6）两类。对于发散型，不进行数据处理；对于收敛型，按照向左转与向右转分别确定下述评价指标。其中，残留横摆角速度和横摆角速度总方差为基本评价指标，其余为建议获取指标。

1. 稳定时间

在微动开关时间历程曲线上，松开转向盘时微动开关所做的标记为时间坐标原点。从时间坐标原点开始，到汽车横摆角速度达到新稳态值（包括零值）为止的一段时间间隔为稳定时间。三次试验结果的平均值为稳定时间均值。

2. 残留横摆角速度均值

在汽车横摆角速度时间历程曲线上，松开转向盘 3s 时刻的横摆角速度值（包括零值）

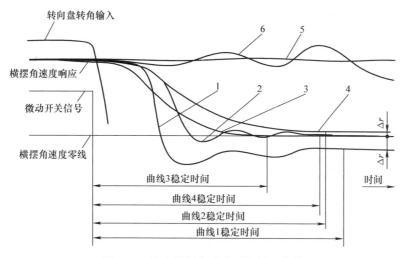

图 7-13　汽车横摆角速度时间历程曲线

为残留横摆角速度。三次试验结果的平均值为残留横摆角速度均值。

3. 横摆角速度超调量

在汽车横摆角速度时间历程曲线上，横摆角速度响应（图 7-14）第一个峰值超过新稳态值的部分与初始值之比定为横摆角速度超调量，用下式计算：

$$\sigma = \frac{r_1}{r_0} \times 100\%$$

式中　σ——横摆角速度超调量（%）；

　　　r_1——横摆角速度响应的第一个峰值超过稳态值的部分 $[(°)/s]$；

　　　r_0——横摆角速度响应的初始值 $[(°)/s]$。

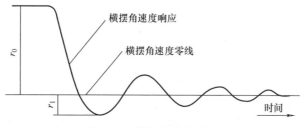

图 7-14　横摆角速度响应

三次试验结果的平均值作为横摆角速度超调量均值。

4. 横摆角速度自然频率

第 i 次试验横摆角速度自然频率计算公式为：

$$f_{oi} = \frac{\sum\limits_{j=1}^{n} A_{ij}}{2 \sum\limits_{j=1}^{n} A_{ij} \Delta t_{ij}}$$

式中　f_{oi}——横摆角速度自然频率（Hz）；

　　　A_{ij}——横摆角速度响应时间历程曲线的波峰值（图 7-15）$[(°)/s]$；

Δt_{ij}——横摆角速度响应时间历程曲线上两相邻波峰的时间间隔（图7-14）（s）；

n——横摆角速度响应时间历程曲线的波峰数。

将三次试验结果的平均值作为横摆角速度自然频率均值。

5. 相对阻尼系数

第 i 次试验相对阻尼系数计算公式为：

$$\xi_i = \frac{1}{\sqrt{\left[\dfrac{\pi}{\ln(1-D_i')}\right]^2 + 1}}$$

式中　衰减率 $D_i' = \dfrac{A_{ij}}{\sum_{j=1}^{n} A_{ij}}$ ；

A_{ij}——横摆角速度响应时间历程曲线的波峰值（图7-15）[（°）/s] ；

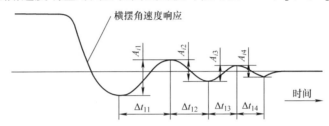

图7-15　某收敛型横摆角速度的典型时间历程曲线

将三次试验结果的平均值作为横摆角速度相对阻尼系数均值。

6. 横摆角速度响应总方差

第 i 次试验横摆角速度响应总方差计算公式为：

$$E_{ij} = \left[\sum_{j=0}^{n}\left(\frac{r_{ij}}{r_{oi}}\right)^2 - 0.5\right]\Delta t$$

式中　E_{ij}——第 i 次试验时横摆角速度总方差（s）；

r_{ij}——横摆角速度响应时间历程曲线瞬时值 [（°）/s] ；

r_{oi}——横摆角速度响应初始值 [（°）/s] ；

n——采样点数，一般按 $n \cdot \Delta t = 3s$ 来选取；

Δt——采样时间间隔，一般不大于 0.2s。

将三次试验结果的平均值作为横摆角速度总方差均值。

在试验报告中记录上述评价指标，并绘出向左转与向右转各三次试验的横摆角速度时间历程曲线。

第六节　转向轻便性试验

汽车驾驶员通过操纵转向盘来控制汽车行驶方向，如果所需力度过重，驾驶员不能敏捷地转动转向盘，则会增加劳动强度，驾驶员容易疲劳；如果所需力度过轻，驾驶员会感觉失去"路感"，觉得"发飘"而难以控制汽车行驶方向。因此，操纵转向盘所需力度应当有适度的范围，这也是一辆操纵稳定性良好的汽车所必备的基本条件之一。转向轻便性试验的目的

就是通过测量驾驶员操纵转向盘力的大小，来与其他试验一起评价汽车操纵稳定性的好坏。

一、试验准备

试验前，在试验场地上画出颜色鲜明的双纽线路径，如图 7-16 所示。双纽线路径的极坐标方程为

$$L = d\sqrt{\cos 2\psi}$$

式中　L——极径（m）；
$d = 3R_{min}$——系数（m）；
　　R_{min}——双纽线的最小曲率半径，$R_{min} = 1.1r_{min}$（m）；
　　r_{min}——试验汽车的最小转弯半径（m）。

双纽线的最小曲率半径（单位为 m）应按试验汽车前外轮的最小转弯半径（单位为 m）乘以 1.1，并据此画出双纽线。在双纽线最宽处、顶点和中点（即结点）的路径两侧各放置两个标桩，共计放置 16 个标桩，如图 7-16 所示。标桩与试验路径中心线的距离，为车宽一半加 50cm，或按转弯通道圆宽的 1/2 加 50cm。

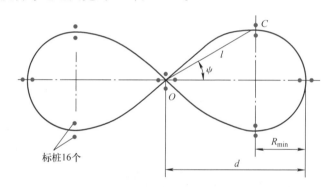

图 7-16　双纽线试验场地示意图

其他试验准备工作如第二节所述。

二、试验执行

试验正式开始前，驾驶员操纵汽车沿双纽线路径行驶若干周，以熟悉路径和相应操作。随后，使汽车沿双纽线中点"O"处的切线方向作直线滑行，并停车于"O"点处。停车后注意观察车轮是否处于直行位置，必要时应调整转向盘使车轮处于直行位置。确认后松开转向盘，记录转向盘中间位置及作用力矩的零线。

驾驶员操纵转向盘沿双纽线路径行驶，待车速稳定在（10 ± 2）km/h 后，开始记录转向盘转角和转向力矩，并记录行驶车速作为监控参数。汽车沿双纽线行驶一周回到起始位置即完成一次试验，全部试验应行驶三次。在测量记录的过程中，驾驶员应保持车速稳定，同时尽可能平稳地转动转向盘，而且不准撞倒标桩。

三、试验分析与处理

转向轻便性试验主要考察转向力矩 M 和转向盘转角 θ 的关系，以评价汽车操控的轻便

性。根据记录的转向盘转角和转向力矩，按双纽线路径每行驶一周整理成 $M\text{-}\theta$ 关系曲线，如图 7-17 所示。

又或是直接使用计算机采样得到的转向角和力矩数值，计算以下各项表征汽车转向轻便性的参数，包括转向盘最大作用力矩平均值、转向盘最大作用力平均值、绕双纽线路径每行驶一周的作用功、绕双纽线路径行驶每行驶一周的转向盘平均摩擦力矩和摩擦力。

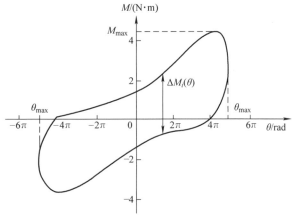

图 7-17 $M-\theta$ 关系曲线示意图

1. 转向盘最大作用力矩均值

转向盘最大转动力矩均值 $\bar{M}_{\max}$，即三次试验的转向盘最大作用力矩的算术平均值，单位为 N·m。

转向盘最大作用力矩均值

$$\bar{M}_{\max} = \frac{\sum_{i=1}^{3} |M_{\max i}|}{3}$$

式中　$\bar{M}_{\max}$——转向盘最大作用力矩均值（N·m）；

　　　$M_{\max i}$——绕双扭线路径第 i 周（$i = 1 \sim 3$）的转向盘最大作用力矩（N·m）。

2. 转向盘最大作用力均值

转向盘最大作用力均值用下式计算：

$$\bar{F}_{\max} = \frac{2\bar{M}_{\max}}{D}$$

式中　$\bar{F}_{\max}$——转向盘最大作用力均值（N）；

　　　D——试验汽车原有转向盘的直径（m）。

3. 转向盘的作用功和作用功均值

1）绕双纽线路径每一周的作用功为

$$W_i = \frac{1}{57.3} \sum_{1}^{n_i-1} M_{ij} + [\theta_{i(j+1)} - \theta_{ij}]$$

式中　W_i——绕双级线路径第 i 周（$i = 1 \sim 3$）的转向盘作用功（J）；

　　　M_{ij}——绕双纽线路径第 i 周（$i = 1 \sim 3$）的第 j（$j = 1 \sim n_i - 1$）个采样点处外转向盘转向力矩（N·m）；

　　　n——绕双纽线路径第 i 周采样点数；

　　　$\theta_{i(j+1)}$——绕双级线路径第 i 周（$i = 1 \sim 3$）的第 $j+1$（$j = 1 \sim n_i - 1$）个采样点处转向盘转角（°）；

　　　θ_{ij}——绕双级线路径第 i 周（$i = 1 \sim 3$）的第 j（$j = 1 \sim n_i - 1$）个采样点处转向盘转角（°）。

2）转向盘的作用功均值：

$$\bar{W} = \frac{\sum_{i=1}^{3} W_i}{3}$$

式中　$\bar{W}$——转向盘的作用功均值（J）。

将三次试验的转向盘作用功的算术平均值作为转向盘作用功均值 $\bar{W}$。

4. 转向盘平均摩擦力矩和平均摩擦力

绕双纽线路径每一周转向盘平均摩擦力矩 M_{swi}：

$$\bar{M}_{swi} = \frac{57.3 W_i}{2(|+\theta_{max}|+|-\theta_{max}|)}$$

式中　$\bar{M}_{swi}$——绕双纽线路径第 i 周（$i = 1 \sim 3$）转向盘平均摩擦力矩（N·m）;

　　$\pm\theta_{max}$——绕双纽线路径第 i 周（$i = 1 \sim 3$）的转向盘左、右最大转角（°）。

转向盘平均摩擦力 $\bar{F}_{swi}$（单位为 N），由下式计算：

$$\bar{F}_{swi} = \frac{2\bar{M}_{swi}}{D}$$

式中　$\bar{F}_{swi}$——绕双纽路径第 i 周（$i = 1 \sim 3$）转向盘平均摩擦作用力（N）。

5. 转向盘平均摩擦力矩均值和转向盘平均摩擦力均值

转向盘平均摩擦力矩均值按下式确定：

$$\bar{M}_{swf} = \frac{\sum\limits_{i=1}^{3} \bar{M}_{swfi}}{3}$$

转向盘平均摩擦力均值按式下式确定：

$$\bar{F}_{swf} = \frac{2\bar{M}_{swfi}}{D}$$

转向盘中间位置
操纵稳定性试验

第七节　稳态回转试验

稳态回转试验的目的是测定汽车的转向特性及车身侧倾特性，通过该试验可以判定汽车的稳态转向特性是不足转向还是过度转向，并且确定不足/过度转向量。

稳态回转试验的方法较多，国家标准推荐的试验方法是定转向盘转角法和定转弯半径法，此外还有固定车速法等。

定转向盘转角法和定转弯半径法都属于变侧向加速度法，试验行驶时都通过改变前进车速来获得不同的侧向加速度。二者不同点在于，定转向盘转角法是通过固定转向盘转角，测量转向半径的变化；定转弯半径法是通过固定转向半径，测量转向盘转角的变化。

一、定转向盘转角法

定转向盘转角法的优点是试验为一个连续过程，容易记录到汽车转向特性的转折点，如汽车在多大侧向加速度时由中性转向变为不足转向或过度转向，以致发生侧滑等。由于试验是连续进行的，汽车转 2～3 周即可完成整个试验，更经济，试验过程中对驾驶员的操作技术要求不高，更安全。

1. 试验准备

试验开始前首先在试验场地上用明显的颜色画出半径为 15m 或 20m 的圆周。如果试验场地允许，则可以选取 30m、45m 为圆周半径。更大的初始半径，不仅能提高试验结果的精度，而且可以试验到更高的车速。

其他试验准备工作如第二节所述。

2.试验执行

驾驶员操纵汽车以最低稳定速度沿所画圆周行驶，待安装于汽车纵向对称面上的车速传感器尽可能对准地面所画圆周时，固定转向盘不动，停车并开始记录下各变量的零线。

然后，汽车起步，缓缓连续而均匀地加速（纵向加速度不能超过 0.25m/s²），直到汽车的侧向加速度达到 6.5m/s²（或汽车出现不稳定状态）为止，试验车辆的运行路径如图 7-18 所示。记录整个过程。试验按向左转和向右转两个方向进行，每个方向试验三次，每次试验开始时车身应处于正中位置。

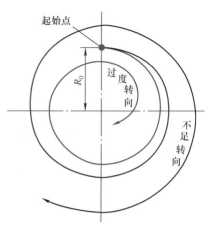

图 7-18　固定转向盘转角连续加速的试验车辆的运行路径

试验测得的参数有汽车横摆角速度、车身侧倾角、汽车前进速度、转向盘转角、汽车重心侧偏角、转向盘转向力矩和汽车纵向加速度。

3.试验分析与处理

根据试验数据，处理出以下关系曲线和参数。

（1）转弯半径比 R_i/R_0 与侧向加速度 a_y 关系曲线

根据记录的横摆角速度及汽车前进车速，用下式计算各点的转弯半径及侧向加速度。

$$R_i = V_i/r_i$$
$$a_y = V_i r_i$$

式中　V_i——第 i 点前进车速（m/s）；

　　　r_i——第 i 点横摆角速度（rad/s）；

　　　R_i——第 i 点转弯半径（m）；

　　　a_y——第 i 点侧向加速度（m/s²）；

　　　i——采样点数（$i = 1$，2，…，n）。

进而算出各点的转弯半径比 R_i/R_0（R_0 为初始半径）。根据计算结果，绘出向左转和向右转两个方向的 R_i/R_0-a_y 曲线（图 7-19a）。

（2）汽车前后轴侧偏角差值（$\delta_1 - \delta_2$）与侧向加速度 a_y 关系曲线

对于两轴汽车，可根据 $R_i/R_0 - a_y$ 曲线上各点的转弯半径 R_i 求出（$\delta_1 - \delta_2$）-a_y 曲线（如图 7-19b）。为了计算及阅读方便，在数据处理时，各变量可不严格按坐标系规定，即左转及右转均取为正。汽车前后轴侧偏角差值（$\delta_1 - \delta_2$）用下式计算：

$$\delta_1 - \delta_2 = 57.3L\left(\frac{1}{R_0} - \frac{1}{R_i}\right)$$

式中　δ_1、δ_2——前、后轴侧偏角（°）；

　　　L——汽车轴距（m）。

（3）车身侧倾角 φ 与侧向加速度 a_y 关系曲线

根据记录的车身侧倾角 φ 与侧向加速度 a_y，整理出车身侧倾角 φ 与侧向加速度 a_y 的

$\varphi - a_y$ 关系曲线（图 7-19c）。

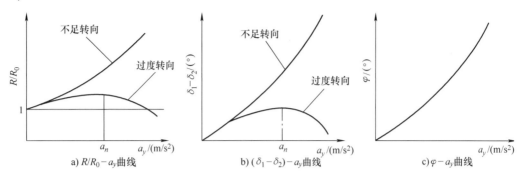

图 7-19　典型的汽车稳态转向特性

根据以上各关系曲线，整理出中性转向点的侧向加速度 a_n、不足转向度 U 和车身侧倾度 K_φ 三个参数。

其中，中性转向点的侧向加速度 a_n 定义为 $(\delta_1 - \delta_2) - a_y$ 关系曲线上，斜率为零处的侧向加速度值。若在所试验的侧向加速度范围内，未出现中性转向点时，a_n 值可用最小二乘法按无常数项的三次多项式拟合曲线进行推算。不足转向度 U 定义为 $(\delta_1 - \delta_2) - a_y$ 关系曲线上，侧向加速度值为 $2m/s^2$ 处的平均斜率值。车身侧倾度 K_φ 定义为 $\varphi - a_y$ 关系曲线上，侧向加速度值为 $2m/s^2$ 处的平均斜率值。

4. 评价指标

稳态回转试验通常用以下三个指标进行评价，分别是：中性转向点的侧向加速度 a_n、不足转向度 U 和车身侧倾度 K_φ。

其中，中性转向点侧向加速度值 a_n 为具有"否决权"的指标。当 a_n 评价分值小于 60 分或试验的最大侧向加速度值小于 a_n 的下限值时，汽车操纵稳定性的总评价计分值定为不合格。

（1）中性转向点的侧向加速度值 a_n 的评价分值

中性转向点的侧向加速度值 a_n，定义为前后轴侧偏角差与侧向加速度关系曲线上斜率为零处的侧向加速度值。在所试的侧向加速值范围内，未出现中性转向点时，a_n 值用最小二乘法按无常数项的三次多项式拟合曲线进行推算。

评价分值应按下式计算

$$N_{a_n} = 60 + \frac{40}{a_{n100} - a_{n60}}(a_n - a_{n60})$$

式中　N_{a_n}——中性转向点侧向加速度的评价分值；

a_n——中性转向点侧向加速度的试验值（m/s^2）；

a_{n60}——中性转向点侧向加速度值的下限值（m/s^2）；

a_{n100}——中性转向点侧向加速度值的上限值（m/s^2）。

这里还需注意，若计算值 N_{a_n} 大于 100，应按 100 分计。

（2）不足转向度 U 的评价分值

不足转向度 U 按前、后轴侧偏角差值与侧向加速度关系曲线上侧向加速度值为 $2m/s^2$ 处的平均斜率（纵坐标值除以横坐标值）计算。

评价分值应按下式计算

$$N_U = 60 + \frac{U(U_{60}-U)(\lambda-U)}{U_{100}(U_{60}-U_{100})(\lambda-U_{100})}40$$

式中　N_U——不足转向度的评价分值；

$\quad\quad\ U$——不足转向度的试验值 $[(°)/(m/s^2)]$；

$\quad\quad\ \lambda$——根据 U_{60} 和 U_{100} 的比值计算的系数，$\lambda = \dfrac{2U_{60}/U_{100}}{U_{60}/U_{100}-2}U_{100}$；

$\quad\quad\ U_{60}$——不足转向度的下限值 $[(°)/(m/s^2)]$；

$\quad\quad\ U_{100}$——不足转向度的上限值 $[(°)/(m/s^2)]$。

（3）车身侧倾度 K_φ 的评价分值

车身侧倾度 K_φ 按车身侧倾角与侧向加速度关系曲线上侧向加速度值为 $2m/s^2$ 处的平均斜率（纵坐标值除以横坐标值）计算。

评价分值应按下式计算

$$N_{K_\varphi} = 60 + \frac{40}{K_{\varphi60}-K_{\varphi100}}(K_{\varphi60}-K_\varphi)$$

式中　N_{K_φ}——车身侧倾度的评价计分值；

$\quad\quad\ K_{\varphi60}$——车身侧倾度的下限值 $[(°)/(m/s^2)]$；

$\quad\quad\ K_{\varphi100}$——车身侧倾度的上限值 $[(°)/(m/s^2)]$；

$\quad\quad\ K_\varphi$——车身侧倾度的试验值 $[(°)/(m/s^2)]$。

这里也需注意，若计算值 N_{K_φ} 大于 100，应按 100 分计。

车辆 a_n、U 以及 K_φ 的限值见表 7-2。

表 7-2　下限值 a_{n60}、U_{60}、$K_{\varphi60}$ 和上限值 a_{n100}、U_{100}、$K_{\varphi100}$

车型	指标					
	$a_{n60}/$ (m/s^2)	$a_{n100}/$ (m/s^2)	$U_{60}/$ $[(°)/(m/s^2)]$	$U_{100}/$ $[(°)/(m/s^2)]$	$K_{\varphi60}/$ $[(°)/(m/s^2)]$	$K_{\varphi100}/$ $[(°)/(m/s^2)]$
轿车、客车和货车最大总质量 ≤ 2.5t	5.00	9.80	1.00 0.60①	0.40 0.24①	1.20	0.70
客车和货车，2.5t< 最大总质量 ≤ 6t	4.00	8.00	1.20	0.50		
客车和货车，最大总质量 >6t	3.00	6.00			1.00 0.50②	

① 用于最高车速大于 160km/h 的汽车；

② 用于最大总质量大于 9t 的客车。

（4）稳态回转试验的综合评价分值

综合评价分值，按下式计算

$$N_\omega = \frac{N_{a_n} + N_U + N_{K_\varphi}}{3}$$

式中　N_ω——稳定回转试验的综合评价分值。

以上分值越高，汽车的稳态转向特性越好，而总评价计分值小于 60 分为不合格。稳态

转向特性的中性转向点侧向加速度评价分值 N_{a_n} 具有否决权，当 N_{a_n} 小于 60 分或试验的最大侧向加速度小于 a_n 的下限值时，汽车的操纵稳定性的总评价计分值也定为不合格。

二、定转弯半径法

定转弯半径法的优点是汽车在试验中不需要走整个圆周，只需要一个扇形面积，占地面积小，测试仪器简单，最低限度时只需要测量转向盘转角及车速，而车速又可用通过某一段圆弧的时间求得，参数比较容易测量。但是，定转弯半径法对试验驾驶员的驾驶技术要求较高，试验成功率较低。

1. 试验准备

在试验场地上，用醒目的颜色画出半径为 30m 的圆弧形试验路径，如图 7-20 所示。路径两侧沿圆弧中心线每隔 5m 放置标桩，以形成通道。两侧标桩至通道中心线距离为 1/2 车宽加 b，b 值按表 7-3 确定。

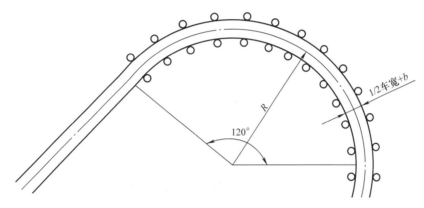

图 7-20 定转弯半径试验场地示意图

表 7-3 定转弯半径试验方法的标桩距离 b

试验汽车轴距 /m	标桩距离 /m
≤ 2.5	0.6
>2.5，≤ 4.0	1.0
>4.0	1.4

2. 试验执行

试验时，汽车以最低稳定车速行驶，调整转向盘转角，使汽车能沿圆弧行驶，在进入圆弧路径并达到稳定状态后开始记录，保持加速踏板和转向盘位置在 3s 内不动后停止记录（允许转向盘转角在 ±10 范围内调整）。汽车通过试验路径时，如撞倒标桩，则试验无效。

接下来，驾驶员提高车速，重复上述试验，但侧向加速度增量每次不大于 0.5m/s^2，直至做到侧向加速度达到 6.5m/s^2，或汽车出现不稳定状态时为止。

试验按向左转和向右转两个方向进行，每个方向试验三次。试验测得的参数有转向盘转角、汽车横摆角速度、汽车前进车速、车身侧倾角、汽车重心侧偏角和汽车重心侧向加速度。

3. 试验分析与处理

根据试验数据，首先确定侧向加速度 a_y。侧向加速度可以按三种方法求得：

方法一是用横摆角速度 γ 乘以汽车前进车速 v；

方法二是用加速度计直接测出，如果加速度计的输出包括有车身侧倾角 φ 的作用，则应按所记录的加速度值减去 $g\sin\varphi$ 加以修正（g 为重力加速度）；

方法三是用前进车速的二次方除以圆弧路径中心线的半径。

接下来，根据记录的转向盘转角 θ、车身侧倾角 φ、转向盘转向力矩、汽车重心侧偏角 β 及侧向加速度 a_y，便可绘出各曲线，有 $\theta - a_y$ 曲线、$\varphi - a_y$ 曲线、$\beta - a_y$ 曲线。

最后，根据转向盘转角 θ 与侧向加速度 a_y 曲线，按下式转换成 $(\delta_1 - \delta_2) - a_y$ 曲线。

$$\delta_1 - \delta_2 = \frac{L}{R}\left(\frac{\theta_i}{\theta_0} - 1\right)$$

式中　δ_1、δ_2——汽车前、后轴侧偏角（°）；

　　　θ_0——汽车以最低稳定速度通过圆弧路径时转向盘转角（°）；

　　　θ_i——汽车以某一车速（即以某一侧向加速度）通过圆弧路径时转向盘转角（°）；

　　　L——汽车轴距（m）；

　　　R——圆弧路径的半径 $R = 30\text{m}$。

在数据处理时，为了计算及阅读方便，各变量不严格按坐标系规定，左转右转均取为正，并可绘于同一图上。

该试验评价指标与定转向盘转角法相同。

第八节　电子稳定性控制系统性能试验

汽车电子稳定性控制（Electronic Stability Control，ESC）系统是一种汽车主动安全技术，它通过驾驶人输入及传感器等信号实时监控车辆行驶状态，实时对车辆实际行驶行为和驾驶人期望的行驶行为进行比对，利用闭环控制抑制汽车过度转向或不足转向趋势，提高汽车的操纵稳定性。

ESC 系统能显著减少车辆失稳及其引发的交通事故，在乘用车上已得到广泛应用。目前关于轻型汽车 ESC 系统的性能要求及测试方法标准，欧洲和美国均早已发布并强制实施，我国也制定了相应的推荐性标准 GB/T 30677—2014《轻型汽车电子稳定性控制系统性能要求及试验方法》。汽车 ESC 系统试验主要测试 ESC 工作状态下车辆的方向稳定性和响应特性，确认其功能的安全性，典型测试工况有正弦迟滞试验、双移线试验、避撞试验和稳态回转试验等，这里主要介绍正弦迟滞试验。

一、试验执行

1. 制动器预处理试验

该试验用于检测制动器部件是否正常工作。

试验车辆在 56km/h 的初速度下，以 5.0m/s^2 的平均减速度将车辆制动至停车，共进行 10 次。完成后，立即在 72km/h 的初速度下全力制动使车辆停车。在制动过程中，应在踏板上施加足够的制动力，使车辆的

移线试验

ABS 在每次制动过程中的主要阶段都处于工作状态，共进行 3 次。在完成最后一次制动后，以 72km/h 的车速行驶 5min 对制动器进行冷却。

2. 轮胎磨合试验

该试验用于检测轮胎的状况，同时用于暖胎。

试验车辆以能产生约 5.0 ~ 6.0m/s² 侧向加速度的行驶速度 V_0 沿直径为 30m 的圆环顺时针方向行驶 3 圈，再逆时针方向行驶 3 圈。然后，试验车以 56km/h 的车速行驶，对转向盘进行频率为 1Hz 的正弦转向输入，转向盘转角峰值时应与 V_0 时的转向盘转角一致。共进行 4 次试验，每次试验由 10 个正弦循环组成。在进行最后一次试验的最后一个正弦循环时，其转向盘转角幅值是其他循环的 2 倍。所有的试验之间允许的最长时间间隔为 5min。

3. 慢增量转向试验

试验车辆应沿逆时针方向和顺时针方向分别进行一组慢增量转向试验；每组试验由三次重复试验组成，各次试验之间允许的最长间隔时间为 5min。试验应在（80 ± 2）km/h 的恒定车速下进行，以 13.5°/s 的角速度逐渐增加转向盘转角，直至侧向加速度达到大约 5.0m/s²。将试验中车辆产生 3.0m/s² 侧向加速度时的转向盘转角作为基准转向盘转角，记作 "A"。采用线性回归法计算每次慢增量转向试验的 A 值，并圆整至 0.1°，取 6 次慢增量转向试验 A 值绝对值的平均值并圆整至 0.1°，用于正弦停滞转向试验。

4. 正弦停滞转向试验

在慢增量转向试验完成后 2h 内确定 A 值，并开始第 1 组正弦停滞转向试验。试验前，不应更换轮胎；但应再次对轮胎进行磨合并立即进行正弦停滞转向试验。

检查 ESC 故障信号装置和 ESC 关闭信号装置（如果装备）是否点亮，以确认 ESC 系统工作正常。接下来进行两组正弦停滞转向输入试验，其中，一组试验的上半周期按逆时针方向进行，另一组试验的上半周期按顺时针方向进行。在各次试验之间，允许车辆停车冷却 1.5 ~ 5min。

试验开始时，汽车挂高档，车速控制在（80 ± 2）km/h。对转向盘进行频率为 0.7Hz 的正弦转向输入，在第 2 个峰值处作 500ms 延迟，如图 7-21 所示。转向盘初始转角幅值为 1.5A，然后以 0.5A 的幅度逐次增加。如计算得出的 6.5A 不大于 300°，则每组试验的最后一次试验的转向盘转角幅值为 6.5A 或 270° 的较大值；如果其中任何一次试验的转向盘转角幅值（最大为 6.5A）大于 300°，则每组试验的最后一次试验的转向盘转角幅值为 300°。

两组试验完成后，对横摆角速度和侧向加速度数据进行后期处理。正弦停滞示意图如图 7-21 所示。

二、试验分析与处理

用滤波器过滤转向盘转角原始数据，截止频率为 10Hz。用滤波器过滤横摆角速度和侧向加速度原始数据，截止频率为 6Hz。滤波数据置零，利用静态预试验数据去除传感器偏移量。利用静态预试验数据去除传感器偏移量。消除车身侧倾和传感器安装位置偏差的影响后，确定车辆质心处的侧向加速度数据。侧向加速度传感器应尽可能靠近车辆的纵

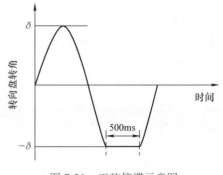

图 7-21　正弦停滞示意图

向和横向质心位置，以便于采集数据。用 0.1s 的移动平均法对转向盘转角数据滤波后求导数确定转向盘转速。

三、ESC 系统性能评价

在完成正弦停滞转向试验后，根据试验数据对 ESC 系统进行评价。通常以车辆侧向位移和横摆角速度作为 ESC 系统稳定性控制的评价指标。

1. 车辆侧向位移评价指标

当转向盘转角幅值增加到 5.0A 或更大时，检查试验过程中车辆质心的侧向位移。对于整车质量小于 3500kg 的车辆，要求正弦停滞转向试验开始（Begine of Sine，BoS）后 1.07s 时的车辆质心侧向位 Y1.07s ≥ 1.83m；对于整车质量大于 3500kg 的车辆，要求正弦停滞转向试验开始（BoS）后 1.07s 时的车辆质心侧向位 Y1.07s ≥ 1.52m。

2. 横摆角速度评价指标

记录每组正弦停滞转向试验过程中的峰值横摆角速度 γ_{peak}（出现在第二个正弦点处）。记录转向盘正弦转角结束（End of Sine，EoS）的时间，记为 T_0。检查转向盘正弦转角结束后 1s 时的横摆角速度，要求此时的横摆角速度不大于峰值横摆角速度的 35%；检查转向盘正弦转角结束后 1.75s 时的横摆角速度，要求此时的横摆角速度不大于峰值横摆角速度的 20%，横摆角速度评价指标如图 7-22 所示。

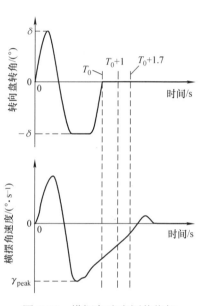

图 7-22　横摆角速度评价指标

第九节　汽车操纵稳定性试验实例

汽车的操纵稳定性不仅影响到汽车驾驶的操纵方便的程度，而且也是决定汽车安全行驶的一个主要性能，本节选取两款车作为车辆操纵稳定性试验示范案例。

一、某 SUV 稳态回转试验（定转向盘转角法）试验分析与处理

试验的卫星定位路线如图 7-23 所示，试验的车速如图 7-24 所示，横摆角速度变化如图 7-25 所示。车身侧倾角变化如图 7-26 所示。

根据试验数据，处理出以下关系曲线和参数：

1）转弯半径比 R_i/R_0 与侧向加速度 a_y 关系曲线。R_i/R_0-a_y 曲线如图 7-27 所示。

2）转弯半径比（$\delta_1 - \delta_2$）与侧向加速度 a_y 关系曲线如图 7-28 所示，侧倾角 φ 与侧向加速度 a_y 关系如图 7-29 所示。

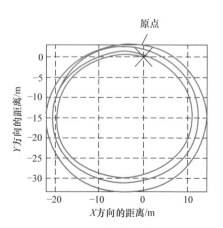

图 7-23　卫星定位路线图

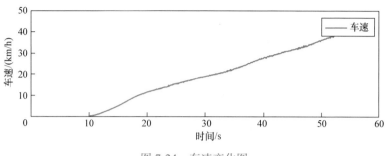

图 7-24　车速变化图

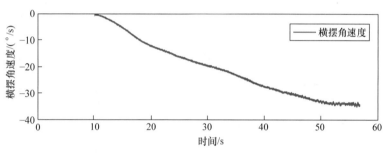

图 7-25　横摆角速度变化图

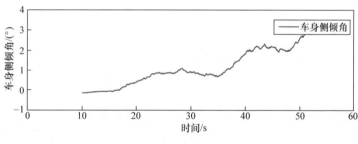

图 7-26　车身侧倾角变化图

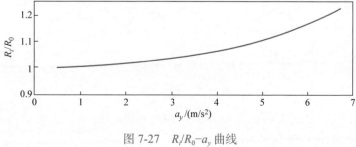

图 7-27　R/R_0-a_y 曲线

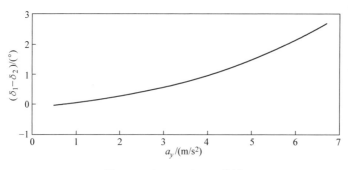

图 7-28 $(\delta_1 - \delta_2) - a_y$ 曲线

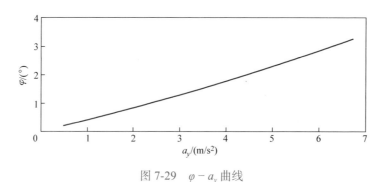

图 7-29 $\varphi - a_y$ 曲线

3）根据以上各关系曲线，整理出中性转向点的侧向加速度 a_n、不足转向度 U、车辆侧倾角 K_φ 分别为 $a_n = 3.21\text{m/s}^2$，$U = 0.2415°/(\text{m/s}^2)$，$K_\varphi = 0.4164°/(\text{m/s}^2)$。

4）稳态转向特性的评价

计算可得

$N_{a_n} = 45.09$；$N_U = 100$；$N_{K_\varphi} = 100$；$N_\omega = 81.7$。

汽车的操纵稳定性的总评价计分值合格。

二、某商务车低速行驶转向轻便性试验分析与处理

试验的卫星定位路线如图 7-30 所示，试验的车速变化如图 7-31 所示。

由图 7-30 和图 7-31 可知低速行驶转向轻便性试验基本符合试验要求，可依据该试验数据进行转向轻便性的分析。

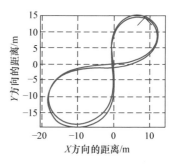

图 7-30 卫星定位路线图

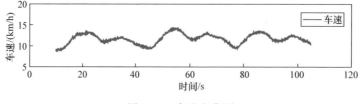

图 7-31 车速变化图

图 7-32 和图 7-33 分别为转向盘转角和转矩的时间历程曲线，由这两条曲线可得三次试验的 $M - \theta$ 关系曲线（图 7-34）。

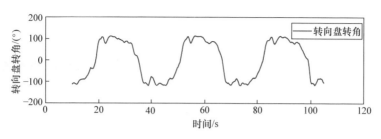

图 7-32　转向盘转角变化图

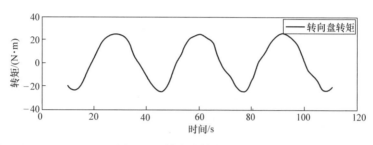

图 7-33　转向盘转矩变化图

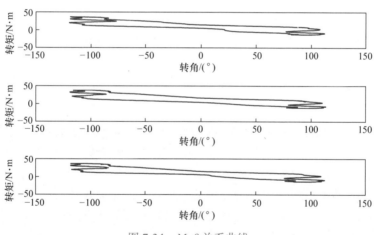

图 7-34　$M-\theta$ 关系曲线

1）转向盘最大作用力矩均值 $\bar{M}_{max}$，即三次试验的转向盘最大作用力矩的算术平均值，单位为 N·m。

$$\bar{M}_{max} = 25.7475（N·m）$$

2）转向盘最大作用力均值 $\bar{F}_{max}$，单位为 N，由下式计算：

$$\bar{F}_{max} = \frac{2\bar{M}_{max}}{D} = 120.75（N）$$

式中　D——试验汽车原有转向盘的直径（m）。

3）绕双纽线路径每一周的作用功 W_i，单位为 J，由下式计算：

$$W_i = \left[\int_{-\theta_{\max i}}^{+\theta_{\max i}} |\Delta M_i(\theta)| \mathrm{d}\theta \right] / 57.3$$

式中　$\Delta M_i(\theta)$——绕双纽线路径行驶第 i 周中的随转向盘转角变化的转向盘往返转向力矩之差（N·m）；

$\theta_{\max i}$——绕双纽线路径行驶第 i 周的转向盘向左、向右最大转角（rad）。

计算得出的三次 W_i 分别为 57.51J、62.38J 和 58.01J。

将三次试验的转向盘作用功的算术平均值作为转向盘作用功均值，$\bar{W} = 59.30$J。

4）绕双纽线路径行驶每一周的转向盘平均摩擦力矩 $\bar{M}_{swi}$，单位为 N·m，由下式计算：

$$\bar{M}_{swi} = \frac{W_i}{|+\theta_{\max i}| + |-\theta_{\max i}|}$$

计算得出的三次 $\bar{M}_{swi}$ 分别为 14.73N·m，15.81N·m 和 14.79N·m。

将三次试验的转向盘平均摩擦力矩的算术平均值作为转向盘平均力矩 $\bar{M}_{sw} = 15.11$N·m。

5）转向盘摩擦力 $\bar{F}_{swi}$，单位为 N，由下式计算：

$$\bar{F}_{swi} = \frac{2\bar{M}_{swi}}{D}$$

将三次试验的转向盘摩擦力的算术平均值作为转向盘平均摩擦力 $\bar{F}_{sw} = 76.55$N。

复习思考题

1.（多选题）稳态回转试验定转向盘转角法测得的参数主要有哪些？

A. 车身侧倾角　　　　　　　　　　B. 转向盘转向力矩

C. 汽车侧向加速度　　　　　　　　D. 汽车重心侧偏角

2.（多选题）汽车操纵稳定性道路试验目前常用的试验设备有哪些？

A. 电子陀螺仪　　　　　　　　　　B. 非接触式五轮仪

C. 卫星定位数据采集系统　　　　　D. 转向盘测力仪

3. 转向轻便性试验准备阶段需要在试验场地上画出颜色鲜明的 ＿＿＿＿＿ 路径，标桩应放置在路径 ＿＿＿＿＿ 、＿＿＿＿＿ 和 ＿＿＿＿＿ 位置的两侧，共计放置 ＿＿＿＿＿ 个标桩。

4. 转向回正性能试验中，横摆角速度时间历程曲线可分为 ＿＿＿＿＿ 型和 ＿＿＿＿＿ 型两类。对于 ＿＿＿＿＿ 型，不进行数据处理；对于 ＿＿＿＿＿ 型，＿＿＿＿＿ 和 ＿＿＿＿＿ 为基本评价指标。

5. 转向瞬态响应试验中有哪两种输入方式？它们有什么区别？

6. 简述转向轻便性试验的目的是什么。

潘承孝（1897—2003）是汽车和内燃机专家，也是中国内燃机和汽车工程教育的奠基人之一。

1927年，他从海外学成回国，当时正值军阀混战，他怀着一颗殷殷救国之心，应邀赴直隶公立工业专门学校任教，从此进入了教育界，把毕生精力献给了教育事业。

他备课精益求精，每年的讲课内容都有新的补充。在抗日战争期间，很难得到国外书刊，但他尽力与国外联系，引进美国大学的教科书，如物理、高等数学和内燃机原理等，并组织翻译，吸收国外的先进技术和教材内容，随时补充到教学内容中去，以开阔学生的眼界，启发他们的思维。他对教学的高度负责精神令人钦佩。

为了培养学生的动手能力，在异常艰苦的条件下，潘承孝和老师学生一起动手开办各科系的简易实验室，以满足基本教学需求，还四处奔走，与工厂、矿山、机关等单位加强联系，为高年级同学解决更高层次的实验与实习。

1958年，潘承孝担任河北工学院（现河北工业大学）院长。当时河北工学院师资严重匮乏，潘承孝通过自己的努力建立起一支优秀的教师梯队，狠抓教师的培养和培训工作。

校办工厂的叶尔贲老师回忆说："有一次，潘老给青年教师上示范课，我印象非常深刻。那是1960年的时候，潘老对老师们说：'我看到老师们把实验仪器和材料都准备好，让学生直接做实验。这种实验课看起来老师做准备很辛苦，但是对学生一点好处都没有。实验课应该怎么做呢，应把实验大纲给学生，让他们去研究，看不懂的部分由负责实验的老师给学生讲解，学生再根据实验大纲的要求自己去借设备，比如需要什么仪器，仪器的要求是什么，全让学生自己去研究，自己做实验，做完写实验报告，再把仪器还回去。'这样才能让学生们更快地进步。"

在1992年的一次大会上，潘老面对6000余名师生，掷地有声地表示："同志们，我今年96岁了，身体尚健，还有余热可释，愿与全体师生员工一起，团结一致，为把我校建成一所国内外一流的工业大学而努力奋斗！"

潘承孝从事教育60余年，培养出了一大批国内外知名的内燃机专家、学者，为祖国的教育事业做出了卓越贡献。

第八章

驾乘舒适性试验

本章主要介绍噪声振动性能试验、热舒适性试验和人机工程试验，分别从试验设备、试验原理和试验流程等方面进行讲述，最后分别以具体试验实例展示试验过程，强化关键知识点。

第一节 概　　述

如今，人们对汽车性能的追求，不再只看重动力性、经济性以及制动、操稳等性能，而更多地去关注汽车的驾乘舒适性。汽车企业在设计开发过程中，把使用、驾驶汽车的方便、舒适、获得美好感觉的性能与汽车的其他性能放在同等重要的地位。驾乘舒适性测试和评价，主要包括噪声振动、热舒适性和人机工程等。

噪声振动与汽车的机械振动特性和人的感觉有关。其涉及内容主要包括车内乘客两耳听到的噪声，手脚及身体感觉到来自于转向盘、地板、座椅的振动等。车外加速噪声、电动车低速提示音对车辆周边的环境和人员产生影响，也需对其进行关注。此外，振动及噪声与汽车所有的零部件相关，在车辆的开发过程中需要对零部件单体开展试验。

汽车热舒适性是乘客对车内热环境达到满意状态的评价。除了依据现有相关标准考核一般环境下的空调采暖、空调制冷、除霜、除雾性能，验证极端环境（高寒、高温、高原、湿热等）下的相关性能外，还需要针对满足热舒适性需求的新技术和装备开发相匹配的试验方法，如电加热座椅、座椅通风、手机远程控制 App 等。新能源汽车空调系统的能耗会对续驶里程产生较大的影响，采暖工况尤其明显，因此针对其节能与舒适性同步验证的试验方法开发与应用尤为必要。

人机工程研究的目的是合理调整人和机器分工，为人创造出舒适和安全的驾乘环境。人机工程试验的本质是对人机工程系统或装备设计进行验证，涉及心理学、生理学等多方面，相关试验法规正在不断研究开发。目前行业内开展的人机工程试验主要包括尺寸测量类（基于人体形态）、操纵舒适类（基于力 - 行程特性）和驾驶安全类（基于人体感官）等。

第二节　噪声振动性能试验

噪声振动性能试验可以分为三类。第一类为整车噪声试验，例如车外加速通过噪声试验以及顾客可以感知的车内整车噪声试验；第二类为整车振动试验，例如平顺性等。第三类为系统及零部件的振动与噪声试验，常用于车辆开发过程中，例如电机单体的辐射噪声试验、声学包吸隔声试验，车身模态刚度试验。

一、噪声试验

噪声分为影响车内乘员舒适性的车内噪声和影响车外人员的车外噪声。另外，车内噪

声的来源又有两种，一种是车外的声音，例如电机、轮胎、气流等通过空气传递进入车内的噪声；另一种是电机的振动、路面的振动通过底盘件传递到车身，引起车身响应而产生的结构传播噪声。测试这几种噪声所使用的测量仪器和测量方法基本没有区别。

1. 噪声的评价

人耳听到声音频率的范围很宽，强弱大小差别也很大。人耳对声音强弱的变化的感觉，并不与声压绝对值成线性关系，而与其对数近似成正比。因此，引入了"级"的概念，称为声压级（单位为 dB）。声压级计算公式为

$$L_P = 10\lg\frac{P^2}{P_0^2}$$

式中　P——实际的声压（Pa）；

　　　P_0——参考声压为 2×10^{-5}（Pa）；

　　　L_P——声压级（dB）。

为了使声压级与人对声音的主观感觉一致，必须对声信号进行修正，从而引入计权的概念。A、B、C 计权网络的衰减曲线如图 8-1 所示，它们是分别模拟不同响度时人耳的反应。

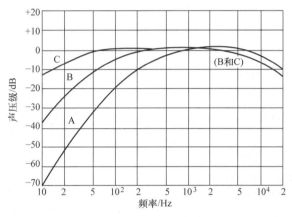

图 8-1　A、B、C 计权网络的衰减曲线

A、B、C 计权的主要差别时在于对低频成分衰减程度。A 衰减最多，B 其次，C 最少。汽车噪声通常采用 A 计权，即 dB（A）作为评价指标。人体舒适度与噪声大小之间的统计关系见表 8-1。

表 8-1　人体舒适度与噪声大小之间的统计关系

噪声声压级大小 /dB（A）	人体舒适程度
20 ~ 40	相当于轻声说话，感觉不到不舒服
40 ~ 60	相当于室内谈话，对人基本无影响
60 ~ 70	声音明显，但对人影响不大
70 ~ 90	很吵，会使人变得焦躁不安，不舒适
> 90	听力受损，神经收到伤害，极度不舒适

2. 加速通过噪声试验

车辆通过住宅区和街道等地方时会产生噪声，对当地居民和行人会造成不良影响，因

此，各国均制定了相应通过噪声限值标准，且该限值逐渐加严。

GB 1495—2002《汽车加速行驶车外噪声限值及测量方法》是国家强制标准，其中规定了噪声试验的测量仪器、测量条件、测量方法、测量记录以及测量限值等。

（1）试验准备

1）试验设备：测量用声级计或其他等效测量系统应满足 GB 3785 规定的 I 型声级计的要求，测量时应使用 A 频率计权特性和 F 时间计权特性。测量前后必须对声级计进行校准，若后一次校准读数相对前一次校准读数的差值超过 0.5dB（A），则认为该次测量结果无效。必须选用准确度优于 ±2% 的车速测量仪器来检测车速，不得使用汽车上的同类仪器。

2）试验环境：试验测试场地应平坦而空旷，在测试中心 50m 为半径的范围内不应有大的建筑物。试验测试场地跑道应有 20m 以上的平直、干燥的沥青路面，路面坡度不超过 0.5%。

背景噪声低于所测噪声至少 10dB（A），且不会被其他偶然噪声源干扰。测量应在良好的天气中进行，测量时在声级计高度处的风速不能超过 5m/s。

3）车辆要求：车辆为空载，汽车运行条件都必须满足设计及厂家规定。所有的窗口（包括天窗、车窗）和车门、发动机舱盖都必须关闭。汽车的辅助装置，如刮水器等，在测试过程中不得工作。

（2）试验方法

1）加速通过噪声试验。测试场地如图 8-2 所示。两个声级计放置在试验场中轴线上，距离中心线 7.5m。声级计距离地面高度 1.2m。A—A 线为加速始端线，B—B 为加速终端线。

2）对于无手动变速器的汽车，应分别以 30km/h、40km/h、50km/h 的稳定速度接近 A—A 线。汽车以稳定速度接近 A—A 线时，其速度变化控制在 ±1km/h 以内。

汽车沿着水平中心线行驶，当接近 A—A 线时，尽快地将加速踏板踩到底，一直保持这种状态，直到汽车尾部离开 B—B 线，迅速放开加速踏板。

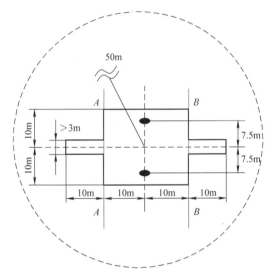

图 8-2　通过噪声试验测试场地要求

3）在每侧至少测量 4 次。应测量汽车加速行驶过测量区的最大声级，每一次测得的读数值应减去 1dB（A）作为测量结果。4 次测量中，每两次测量的最大噪声差值不能超过 2dB（A）。将每一侧的 4 次测量结果进行算术平均，然后取两侧平均值中较大的作为中间结果。

（3）汽车最大噪声级的确定

取各速度条件下中间结果中最大值作为最大噪声级。M1 类车辆最大噪声级不应超过 74dB（A）。

3. 低速提示音试验

新能源汽车低速行驶时只有电机在工作，导致其低速行驶时车外噪声较小。故要求新

能源车辆配备行人提醒系统，以保护行人尤其是老人、小孩和听力受损者的安全，避免交通事故发生。因此需要对行人提醒系统的噪声进行测试试验，以评价其声音大小是否满足提示音要求。

GB/T 37153—2018《电动汽车低速提示音》规定了车辆低速行驶提示音工作的车速范围、声级限值、频率要求、声音类型以及暂停开关等要求和试验方法。提示音的工作车速范围应至少包含 > 0km/h 且 ≤ 20km/h。

（1）试验准备

1）试验设备：测量用声级计或其他等效测量系统要求同上。速度测试设备要求规定如下：当使用连续测量设备试验时，车辆的速度应由测量误差不超过 0.5km/h 的设备进行测量。当使用独立的速度测量时，测量设备的偏差不应超过 0.2km/h。

2）试验环境和车辆要求同加速噪声试验一致。

（2）试验方法

1）声级计布置位置在图 8-3 中 PP′ 线上，其到中心线的距离为 2.0m，在地表面向上 1.2m，基准方向应保持水平，并垂直指向车辆行驶的 CC′ 线。

2）车辆前进或倒车匀速行驶时应尽可能沿着 CC′ 线。车辆开始进入 AA′ 线时试验开始，车辆全部越过 BB′ 线时试验结束。在整个运行过程中，车辆应维持稳定的速度。向前匀速 10km/h 匀速行驶时速度变化控制在 ±2km/h 内，20km/h 匀速行驶时速度变化控制在 ±1km/h 内，倒车匀速行驶 6km/h 时速度变化控制在 ±2km/h 内。

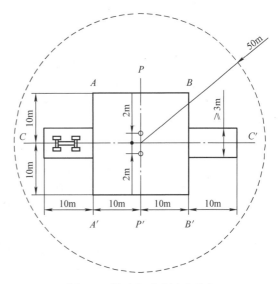

图 8-3 提示音试验场地要求

3）每一种试验条件下，车辆两边都应进行至少四次测量，每两次测量的最大噪声差值不能超过 2dB（A）。

4）测量结果的最低值做为测试结果。对于每一个最大 A 计权声级，应记录每个传声器位置处对应的 1/3 倍频程频谱。

最终测试结果需满足表 8-2 的总声级要求，且至少两个 1/3 倍频程上不小于表 8-3 的规定。

表 8-2 低速提示音最低声压级限值总声级要求

	最低声压级限值总声级要求 /dB（A）		
计权声级 （总声级）	匀速向前行驶车速		匀速倒档车速
	10km/h	20km/h	6km/h
	52	58	49

表 8-3 低速提示音 1/3 倍频程要求

频率 / Hz	匀速向前行驶车速		匀速倒档车速	频率 / Hz	匀速向前行驶车速		匀速倒档车速
	10km/h	20km/h	6km/h		10km/h	20km/h	6km/h
	1/3 倍频程要求				1/3 倍频程要求		
160	47	52		1000	48	53	
200	46	51		1250	48	53	
250	45	50		1600	46	51	
315	46	51	—	2000	44	49	—
400	47	52		2500	41	46	
500	47	52		3150	38	43	
630	48	53		4000	36	41	
800	48	53		5000	33	38	

二、振动试验

汽车在正常行驶时，来自动力总成、路面或轮胎等激励源的激励，经悬置、悬架系统、车身等传递后，会在乘员舱内如转向盘、变速杆、扶手、座椅、地板等响应位置产生振动。当振动被车内的驾乘人员感知后，常常引发车内乘员的不舒适感。为了验证产品成型后的振动性能是否满足设计要求，会开展整车振动试验、零部件单体的模态、刚度试验、VTF 传函测试等。GB/T 4970—2009《汽车平顺性试验方法》对汽车平顺性试验方法进行了规定，同时针对常规的振动测试，行业、企业标准中也有相关规定。

车辆的振动可以通过振动加速度来评价。人体的各个部位对振动敏感频率是不一样的。如手的敏感频率为 8～16Hz；坐着的时候，各个方向的敏感频率不同：在垂直方向为 4～8Hz，而在横向为 1～2Hz，人体舒适程度与振动加速度的大小强相关。

平顺性是一种比较重要的整车振动试验。影响平顺性的因素较多，其中最为关键的是轮胎、悬架及座椅系统的结构参数。汽车平顺性试验是借助仪器设备来完成随机振动数据的采集、记录和处理，通过比较相关的分析值与对应的限值指标，作出试验评价。

1. 平顺性试验

（1）测试设备

平顺性试验的测试设备一般由振动传感器、数据采集（简称数采）设备组成。

在汽车平顺性试验中，使用一个专用的基于人-椅系统的振动加速度传感器安装垫盘结构（图 8-4），用以测量垂直振动（即 Z 轴向的直线振动）、横向振动（即左右方向 Y 轴向以及前后方向 X 轴向的直线振动）。

数据采集设备工作原理：传感器采集的电压信号经信号调理、增益、抗混叠滤波、模数转换后，引入数字信号处理器。数采分析软件可以使用快速傅里叶变换、$1/n$ 倍频程、模态分析、传递函数等工具，对多路传感器信号进行分析处理，如图 8-5 所示。

（2）测试环境及试验要求

1）车辆技术条件：汽车各总成、部件、附件及附属装置（包括随车工具与备胎）必须按规定装备齐全，并装在规定的位置上。轮胎气压应符合车辆技术条件的规定，误差不超过 ±10kPa。汽车的载荷为额定最大装载质量，根据需要可增加半载或空载工况，载荷物均匀分布且固定牢靠，试验过程中不得晃动或颠离。

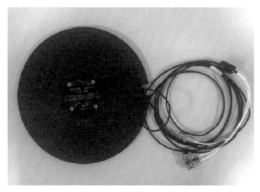

图 8-4 振动加速度传感器坐垫

图 8-5 数采设备（前端）

2）试验道路条件：试验道路应平直，坡度不大于 1%，路面干燥，长度不小于 3km，两端应有 30～50m 的稳速段。试验时的车速范围应包括大于常用车速、小于常用车速以及常用车速在内的三种车速。试验时，应使用常用档位。车速偏差不超过试验车速的 ±4%。

3）加速度传感器安装条件：在人体与座椅间放入振动传感器垫盘，人体应与垫盘紧密接触，以测量垂直振动（即 Z 轴向的直线振动）、横向振动（即 Y 轴向以及 X 轴向的直线振动）的加速度时间历程。

4）乘员要求：测试座椅部位的荷载应为身高（ 1.70 ± 0.05 ）m、体重（ 65 ± 5 ）kg 的自然人。测试座椅部位的乘员应全身放松，双手自然放在大腿上，后背自然靠在座椅靠背上，试验过程中应保持乘坐姿势不变。

（3）汽车平顺性评价方法

1）平顺性评价指标。对于人体振动的评价，用加权加速度均方根值 a_{W} 来表示，加权加速度均方根值是按振动方向，根据人体对振动频率的敏感程度而进行加权计算，是人体感受振动的评价指标。并分别用 a_{ZW}、a_{YW}、a_{XW} 表示垂直方向、左右方向和前后方向振动的加权加速度均方根值。或用三轴向加权加速度均方根的矢量和即总加权加速度均方根值，用 a_{WO} 表示。

2）单轴向加权加速度均方根值 a_{W}。单轴向加权加速度均方根值 a_{W} 一般有两种算法：第一种由等带宽频谱分析得到的加速度自功率谱密度函数 $G_{\mathrm{a}}(f)$ 计算 a_{W}；第二种由 1/3 倍频带均方根谱值计算 a_{W}。其中第二种算法由于计算方便而被广泛采用。

① 由等带宽频谱分析得到的加速度自功率谱密度函数 $G_{\mathrm{a}}(f)$ 计算 a_{W}。

先按下式计算 1/3 倍频带加速度均方根谱值：

$$a_j = \sqrt{\int_{f_{Lj}}^{f_{Uj}} G_{\mathrm{a}}(f) \mathrm{d}f}$$

式中 a_j——中心频率为 f_j 的第 j（ 1，2，…，20）个 1/3 倍频带加速度均方根谱值（ m/s²）；

f_{Lj}，f_{Uj}——分别是 1/3 倍频带中心频带为 f_j 的下、上限频率；

$G_{\mathrm{a}}(f)$——等带宽的加速度自功率谱密度函数（ m²/s³）。

然后再计算 a_{W}：

$$a_{\mathrm{W}} = \sqrt{\sum_{j=1}^{20} (W_j a_j)^2}$$

式中 a_W——单方向加权加速度均方根值（m/s^2）;

W_j——第 j 个 1/3 倍频带的加权系数。

② 由 1/3 倍频带均方根谱值计算 a_W。若数据处理设备对所记录的加速度时间历程经过处理后能直接得到 1/3 倍频带加速度均方根谱值 a_j，则可直接按上式计算 a_W。

总加权加速度均方根值 a_{WO} 按下式计算：

$$a_{WO} = \sqrt{(1.4a_{XW})^2 + (1.4a_{YW})^2 + a_{ZW}{}^2}$$

式中 a_{ZW}——垂直方向即 Z 轴向加权加速度均方根值（m/s^2）;

a_{YW}——左右方向即 Y 轴向加权加速度均方根值（m/s^2）;

a_{XW}——前后方向即 X 轴向加权加速度均方根值（m/s^2）。

③ 等效均值与加权加速度均方根值换算。

$$L_{leq} = 20\lg\frac{a_W}{a_0}$$

式中 L_{leq}——一定测量时间内的加权加速度均方根对数值，即等效均值（dB）;

a_0——参考加速度均方根值，$a_0 = 10^{-5}m/s^2$。

在 ISO 2631 标准中列出了人体舒适度与振动大小之间的统计关系，见表 8-4。

表 8-4 人体舒适度与振动大小之间的统计关系

振动加速度大小 /（m/s^2）	加权振级 L_{leq}/dB	人体舒适度
< 0.315	< 110	感觉不到不舒适
0.315～0.630	110～116	有一点不舒适
0.630～1.000	114～120	比较不舒适
1.000～1.600	118～124	不舒适
1.600～2.500	112～128	非常不舒适
> 2.500	> 126	极度不舒适

表 8-5 所示为 1/3 倍频带中心频率（0～80Hz 频率范围）及其所对应的上下限频率，及每个中心频率下锁对应的加权系数。

表 8-5 1/3 倍频带中心频率、上下限频率及对应的加权系数

1/3 倍频带中心频率 f_j/Hz	f_j 的下限频率 f_{Lj}/ Hz	f_j 的上限频率 f_{Uj}/ Hz	1/3 倍频带的加权系数 W_j	
			垂直振动（Z 轴向）	横向振动（X、Y 轴向）
1.00	0.90	1.12	0.50 = −6dB	1.0 = 0dB
1.25	1.12	1.40	0.56 = −5dB	1.0 = 0dB
1.60	1.40	1.80	0.63 = −4dB	1.0 = 0dB
2.00	1.80	2.24	0.71 = −3dB	1.0 = 0dB
2.50	2.24	2.80	0.80 = −2dB	0.80 = −2dB
3.15	2.80	3.55	0.90 = −1dB	0.63 = −4dB
4.00	3.55	4.50	1.0 = 0dB	0.50 = −6dB
5.00	4.50	5.60	1.0 = 0dB	0.40 = −8dB
6.30	5.60	7.10	1.0 = 0dB	0.315 = −10dB
8.00	7.10	9.00	1.0 = 0dB	0.25 = −12dB

（续）

1/3 倍频带中心频率 f_i/Hz	f_i 的下限频率 f_{Li}/ Hz	f_i 的上限频率 f_{Ui}/ Hz	1/3 倍频带的加权系数 W_i	
			垂直振动（Z 轴向）	横向振动（X、Y 轴向）
10.00	9.00	11.20	0.80 = −2dB	0.20 = −14dB
12.50	11.20	14.00	0.63 = −4dB	0.16 = −16dB
16.00	14.00	18.00	0.50 = −6dB	0.125 = −18dB
20.00	18.00	22.40	0.40 = −8dB	0.10 = −20dB
25.00	22.40	28.00	0.315 = −10dB	0.08 = −22dB
31.50	28.00	35.50	0.25 = −12dB	0.063 = −24dB
40.00	35.50	45.00	0.20 = −14dB	0.05 = −26dB
50.00	45.00	56.00	0.16 = −16dB	0.04 = −28dB
63.00	56.00	71.00	0.125 = −18dB	0.0315 = −30dB
80.00	71.00	90.00	0.10 = −20dB	0.025 = −32dB

2. 模态、刚度试验

模态试验分析可以帮助评价现有结构的动态特性、识别振动噪声产生的根源、降低产品的噪声水平，以及进行结构动力学修改、产品优化设计、验证有限元模型等。

模态试验的基本原理：通过激励装置对待测结构进行激励，在激励的同时测量结构振动响应。模态分析的目的是识别出系统（如车身、闭合件、动力总成等）的模态参数，包括模态频率、模态振型及模态阻尼。激励装置主要有力锤和激振器。因此，试验模态分析又分为锤击法和激振器法。

试验中，将白车身框架放置在四个空气弹簧上（可视作是自由约束），两个激振器通过顶杆和力传感器分别在左前纵梁下方以及右后轮包下方进行激励，在整车各个位置布置振动传感器以测试振动响应，通过激励 - 路径 - 响应分析，可获得待测结构的模态参数。图 8-6 所示为某车型白车身自由模态试验。

刚度试验又可分为静刚度测试和动刚度测试。静刚度是指当结构或材料在受到静荷载时，抵抗静荷载下的变形能力。常见的静刚度测试有白车身的弯、扭刚度、车门的下垂刚度试验。动刚度是指在变力（荷载大小随频率变化）的作用下结构或材料的抗变形能力。常见的动刚度测试有悬置动刚度、支架动刚度、车身接附点动刚度测试等。图 8-7 所示为车身接附点的动刚度试验。

图 8-6　白车身自由模态试验
（激振器法）

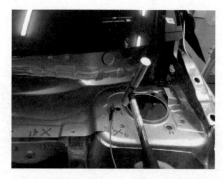

图 8-7　车身接附点（减振器塔包）
动刚度试验（力锤法）

三、噪声振动试验实例

对某电动汽车开展通过噪声试验，测试结果见表 8-6。

表 8-6　加速行驶车外噪声　　　　　　　　[单位：dB（A）]

车速 / （km/h）	位置	测量值				平均值	中间值	结果	设计要求	判定
		1	2	3	4					
30	左侧	62.4	62.6	62.7	62.9	62.7	62.7			
	右侧	62.0	62.1	62.4	62.2	62.2				
40	左侧	64.7	65.0	65.1	65.5	65.1	65.1	65.4	≤ 74.0	合格
	右侧	64.2	64.3	64.4	64.7	64.4				
50	左侧	66.0	66.4	66.5	66.7	66.4	66.4			
	右侧	65.4	65.3	65.6	65.9	65.6				

注：30km/h 进、出线速度（km/h）：30、55；40km/h 进、出线速度（km/h）：40、60；50km/h 进、出线速度（km/h）：50、65。

从表 8-6 可看出，该车辆加速行驶车外噪声为 65.4dB（A），满足设计要求。在该车测试过程中，发现其存在异常峰值，会影响顾客感受，故对其进行排查。

驾驶员右耳噪声与电机、减速器的噪声与振动的对应关系如图 8-8 所示。由该图可知，匀速车内噪声与电机和减速器的振动噪声峰值频率有一定的对应关系，即减速器和电机的振动与噪声影响车内的噪声。若想获得较好的车内噪声水平，需对电机与减速器的振动与噪声进行控制。

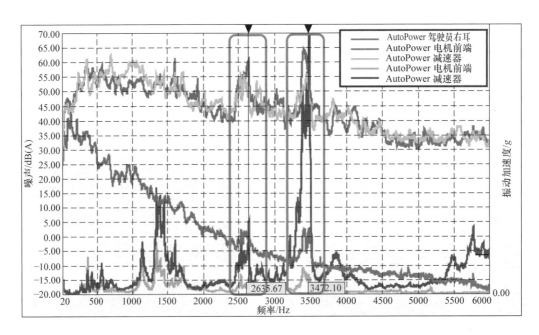

图 8-8　驾驶员右耳噪声与部件振动对应关系

第三节 热舒适性试验

热舒适性试验主要针对汽车空调系统开展包括空调制冷、空调采暖、除霜和除雾试验等验证。汽车空调系统由制冷装置、暖风装置、通风装置、空气净化装置和加湿装置中的一个或多个部件以及必要的控制部件等构成，用于调节乘员舱内的温度、湿度和洁净度，并使其以一定的速度在车室内定向流动和分配，从而给驾驶员和乘员提供舒适环境及新鲜空气。

新能源汽车空调系统和传统燃油汽车空调系统基本相同，差异主要表现在空调压缩机的驱动方式和空调采暖的热源。新能源汽车普遍匹配由动力电池供能的高压电动压缩机；传统燃油汽车一般匹配由发动机经皮带驱动的压缩机。新能源汽车暖风通常采用电加热方式，需要额外消耗车辆电能，传统燃油汽车暖风一般是由发动机提供余热，不需要额外消耗车辆燃油。

热舒适性试验工况是基于用户实际使用工况制订，基于新能源汽车和传统燃油汽车空调制冷和采暖差异，在开展空调制冷和采暖试验时还需要采集新能源汽车电能消耗量。热舒适性试验可在自然环境或环境模拟试验室中开展。在环境模拟试验室内开展试验不受地区、季节和时间限制，环境模拟一致性高，有利于在汽车开发阶段评估和分析汽车的热舒适性。

一、空调制冷试验

汽车空调制冷系统的作用是在车外环境温度较高时降低车内温度，使乘客感到凉爽、舒适。空调制冷试验就是为了验证汽车空调制冷系统在热环境下制冷性能是否满足热舒适性开发要求。评价方法为试验结果设定在人体感觉舒适的温度带低温一侧，但还需要考虑车型和用途，以及拟使用地区等因素。图 8-9 所示为以中国人体特征为模型建立的夏季人体舒适区域图，通过空调制冷试验，将人体各部位测试结果与该图进行比较，可得出该部位舒适性结果。

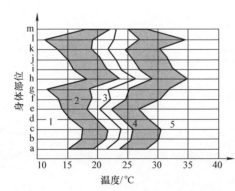

序号	身体部位	序号	身体部位	区域	释义
a	脚	h	下臂	1	过冷
b	小腿	i	上臂		
c	膝盖	j	肩部	2	冷但舒适
d	大腿	k	胸部	3	舒适
e	臀部	l	面部	4	温暖但舒适
f	后背	m	全身		
g	手			5	太热

图 8-9　夏季人体舒适区域图

以 QC/T 658—2009《汽车空调制冷系统性能道路试验方法》为例介绍空调制冷试验。

（1）环境试验条件

环境温度 ≥ 35℃，太阳辐射强度 ≥ 800W/m² · h，相对湿度为 40% ~ 75%，风速 ≤ 5m/s。

（2）传感器布置位置

一般情况下，车内温度的测量点设置见表 8-7，车内具体位置应该设置在图 8-10 所示的头部和脚部等位置上。然后根据需要，测量冷凝器进、出口温度，膨胀阀进、出口温度，蒸发器前、后的温度，压缩机进、出温度和压力，出风口温度以及环境参数等。

测温点的确定

表 8-7　车内温度测量位置

第一排左侧	第一排右侧	第二排左侧	第二排右侧	第三排左侧	第三排右侧
①头部	③头部	⑤头部	⑦头部	⑨头部	⑪头部
②脚部	④脚部	⑥脚部	⑧脚部	⑩脚部	⑫脚部

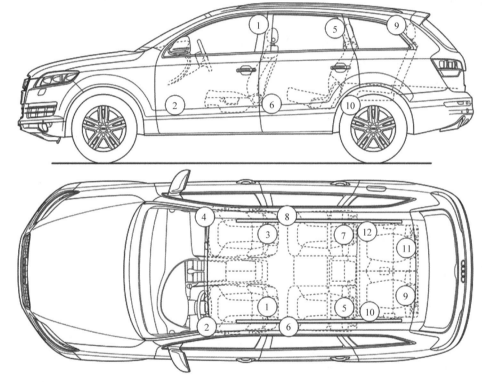

图 8-10　车内温度测量位置

（3）试验工况

完整的空调制冷试验工况分成四个阶段，按表 8-8 规定的顺序依次进行，每个工况行驶试验过程不能换档，每个试验工况结束时尽快加速到下一个规定的车速，行驶试验结束时将车辆迅速开到安全地带进行怠速试验。

表 8-8　空调制冷试验工况

试验序号	1	2	3	4
试验车速 /（km/h）	40	60	100	0（怠速）
试验时间 /min	45	30	30	30
档位	D	D	D	P
备注	制冷模式最大档位、吹面模式、内循环、最大风量			

（4）试验步骤

1）试验前检查：试验前对车辆进行检查，使其符合汽车制造商的规定。

2）传感器及测试设备安装：按要求布置相应的温度传感器、压力传感器等。

3）试验前预热：试验预热升温阶段，汽车停在试验地点，关闭门窗，在标准要求的试验条件下暴晒 90min，采样频率不低于 0.5Hz，下同。

4）试验实施：预热结束后，试验人员进入车内，将车辆上电，起步行车，按照表 8-8 规定的工况进行试验。

二、空调采暖试验

汽车空调采暖系统是汽车冬季运行时供车内取暖的设备总称，可将新鲜空气或液体介质送入热交换器，吸收其中某种热源的热量，从而提高空气或液体介质的温度，并将热空气或被加热的液体送入车内，直接或通过热交换器供乘客取暖、车窗玻璃除霜及车内空气调节，达到舒适性和安全性的要求。

评价方法为试验结果设定在人体感觉舒适的温度带高温一侧，但还需要考虑车型和用途，以及拟使用地区等因素。图 8-11 为以西方人体特征为模型建立的冬季人体舒适区域图。从图中可以看出人体在低温环境下，下肢对温度舒适性要求更高，因此我国采暖标准只针对足部设定了较低的指标要求，各车企也在此基础上设定了更多针对人体部位的更高的指标要求。

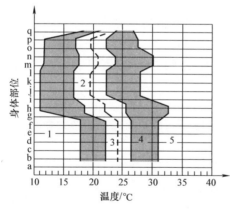

序号	身体部位	序号	身体部位	区域	释义
a	右脚	j	左小臂	1	过冷
b	左脚	k	右上臂		
c	右小腿	l	左上臂	2	冷但舒适
d	左小腿	m	后背		
e	右大腿	n	胸	3	舒适
f	左大腿	o	面		
g	右手	p	头皮	4	温暖但舒适
h	左手	q	全身		
i	右小臂			5	太热

图 8-11　冬季人体舒适区域图

下面以 GB/T 12782—2022《汽车采暖性能试验方法》中重型汽车使用环境模拟试验室开展采暖试验方法为例介绍空调采暖试验。

（1）环境试验条件

试验室环境温度：(-25 ± 3) ℃。

（2）传感器布置位置

一般情况下，车内温度的测量点应该设置在头部和脚部等位置。然后根据需要，测量暖风出风口温度以及环境参数等。

（3）试验工况

标准中明确了重型汽车采暖瞬态试验工况，如图 8-12 所示。

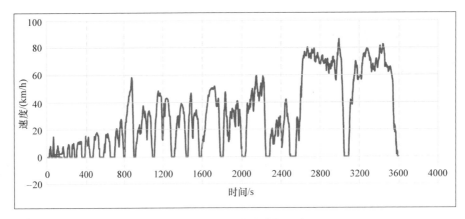

图 8-12　重型汽车采暖瞬态试验工况

（4）试验步骤

1）试验前对车辆进行检查，使其符合汽车制造商的规定。

2）按要求布置相应的温度传感器等。

3）将试验车辆浸置在环境舱内并按要求固定在转鼓试验台上，将环境模拟试验室的环境温度按照试验条件进行设置。

4）试验车辆应在环境仓浸置至少 10h，期间可保持车门、车窗、通风孔开启。如果确认动力电池、电机等系统部件温度已稳定（1h 内温度波动小于 1℃），则浸车阶段可提前结束。

5）浸车结束后，试验人员进入车内，关闭车门、车窗及通风孔，并将车辆上电。按照汽车制造厂规定的暖机状态进行暖机后进行采暖试验。试验开始后应起动全部采暖装置并调整至外循环、最大制热，最大风量，吹脚模式。起步行车，按照图 8-12 规定的试验工况进行。

（5）性能要求

在环境温度（−25±3）℃下试验进行到 40min 和 60min 时，汽车采暖性能应达到以下要求：

1）对于 M1 和 N 类试验样车：

① 驾驶员、前排乘员足部温度不低于 15℃。

② 乘客足部温度不低于 12℃。

2）对于 M2、M3 类样车：

① 驾驶员、前排乘员足部温度不低于 15℃。

② 按照样车座位排数，乘客区最前排、中排、门后位置和最后排座椅靠近侧壁座椅足部温度不低于 12℃。

三、空调除霜和除雾试验

冷空气遇热在车窗玻璃外侧凝结水蒸气形成霜，高湿空气遇冷在车窗玻璃内侧凝结水蒸气形成雾气，前风窗玻璃和侧窗玻璃上的霜和雾会影响驾驶员前方视野和后视镜视野，从而影响行车安全。因此需要布置除霜、除雾系统，采用热风吹烘或冷风吹送来融化风窗玻璃的霜或雾，达到恢复驾驶视野的效果。

霜/雾量对试验结果影响很大，鉴于除霜、除雾性能的重要性，国家制定了强制法规

GB 11555—2009《汽车风窗玻璃除霜和除雾系统的性能和试验方法》，规定了霜/雾量，并制定了霜/雾去除速率和面积两方面的评价指标。

下面以 GB 11555—2009 为例介绍空调除霜除雾试验。

（1）环境试验条件

空调除霜试验环境温度为（-18±3）℃，空调除雾试验环境温度为（-3±1）℃，均要求在无光照环境下进行。

（2）传感器布置位置

除霜和除雾试验测量点位置见表 8-9。

表 8-9 除霜和除雾试验测量点位置

序号	测量点位置	序号	测量点位置
1	机油	6	左侧窗除霜风口
2	暖风进水	7	前风窗左侧除霜风口
3	暖风出水	8	前风窗右侧除霜风口
4	发动机进水	9	右侧窗除霜风口
5	发动机出水	10	环境

（3）除霜试验步骤

除霜试验是在（-18±3）℃的环境下使车辆长时间停放，用喷枪将 0.044g/cm² 乘以风窗玻璃面积值的水量均匀地喷射到玻璃外表面上，生成均匀的冰层。起动车辆和开启除霜装置，记录下玻璃表面的解冻状况。评价方法为除霜装置开启后，在规定的时间内可实现图 8-15 所示各区域的除霜面积。

图 8-13 为某公司自行研发的霜发生器，达到以下性能要求：喷嘴孔直径 1.7mm，工作压力（350±20）kPa，液流速率 0.395L/min，距喷嘴 200mm 处形成的喷射锥直径为（300±50）mm。

（4）除雾试验步骤

除雾试验是在（-3±1）℃的环境下使车辆长时间停放，开启蒸汽发生器直至其内水沸腾后，放入车内规定位置，使得前风窗玻璃产生雾气。蒸汽发生器输出的蒸汽量为每人（70±5）g/h。

图 8-13 霜发生器

起动车辆并开启空调除雾装置，记录下玻璃表面的雾消散状况。评价方法为除雾装置开启后，在规定的时间内可实现图 8-15 所示各区域的除雾面积。

图 8-14 为某公司自行研发的蒸汽发生器，达到以下性能要求：容器的盛水量不少于 2.25L；在（-3±1）℃的环境温度下，沸点的热损失不超过 75W；鼓风机在 50Pa 的静压时，应有 4.2～6.0m³/h 排量；在蒸汽发生器的顶部有 6 个直径为 6.3mm 的出气孔；发生器输出的蒸汽量，在（-3±1）℃的条件下为 $n×(70±5)$g/h，其中 n 为汽车制造厂所规定的汽车座位数。

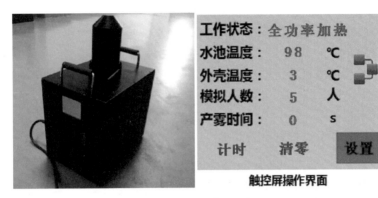

图 8-14　蒸汽发生器

（5）评价方法

前风窗玻璃 A 区、A′区和 B 区区域示意图如图 8-15 所示。除霜试验和除雾试验要求见表 8-10。

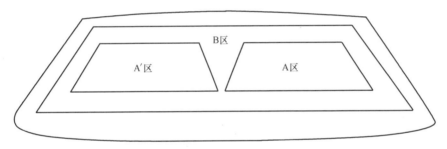

A 区、A′区和 B 区介绍

图 8-15　前风窗玻璃 A 区、A′区和 B 区区域示意图

表 8-10　除霜试验和除雾试验要求

试验项目	时间 /min	区域	除净面积比例要求
除霜试验	20	A 区	≥ 80%
	25	A′区	≥ 80%
	40	B 区	≥ 95%
除雾试验	10	A 区	≥ 90%
	10	B 区	≥ 80%

四、热舒适性试验实例

某新能源汽车根据产品开发节点要求，需要进行空调系统性能确认。根据产品目标销售区域环境及国家法规要求，设定该产品的空调性能试验环境参数。

该样车试验在环模试验室进行，试验前对该样车进行检查确认，结果见表 8-11。

整车空调制冷试验设定环境温度为 43℃，太阳辐射强度为 1000W/m² · h，相对湿度为 40%RH，按照表 8-8 所示工况进行。整车空调制冷性能试验数据如图 8-16 所示。试验结果见表 8-12。

表 8-11　试验检查表

车辆编号：LQG6450ZS		VIN码：LLWF1111M1001216			试验项目：空调采暖		
一、接车检查							
序号	检查项目	要求	检查结果	序号	检查项目	要求	检查结果
1	磨合情况	≥1000km	符合，2385km	12	动力电池	外观良好、无磕碰痕迹	外观良好
2	仪表	故障报警灯不点亮	无故障灯点亮	13	蓄电池	线束与桩头连接可靠、无松动	连接可靠
3	驾驶室	无易燃易爆物	无	14		驱动系统运行正常	正常
4		轮胎型号	175/75 R14	15	动态检查	整车无异响	无异响
5	车轮	轮胎气压	375 kPa	16		制动系统工作正常	正常
6		无破损、无鼓包、无严重磨损	无	17		散热器表面无大面积堵塞划痕	无
7		轮胎螺栓无松动	无	18	冷却系统	冷凝器表面无大面积堵塞划痕	无
8		无漏油、漏液痕迹及大面积油液	无	19		风扇工作正常、不反转	正常
9	整车（目视）	无改制	无改制	20		护风圈与风扇无干涉	无
10		无线束破皮、裸露	无	21	空调系统	风道、风口、风量、控制逻辑正常	正常
11		接插件、线束固定牢靠	固定牢靠	22		制冷、制热工作正常	正常
二、试验前检查							
序号	检查项目	要求	检查结果	序号	检查项目	要求	检查结果
1	电量	低温≥85%，其他≤50%	95%	4	全车	无油液渗漏	无
2	水管	电机、控制器等处连接可靠、无渗漏	连接可靠			采暖模式：驾脚风口：12.5 m/s	
3	压力盖	安装到位	正常	5	风速测量	副驾脚风口：15.9 m/s；二排无风口	

表 8-12　空调制冷试验结果

时间 /min	头部平均温度 /℃		判定
	试验结果	标准要求	
45（40km/h）	23.7	≤ 27	合格
75（60km/h）	22.2	≤ 25	合格
105（100km/h）	19.7	≤ 24	合格
135（怠速）	26.4	≤ 29	合格

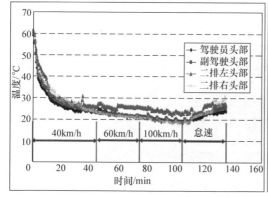

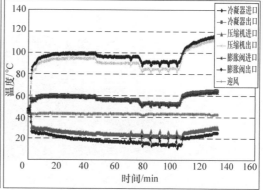

图 8-16　整车空调制冷性能试验数据

　　整车空调采暖试验设定环境温度为 -25℃，按照 GB/T 12782—2007 中 6.2.3 条规定工况进行。整车空调采暖性能试验数据如图 8-17 所示，试验结果见表 8-13。

　　整车空调除霜试验设定环境温度为 -18℃。整车空调除霜性能试验结果如图 8-18 所示，前风窗玻璃除霜试验结果见表 8-14。

　　整车空调除雾试验设定环境温度为 -3℃。整车空调除雾性能试验结果如图 8-19 所示，前风窗玻璃除雾试验结果见表 8-15。

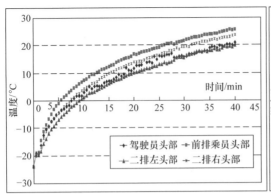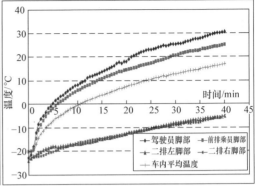

图 8-17　整车空调采暖性能试验数据

表 8-13　空调采暖试验结果

测量位置		测量值 /℃	标准要求 /℃	判定
驾驶员	面部	20.9	≥ 10	合格
	脚部	30.7	≥ 15	合格
前排乘员	面部	25.7	≥ 10	合格
	脚部	25.1	≥ 15	合格
二排左乘员	面部	20.1	≥ 10	合格
	脚部	−5.2	≥ 12	不合格
二排右乘员	面部	23.8	≥ 10	合格
	脚部	−5.2	≥ 12	不合格
车内平均温度		17.0	≥ 15	合格

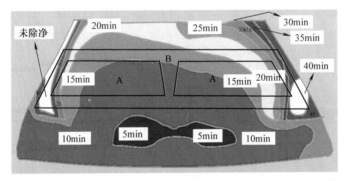

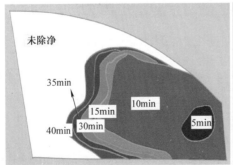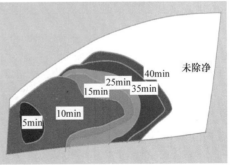

图 8-18　整车空调除霜性能试验结果

表 8-14　前风窗玻璃除霜试验结果

除霜区域	标准要求	试验结果	判定
20min A 区除净面积比例	≥ 80%	90.0%	合格
25min A′ 区除净面积比例	≥ 80%	98.5%	合格
40min B 区除净面积比例	≥ 95%	95.9%	合格

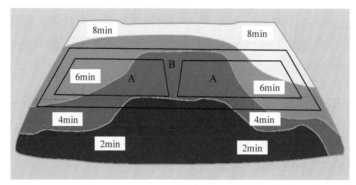

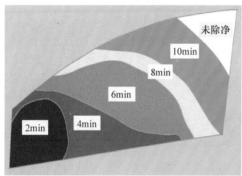
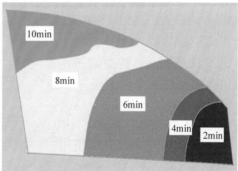

图 8-19　整车空调除雾性能试验结果

表 8-15　前风窗玻璃除雾试验结果

除雾区域	标准要求	试验结果	判定
10min A 区除雾面积比例	≥ 90%	100%	合格
10min B 区除雾面积比例	≥ 80%	100%	合格

综上，该样车空调制冷性能、除霜和除雾性能满足设计要求，空调采暖性能不满足设计要求，还需要针对二排乘员脚部温度较低的问题进行整改后再验证。

第四节　人机工程试验

人机工程试验包含尺寸测量类的车内空间尺寸测量、操纵舒适类的汽车脚踏板试验、驾驶安全类的汽车视野试验三个典型试验。

一、车内空间尺寸测量

车内空间尺寸，即汽车内部空间的长度、宽度、高度或角度等相关参数，对于乘员的

乘坐舒适性、载物空间水平等有着非常重要的影响。GB/T 12673—2019《汽车主要尺寸测量方法》、行标 QC/T 577—1999《轿车客厢内部尺寸测量方法》中对车内空间各项尺寸参数进行定义。

内部尺寸测量的关键在于基准以及测量位置的确定。测量内部尺寸时，大部分尺寸参数测量基准均参照 R 点（Seating Reference Point，SRP，缩写为 R 点），它是制造厂的设计参考点，必须首先确定出座椅 R 点，再由 R 点测量内部尺寸。精确的 R 点位置，只有使用三维 H 点装置和三坐标测量仪才能测到。汽车座椅的实际 H 点是将人体模型以制造厂规定的正常驾驶或乘坐的姿势放置到座椅的最后位置。理论上座椅的实际 H 点应与 R 点重合，但由于制造、测量误差的存在，这两个点的位置往往都会出现偏差。目前我国大多数企业、事业单位无能力测定 R 点的位置，一般都采用近似方法测量内部尺寸。

参照上述标准对车内空间尺寸测量方法进行简单介绍。

1. 试验设备

测量设备最理想的是三坐标测量仪，它能精确地测出三维空间的点、线、面的位置关系。若与三维 H 点装置（H-Point Machine，HPM）配合使用，能实现国标中要求的主要尺寸的测量，三维 H 点的人体模型如图 8-20 所示，主要用于测定车辆上实际 H 点和实际躯干角的装置。对此，ISO 6549 中有详细介绍，我国也制定了 GB/T 11559—1989《汽车室内尺寸测量用三维 H 点装置》、GB/T 11563—1995《汽车 H 点确定程序》。在没有三坐标测量仪的情况下，也可使用常规测量仪器进行近似测量，包括高度尺、离地间隙仪、角度尺等。

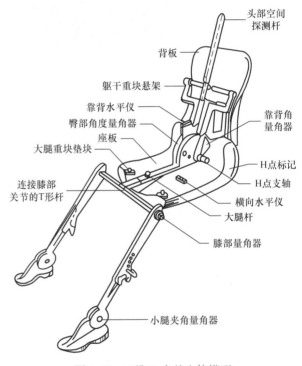

图 8-20 三维 H 点的人体模型

2. 试验方法

1）按照车企要求调整车辆至技术要求状态。

2）车辆应按规定进行预处理，放置在（20±10）℃的环境中，确保座椅温度达到室温，调节座椅至设计位置。

3）测量前，车辆水平放置，然后正确安装三维 H 点人体模型，根据需要可调整选取部分装置进行安装。比如需测量腿部空间尺寸，需要安放鞋固定装置和鞋具等。

4）在标准要求的基准面内测量各被测项目的距离。测量时可采用直接或间接测量的装置，具体测量项目可参照国标（若无特殊规定，车辆内部尺寸应该在乘员中心面上测量。当使用 H 点测量装置时，腿长调至第 95 百分位的位置测量。）

另外，现在多数汽车厂家、媒体等也采用主观评价的方法评价内部空间尺寸，乘员调整好坐姿后，以拳头、手掌、手指等评价头部空间、腿部空间等，可以较为直观地评价乘

坐空间。

二、汽车脚踏板试验

汽车脚踏板一般包含离合踏板、加速踏板和制动踏板，是驾驶员操控车辆的重要部件，因此脚踏板的性能表现也非常重要，比如操作力适中并给予驾驶员一定反馈、行程适中避免驾驶疲劳、踏板间距合理保证踩踏的同时不会产生干涉和误操作等，是保证安全驾驶和良好驾驶体验的重要因素。

验证脚踏板性能的试验项目主要包括操纵轻便性试验、位置尺寸测量。其中操纵轻便性，即驾驶员操纵汽车的轻便程度（力的轻重、行程的大小以及难易程度等），主要测试踏板力、踏板行程等，其中离合踏板还需要对空行程、分离点及接合点行程（对离合操纵舒适性有着重要影响）开展测试。

1.操纵轻便性试验

本文以某车企离合踏板测试方法为例，对脚踏板操纵轻便性试验进行介绍。

1）试验设备：测试设备主要包括踏板力计、拉线位移计、数据采集器、数据处理软件等，用于采集力、行程、时间等参数。

2）试验方法：首先按照设备要求安装踏板力计及位移计，并完成设备连接，如图8-21所示。

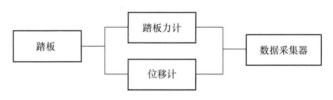

图8-21　传感器连接示意图

脚踏板力与行程测量，主要通过同步采集力与行程参数，并绘制力-行程曲线。测量的关键在于各临界点位置的确定，需要试验人员通过踩离合和挂档之间的配合找到临界点，具体操作如下：

①离合踏板力：缓慢踩下踏板至最低位置的过程中踏板力最大的位置。

②空行程：踩踏板至消除离合操纵系统间隙，并明显感觉到阻力时的踏板位置。

③分离点行程：将离合器踏板踩至最低位置，慢松离合，轻推变速杆，出现打齿声后逐渐消失（需要通过松踩离合、挂退挡杆配合）的踏板位置。

④初接合点行程：挂入1档，轻抬离合至车辆开始移动时的踏板位置。

⑤完全接合点行程：挂入最高档并使车辆处于制动状态，缓慢松开离合踏板至发动机熄火的踏板位置。

测试完成，在曲线上标记各点位置，即可得到踏板力、行程等参数，如图8-22所示。一般离合踏板力在80～120N，离合踏板空行程在5～15mm，分离点及接合点行程占最大行程比在65%～75%，分离点过高或过低都会影响车辆起步舒适性能。

2.位置尺寸测量

脚踏板位置尺寸主要是离合踏板、制动踏板、加速踏板之间以及踏板与车内附件（如放脚板、转向盘管柱、驾驶室地板等）之间的横向距离、高度差等，GB/T 17346《轿

车　脚踏板的侧向间距》对脚踏板相关尺寸进行了定义并阐述了使用"三坐标"的测量方法。下面以踏板参考点间的横向距离为例对测量方法进行介绍如下。

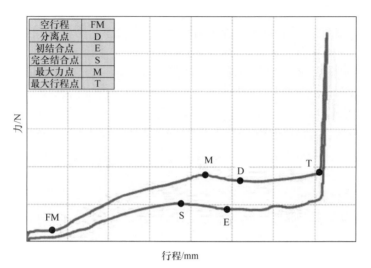

空行程	FM
分离点	D
初结合点	E
完全结合点	S
最大力点	M
最大行程点	T

图 8-22　离合曲线图

1）测量并记录离合踏板、制动踏板、加速踏板上表面的轮廓，未受压地板表面。根据记录的踏板轮廓分别确定踏板参考点（A、B、C），即踏板中心线（踏板表面横向线的中点的连线，图 8-23）的中点。

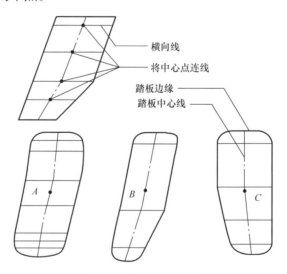

图 8-23　踏板参考点

2）将踏板分别置于下述指定位置：

① 加速踏板置于最大行程位置。

② 制动踏板置于乘用车 500N、其他汽车 700N 的加载位置。

③ 离合器踏板置于 300N 或达到限位的加载位置，以踏板行程较小的加载力位置为准。

3）距离参数的测量一般需要投影到一个平面内，踏板距离的测量平面为 P 平面，即

通过加速踏板参考点，且垂直于加速踏板参考点及 R 点的连线的平面，见图 8-24。将踏板参考点投影至 P 平面内，如图 8-25 所示，按照测量点位置，测量踏板参考点的横向距离。合理设计横向距离，可以有效保证踏板操作空间，同时满足安全与舒适要求。

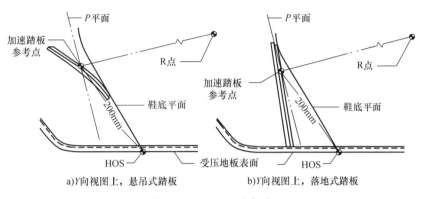

a)Y向视图上，悬吊式踏板　　　　b)Y向视图上，落地式踏板

图 8-24　P 平面示意图

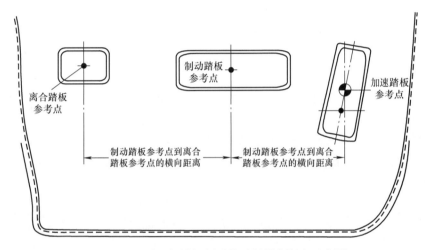

图 8-25　P 平面投影视图上的踏板横向距离示意图

三、汽车视野

汽车视野是指驾驶员坐在驾驶位能够观测到的空间范围，对行车安全与行车便利性有重大影响。通常把驾驶员眼睛前方 180° 内的区域称为直接视野，驾驶员通过视镜或功能类似的录像设备观测到的区域称为间接视野，其中直接视野和间接视野中被车辆 A 柱、B 柱、前舱盖等遮挡的区域称为盲区，车辆前盲区如图 8-26 所示，车辆盲区分布如图 8-27 所示。

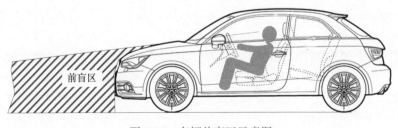

图 8-26　车辆前盲区示意图

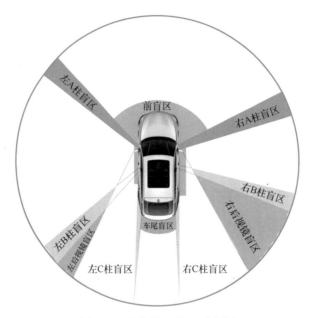

图 8-27　车辆盲区分布示意图

目前国内外均制定了直接视野和间接视野相关的标准，GB 11562—2014《汽车驾驶员前方视野要求及测量方法》和 GB 15084—2013《机动车辆　间接视野装置　性能和安装要求》和联合国欧洲经济委员会汽车法规 ECE R125 和 ECE R46 均对驾驶员前方视野和间接视野做出了要求。下面参照上述标准，对直接视野和间接视野试验进行介绍。

1. 直接视野试验

为了防止车辆直接视野受到车辆前舱盖、A 柱、车门的过多侵占，GB 11562—2014 对视野评价指标作出了性能要求：①风窗玻璃透明区域需包含风窗玻璃基准点（共 6 个基准点）；②A 柱双目障碍角（A 柱遮挡视线的角度）不得超过 6°；③驾驶员前部区域下视角不得小于 4°，左右下视角不得小于 4°，但标准中均未给出详细测试方法。

目前行业内主要通过比例计算法、CAE 法、投影法等测量风窗玻璃基准点、A 柱双目障碍角、前部下视角及侧面下视角。以国内某车企使用的比例计算法测量 A 柱双目障碍角为例，介绍直接视野测量的方法如下：

1）首先将车辆停靠在半径 7m（该值合适即可，没有固定要求）圆内，R 点的 x、y 坐标在地面上的投影与圆心重合。

2）调节座椅靠背角度为 25°，安装三维 H 点装置。

3）依据标准确定 P 点位置（驾驶员观察眼睛所在水平面目标时头部转动中心点）和 E 点位置（代表驾驶员眼睛中心的点），然后将眼点仪安装在三维 H 点装置上，调节眼点仪眼点（眼点仪灯泡）坐标为 E 点坐标。

4）试验人员站在圆弧上，眼睛高度为眼点仪眼点高度上方（$7 \times \tan 2°$）m 处的位置，移动观察位置，记录刚好看不见眼点仪发出灯光的两个临界位置。两个临界位置和圆心构成的区域为 A 柱上 2° 盲区。

5）调整眼睛高度为眼点仪眼点高度下方（$7 \times \tan 5°$）m 的位置，移动观察位置，记录刚好看不见眼点仪发出灯光的两个临界位置，两个临界位置和圆心构成的区域为 A 柱下 5° 盲区，两盲区的重叠部分即为 A 柱双目障碍角，如图 8-28 所示。

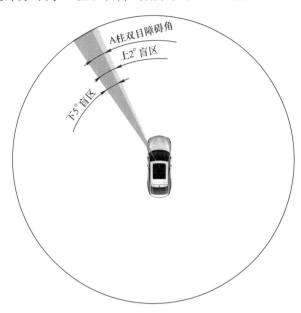

图 8-28　左 A 柱双目障碍角

2. 间接视野试验

视镜的大小、安装位置、镜面曲率半径等对间接视野有很大的影响，为了防止间接视野过小影响行车安全，GB 15084—2013 对视镜种类、安装位置、曲率半径及不同视镜的间接视野区域做出了要求：①内后视镜（I 类镜）能够看到眼点后方 60m、宽 20m 的区域；②外后视镜（III 类镜）能够看到车辆侧面最外侧（不包含后视镜）往外 1m 眼点后方 4m 处的位置、车辆侧面最外侧 4m、眼点后 20m 的位置，以及车辆最外侧眼点后方 20m 的位置，但标准中均未给出详细测试方法。

以国内某车企测量外后视镜间接视野方法为例，介绍间接视野测量方法如下：

1）试验前可将视镜调整至合适位置，一般为：后视镜横向能看到车身侧面的 1/4；纵向天空占 1/2，地面占 1/2。

2）在标准要求的位置摆放桩桶。

3）在驾驶位布置三维 H 点装置，将摄像设备镜头布置在眼点位置，且镜头拍摄范围要包含被测试的视镜。

4）用摄像设备通过视镜观察目标桩桶，测试过程中可调整被测视镜角度。

外后视镜间接视野场地布置如图 8-29 所示。

四、人机工程试验实例

针对某车型开展驾驶员直接视野试验，验证是否符合技术要求。试验结果见表 8-16。

根据试验结果可知，该车前方视野，A 柱双目障碍角、风窗玻璃透明区、前方 180° 视角均符合技术要求。

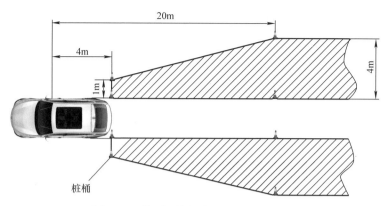

图 8-29　外后视镜间接视野场地布置示意

表 8-16　前方视野试验结果

序号	检验项目		技术要求	试验结果	符合性判定
1	A柱双目障碍角	左侧	≤ 6°	3.27	符合
		右侧	≤ 6°	驾驶员侧和乘客侧的A柱相对车辆中央纵向铅垂面对称，不需测量	
2	风窗玻璃透明区		风窗玻璃基准点均在透明区内	是	符合
3	驾驶员前方180°视角		能看见前方下4°，右向下4°，左向下4°区域	是	符合

复习思考题

1. 驾乘舒适性测试和评价主要包括 _____ 、_____ 和 _____ 等。

2. 车外加速通过噪声试验中的声级计距离中心线距离为 _____ ，距离地面高度为 _____ 。

3. 汽车热适应性试验项目有 _____ 、_____ 、_____ 和 _____ 等。

4. 目前人机工程试验主要分为 _____ 、_____ 和 _____ 。

5. 《电动汽车低速提示音》里规定的车辆车速范围应至少包含 > 0km/h 且 ≤ _____ km/h。

　　A. 20　　　　　　B. 30　　　　　　C. 40　　　　　　D. 50

6. 汽车采暖试验国标中对 _____ 温度设定了性能试验要求。

　　A. 足部　　　　　B. 头部　　　　　C. 面部　　　　　D. 胸部

7. 通常把驾驶员眼睛前方 _____ 范围内的区域称为直接视野，GB _____ 对驾驶员前方视野做出了要求。

　　A. 175°，15084　　B. 175°，11562　　C. 180°，11562　　D. 175°，15084

8. 引入声压级概念及对声压级进行计权的原因是什么？

9. 整车空调制冷试验环境参数是什么？试验工况是什么？

10. 直接视野试验主要有哪几种方法？

思政故事 用生命试车的王秉刚

　　王秉刚（1938—2021）是我国汽车整车试验与可靠性技术的重要奠基人，以及清洁汽车技术与新能源汽车技术的领军者，为我国汽车工业的发展做出了重大贡献。

　　1955年，他成功考取清华大学动力机械系汽车拖拉机专业。他选择这一专业的动机非常简单——"小时候在永安，看到农民冒着烈日，赶着牛在田里劳作，非常辛苦，就想要是有一种机器能代替农民种地该有多好。"

　　由于家里经济困难，王秉刚的大学生涯全靠国家助学金坚持下来。这段经历让他认定了"这一生一定要努力学习与工作，报效国家和人民"。

　　1961年，王秉刚进入长春一汽的设计处道路实验室，5年后被派往新疆试验新解放十轮卡车。

　　当时，一汽之所以选择新疆作为试验场，主要因为那里地域辽阔，气候和地形复杂，是考核汽车性能的典型环境，而且还能节约试车成本。王秉刚就此用一年时间走遍新疆的东西南北——从平原试验到高原性能，从吐鲁番"热考核"到塔里木盆地沙漠路段考核，他都陪着"新解放"坚持下来。

　　其间，王秉刚甚至跟着"新解放"给新疆北部阿勒泰地区军民送过冬粮，并遭遇暴风雪、极寒天气和汽油短缺等生死考验。整整7天，大部队在没路的雪地只依靠双腿和木棍探路前行，用"人肉"一点一点地冲出一条车辙来，王秉刚也因此被冻伤。

　　正是这段特殊经历，让他深切理解了汽车与国家建设、人民生活、自然环境、道路之间的关系。他也就此对车辆的可靠性有了全新认知。

　　为测试汽车产品的性能与品质，如今国内建成了无数大大小小的试车场，这背后同样离不开王秉刚当年的创新与探索。也是在他的主持下，我国设计并建成了第一个自主设计的汽车试验场——海南汽车试验场，并建立了第一个试验场试验规范，对提高我国汽车试验水平做出了重要贡献。

第九章

安全性试验

本章主要介绍整车碰撞安全试验、电磁兼容试验和车内空气质量试验，分别从试验设备、试验原理和试验流程等方面进行讲述，最后分别以具体试验实例展示试验过程，强化关键知识点，帮助理解掌握整车安全试验。

第一节　概　　述

车辆安全性能关乎着驾乘人员的生命财产安全，消费者和主机厂对车辆安全性的关注度日益提升。新能源汽车安全性的主要影响因素有车辆的结构安全、电磁辐射安全、车内空气质量安全和动力电池安全等，其中动力电池的安全试验已在本书第五章第三节进行讲述，本章主要讲述其他整车级安全试验。整车级安全性试验中，试验方法和试验设备是支撑安全技术发展的关键。

碰撞安全技术是驾乘人员重要的生命屏障和安全防线，其试验技术的发展和创新是推动碰撞安全技术的关键。随着对道路交通事故的深入研究以及新能源电动汽车的快速推广，碰撞安全试验项目也由正碰、侧碰、尾碰扩展到柱碰、两车对碰、翻滚、侧面柱碰、电安全测量、电池包托底等试验，评价对象也从对车内驾乘人员保护，延伸到车内外所有人员甚至物体的防护。整车碰撞安全试验采用弹射原理，配备相应的试验系统，在专业试验室内实车模拟各类典型道路交通事故工况。

随着新能源汽车技术、无人驾驶技术和智能网联技术的发展，车辆增加了很多的电控、射频部件，如 DC/DC 变换器、T-BOX、ADU、域控制器等，使整车电磁环境变得更加复杂。在车辆电磁兼容试验中，如果一个车辆、系统或部件满足以下三个准则即认为其电磁兼容性良好：①不对其他系统产生干扰；②不对自身产生干扰；③对其他系统的干扰不敏感。

同时，汽车产品在设计开发过程中，为了提升乘坐舒适性，使用了大量的高分子材料。其中的有机溶剂、添加剂等挥发性成分释放到车内环境中，会造成车内异味和车内空气污染，影响驾乘人员的健康。车内挥发性有机物试验是对车内空气样本进行采集、定量、定性分析评价，为车内空气质量安全技术优化提供技术支撑。

第二节　整车碰撞安全试验

一直以来，汽车安全都是车主和汽车企业重点关注的课题。然而汽车安全性如何界定、由谁来界定，一时之间也难以有定论。2006 年，中国新车评价规程（C-NCAP）的发布，开创了汽车安全性能从 1 星到 5 星＋的评定，星级越高，表示该车的安全性能越好。在此之后，各大汽车厂开始积极参与测评，其中，能够实现 5 星碰撞说明安全已经相当优秀。本节将从试验标准及类别、试验原理及设备、试验及分析、试验技术展望这四个方面逐一介绍整车碰撞安全试验。

一、试验标准及类别

1. 试验标准

随着国家对道路交通事故研究的深入，整车碰撞试验标准也在逐步地完善。国内第三方检测机构在充分考虑中国道路交通事故实际的基础上，分别牵头建立和开展了"中国新车评价规程"（C-NCAP）和"中国保险汽车安全指数"（C-IASI）车辆安全评价体系。现有的国家整车碰撞试验标准及评价准则见表 9-1。

表 9-1　国家整车碰撞试验标准及评价准则

标准号	标准名称 / 评价规则名称	试验对象
GB 20071—2006	汽车侧面碰撞的乘员保护	燃油车、新能源汽车
GB 20072—2006	乘用车后碰撞燃油系统安全要求	燃油车、新能源汽车
GB/T 20913—2007	乘用车正面偏置碰撞的乘员保护	燃油车、新能源汽车
GB 11557—2011	防止汽车转向机构对驾驶员伤害的规定	燃油车、新能源汽车
GB 11551—2014	乘用车正面碰撞的乘员保护	燃油车、新能源汽车
GB/T 37337—2019	汽车侧面柱碰撞的乘员保护	燃油车、新能源汽车
GB 18384—2020	电动汽车安全要求	新能源汽车
一	中国保险汽车安全指数	燃油车、新能源汽车
一	中国新车评价规程	燃油车、新能源汽车

2. 试验类别

整车碰撞安全试验是对车身结构以及约束系统进行验证的有效手段。通过分析车身结构、约束系统、假人及电池包等试验后数据，来评价汽车发生碰撞时对车内外人员及物体的防护性能。现阶段整车碰撞安全试验主要分为车与固定壁障、车与移动壁障以及车对车碰撞试验。

（1）车与固定壁障碰撞试验

车与固定壁障碰撞试验种类繁多，其核心为评价试验车辆对车内乘员的保护。主要场景有：正面 100% 刚性墙壁障、30° 倾斜刚性壁障、40% 偏置可变形蜂窝铝壁障、钻卡刚性壁障、25% 小偏置刚性壁障、10° 偏置刚性壁障、正面柱刚性壁障以及侧面柱刚性壁障碰撞试验。试验壁障如图 9-1 所示。对于新能源汽车，侧面柱碰撞是非常重要的试验项目。

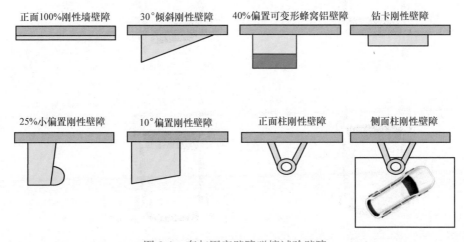

图 9-1　车与固定壁障碰撞试验壁障

（2）车与移动壁障碰撞试验

该试验主要考察车辆侧面结构、约束系统、油箱、相容性，同时考核电池包的安全性能。主要场景包括侧碰移动壁障碰撞、正面移动壁障碰撞、追尾移动壁障碰撞。试验场景如图 9-2 所示。

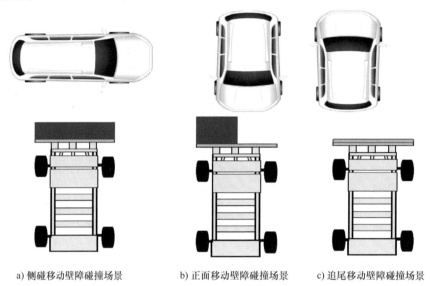

a) 侧碰移动壁障碰撞场景   b) 正面移动壁障碰撞场景   c) 追尾移动壁障碰撞场景

图 9-2   车与移动壁障碰撞试验场景

（3）车对车碰撞试验

该试验主要采集车辆冲击力的传递路径、吸能零部件的变形、车辆标定阶段的相关技术参数，同时考核车辆的相容性。此试验工况分为 0° 和多角度等多种模式，更大程度模拟了真实事故，体现出车辆实际安全性能，试验场景如图 9-3 所示。

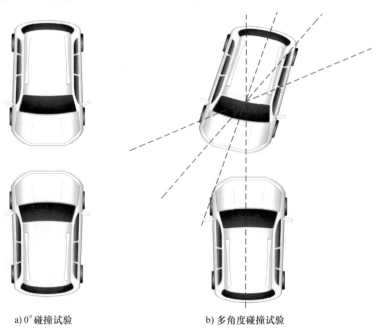

a) 0°碰撞试验   b) 多角度碰撞试验

图 9-3   车对车碰撞试验场景

二、试验原理及设备

1. 试验原理

试验车辆（或移动壁障）与牵引系统连接，由牵引系统拖拽运行，经过匀加速和匀速行驶两个阶段，达到设定的碰撞速度，牵引系统和试验车辆（或移动壁障）自动分离，试验车辆（或移动壁障）借助于惯性自由运行并与试验壁障（试验车辆）发生碰撞，整个试验过程类似弹弓的弹射原理，如图 9-4 所示。

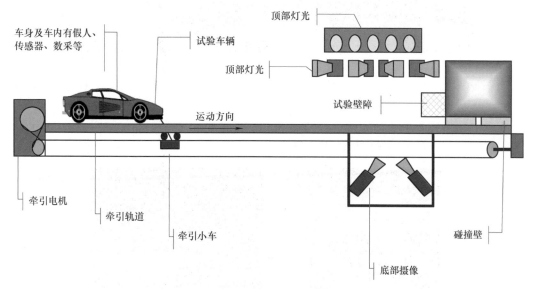

图 9-4　整车碰撞试验示意图

2. 试验设备

整车碰撞试验设备由多个部分构成，开展 C-NCAP 正面 49% 重叠移动渐进式可变形壁障（MPDB）试验工况。

（1）牵引系统

牵引系统由牵引电机、液压张紧系统、牵引钢丝绳、牵引轨道、控制软件等组成，用于牵引试验车辆达到标准规定的加速度和试验速度，并保证整个碰撞过程的偏移量（横向、纵向）在规定的范围内。

（2）高速摄像系统

高速摄像系统由相机、控制分析软件、触发装置等组成，用于拍摄车辆试验过程中的运动情况，记录假人在车辆碰撞瞬间的运动姿态及车身结构的破坏过程。该系统拍摄帧率 ≥ 1000 帧 /s，最小分辨率为 512×384，可承受任意方向 100g 的冲击。

（3）数据采集系统

数据采集系统由数采单元、点爆单元和控制软件等组成，用于采集和处理车载传感器和假人伤害值数据，同时可代替气囊控制器用于试验中点爆安全气囊。

（4）试验假人系统

试验假人系统由假人、标定系统、数采系统、控制软件等组成，用于在碰撞试验中模拟真人，检测碰撞时刻各种物理量（力、加速度、位移），评价车辆对驾乘员人的保护能力，如图 9-5 所示。

图 9-5　试验假人系统

（5）车身形变量测量系统

车身形变量测量系统由探针、红外相机、标准测量墙及控制软件组成，如图 9-6 所示，用于测量车身、底盘等碰撞区域的形变量。

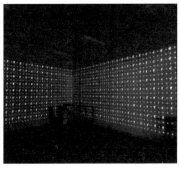

图 9-6　车身形变量测量系统

（6）灯光照明系统

灯光照明系统由灯管、灯管移动支架、控制软件等组成，用于为高速相机提供补光照明。

（7）电安全测量系统

电安全测量系统由数采单元、触发单元及控制软件组成，用于测量试验过程中的电压、绝缘电阻和电能。

（8）移动保温间

移动保温间由保温箱、空调系统、显示系统、电器控制（柜）系统以及安全保护系统组成，用于对调节完成后的试验假人进行保温。

三、试验过程

1. 试验准备

按照试验标准要求，对试验车辆进行准备，主要工作有：车辆称重、传感器粘贴、座椅调整、形变量测量、假人标定和假人调节、车辆位置调整等，新能源汽车试验需要安装电安全测量系统、温度测量系统，并

整车碰撞安全试验

在试验现场及周边区域进行消防应急救援布防。

2.试验执行

调节高速摄像系统、灯光照明系统、数据采集系统、测速仪等试验设备设施至准备状态，启动牵引系统，直至完成整个试验过程。

3.试验分析与处理

按照要求，分别用对应的软件对相关数据进行分析和处理：

1）用 EVA 软件对各位置假人各部位伤害值进行分析和研究。

2）用 EVA 软件对车身各部位加速度、位移、电流、电压等曲线进行分析和研究。

3）用 ProCAN 软件，分析车身、发动机舱、悬架、防火墙等区域特定点形变量大小。

4）用 HXLink 64 高速摄像软件捕捉车身结构破坏过程、假人运动姿态以及假人接触位置。

5）对车身电子电器、座椅、安全带、安全带开启力、门把手开启力、电池包（电压、电能、绝缘电阻）等进行检查并记录，结合评价标准进行判定。

四、试验技术展望

汽车领域越来越多的新技术从高端车型专配走向普及，试验技术手段也在不断创新和拓展，未来整车碰撞安全试验在测试方法和试验设备两个方面会有较大的改变和突破；开发正面全宽可变形壁障试验、整车翻滚试验、新能源汽车电池包底部冲击试验、车外行人保护试验以及主被动安全融合试验等新型试验项目；试验设备如刚引入评价规则的正碰假人（Thor50 假人）、侧碰假人（WordSide50 假人），未来将还会有微型高清摄像机、假人运动姿态捕捉系统等。

近年来，碰撞安全技术的发展重点逐渐从碰撞阶段扩展到了临撞、危险临近和异常行驶阶段，且安全技术的发展呈现出集成化、智能化和系统化趋势。随着智能化程度的提高，各种安全子系统不断增多。被动安全和主动安全集成和融合的趋势也是不可避免的，并将影响到车辆的安全性设计领域。未来试验方法和试验设备都要经历被动安全与主动安全集成和深度融合所带来的技术革命，跟随新的安全技术同步创新和发展，应对智能时代和第四次工业革命带来的挑战和机遇。

第三节　电磁兼容安全试验

电磁兼容性能指的是车辆、电子电器系统或部件在电磁环境中能正常工作，且不影响环境中其他电子电器系统或部件正常工作的能力。汽车电磁兼容安全试验的测试项目有很多，主要包括电磁干扰、电磁抗扰两大类。

一、试验标准及类别

1.试验标准

汽车电磁兼容试验项目较多，表 9-2 列举了常用的新能源汽车领域国家标准及其与国际标准的对应关系。

相对于国家标准和国际标准，企业标准往往要求更为严格。就电磁兼容标准来说，国际标准对于整车辐射抗扰度的场强要求最低为 25V/m，而一些汽车公司的企业规定为 100～600V/m。国内外各大型汽车公司均建立了自己的电磁兼容企业标准体系。

表 9-2　新能源汽车电磁兼容试验标准

国家标准	标准名称	对应的国际标准
GB 14023—2011	车辆、船和内燃机　无线电骚扰特性　用于保护车外接收机的限值和测量方法	CISPR 12
GB/T 18387—2017	电动车辆的电磁场发射强度的限值和测量方法	CISPR 36
GB/T 18655—2018	车辆、船和内燃机　无线电骚扰特性　用于保护车外接收机的限值和测量方法	CISPR 25
GB/T 19951—2019	道路车辆　电气 / 电子部件对静电放电抗扰性的试验方法	ISO 10605
GB/T 21437—2021 系列	道路车辆　电气 / 电子部件对传导和耦合引起的电骚扰试验方法 包括 GB/T 21437.1/2/3	ISO 7637 系列
GB/T 33012—2016 系列	道路车辆　车辆对窄带辐射电磁能的抗扰性试验方法 包括：GB/T 33012.1/2/3/4	ISO 11451 系列
GB 34660—2017	道路车辆　电磁兼容性要求和试验方法	CISPR 12、ISO 11451-2、ECE R10
GB/T 33014 系列	道路车辆　电气 / 电子部件对窄带辐射电磁能的抗扰性试验方法 包括：GB/T 33014-1 ~ 10	ISO 11452 系列

表 9-2 所列各项电磁兼容测试标准的适用范围、测试目的、测试过程和评价方法等各有不同。下文以车辆辐射抗扰度试验为例，对测试目的、原理、过程等做详细介绍。

2. 试验类别

电磁兼容试验主要分为电磁干扰试验和电磁抗扰试验两类，又分别包括传导和辐射两种信号传播方式，如图 9-7 所示。

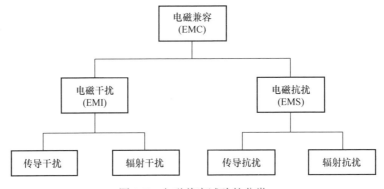

图 9-7　电磁兼容试验的分类

随着近年来新能源汽车的发展和普及，汽车电磁场人体防护试验越来越受到重视。这项试验虽然在试验方法和试验目的上与上述两类都有不同，但是从试验原理的角度分析，均属于测量车辆或系统对外的发射强度，因此，也归为电磁干扰类试验。

二、试验原理

为了便于理解和研究电磁兼容试验的原理，将骚扰源（发射部件）理解为一个发射天线，将敏感设备（接收部件）理解为一个接收天线，而信号传播途径又分为辐射耦合和传导耦合两种方式，从而得到一个简化的试验原理模型，如图 9-8 所示。

对于干扰类试验，可以将被测车辆（或系统）理解为骚扰源和发射天线，把接收天线和接收机理解为敏感设备，通过将接收机处理后的测试结果与相应标准的限值进行比较来判断合格与否。

对于抗扰类试验，可以将信号发生器理解为骚扰源，信号经过功率放大器放大后通过线缆传输给发射天线或注入钳，这时的敏感设备就变成了待测车辆（或系统），试验过程中通过音视频或 CANoe 等监控手段监控被测物的工作状态。

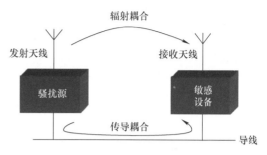

图 9-8　电磁兼容试验模型

对于汽车来说，电磁兼容性能不仅关乎汽车产品的性能，更关乎汽车产品的安全。尤其是新能源汽车，车内外电磁环境更加复杂，所以，新能源汽车电磁兼容测试研究意义重大。图 9-9 较为形象地说明了新能源汽车电磁兼容试验所研究的领域范畴。

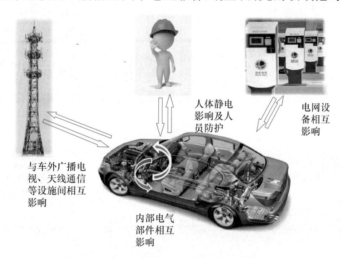

图 9-9　新能源汽车电磁兼容试验的研究内容

三、试验环境

电磁兼容试验最理想的测试环境是开阔场（OATS），但在广播、通信迅速发展的今天，想要找到一块符合开阔场要求的场地是非常困难的。因此，电磁兼容试验都要求在屏蔽室或者电波暗室中进行。此外，混响室作为一种新的测试环境，也越来越受到重视和应用。

1. 开阔场

开阔场是平坦、空旷、地面铺设金属钢板、无任何反射物的椭圆形或圆形户外试验场地。理想的开阔场具有良好的导电性，面积无限大，接收天线接收到的信号是直射路径和反射路径信号的总和。开阔场是早期开展电磁兼容研究的主要场所，在 GB/T 6113.104—2021《无线电骚扰和抗扰度测量设备和测量方法规范　第 1-4 部分：无线电骚扰和抗扰度测量设备　辐射骚扰测量用天线和试验场地》中对开阔场的相关性能指标要求和场地确认方法进行了详细的描述。

在实际应用中，虽然良好的地面电导率可以实现，但户外试验场地的面积却不可能是

无限大的，必然存在不期望的反射，因此可能造成发射天线和接收天线之间的相位差。此外，由于开阔场往往远离市区，且开展试验受天气情况影响较大，越来越多的电磁兼容从业人员趋向于使用半电波暗室来模拟开阔场试验环境。

2. 半电波暗室

电波暗室分为全电波暗室和半电波暗室，都是经过屏蔽设计的六面盒状建筑体，内部安装有吸波材料，通常是房中房结构。不同之处在于半电波暗室的地面使用金属导电地板，不覆盖吸波材料。由于半电波暗室中地面没有铺设吸波材料，场地将产生反射，因此可以模拟理想的无限大的开阔场条件，是目前比较理想的电磁兼容测试场地。典型的汽车电磁兼容性试验室外景和内景分别如图9-10和图9-11所示。

图 9-10　汽车电磁兼容性试验室外景

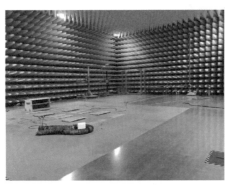

图 9-11　汽车电磁兼容性试验室内景

半电波暗室的主要技术指标包括：

（1）屏蔽效能（SE）

它主要用来表示电波暗室对外界信号的屏蔽能力。数值上等于没有屏蔽体时接收到的信号值与在屏蔽体内接收到的信号值的比值。暗室的屏蔽效能要求应适当，并非越高越好，要从费效比（即投入产出比）考虑，最终的环境电平只要低于标准限值的 6dB 就可以了。

按照 EN50147-1 或 GB/T 12190—2021 的规定进行屏蔽效能测试，在 10kHz ～ 18GHz 频率范围，推荐的屏蔽效能应 ≥ 90dB。

（2）背景噪声

暗室的背景噪声体现的是暗室可以达到的"安静程度"。它是电波暗室的另一个关键

参数，除了受屏蔽效能影响外，也受暗室内相关设备的影响。

一般来说，在暗室内无被测物（EUT）的情况下的测试电平应比测试标准所规定的限值电平至少低 6dB。

（3）净区尺寸

暗室净区是指暗室内受反射干扰最弱的区域，尺寸与暗室的形状、大小、结构、工作频率以及吸波材料的电性能等有关。一般来说，暗室空间尺寸越大，其净区也越大，且应是以转台旋转轴为轴线的一定直径的圆柱体空间区域。净区的尺寸不得小于受试件尺寸，通常 10 米法测试距离的净区直径不小于 6m，3 米法测试距离的净区直径不小于 2m。

静区中心必须在暗室的中轴线上。

（4）归一化场地衰减（NSA）

NSA 是评价电波暗室性能的核心指标，其结果直接决定了电波暗室是否可用于 EMI测试。场地衰减的定义：输入到发射天线上的功率与接收天线负载上所获得的功率之比。场地衰减与地面不平度、地面的电参数、收发天线端口的阻抗等参数有关。

归一化场地衰减与理论值偏差应优于 ±4dB。

（5）场均匀性（FU）

场均匀性是决定电波暗室能否开展辐射抗扰度测试的关键参数。

在测试辐射抗扰度时，发射天线必须在 EUT 周围产生充分均匀的场强，场均匀性就是评价电波暗室是否能满足上述要求的。

按照 IEC 61000-4-3 标准要求，在转台上 0.8～2.3m 范围内 1.5m×1.5m 的垂直平面上均匀分布的 16 个测试点中，至少 12 个点的场强值差值（这 12 个点的最大值与最小值之差）在 0～6dB 之间。

新能源汽车 EMC 测试常用的半电波暗室主要有 10 米法、3 米法和 1 米法三种。

3. 其他环境设施

为模拟汽车真实的使用工况，用于新能源汽车测试的电波暗室内往往还要配置转鼓转台系统，用于模拟车辆各种使用工况。转台承重、尺寸、轴距调节范围等参数要根据测试车型来确定。此外，还需要配置冷却风机、尾气抽排、空调等设施。

电磁兼容试验对环境要求较高，试验室应做好日常的环境监控记录工作。

四、试验设备

无论是电波暗室，还是转鼓转台系统，都仅是为电磁兼容测试提供了符合标准要求的必要的测试环境，实际测试数据需要使用测试设备来采集。

如上文所述，电磁兼容测试分为骚扰测试和抗扰度测试两大类，所使用的设备、原理、评价方式等也不同，相应的标准中都有详细阐述。下面简要介绍电磁兼容试验中常用的几种测试设备。

1. 骚扰测试类设备

（1）接收天线

接收天线在电磁兼容试验中用于接收车辆对外发出的电磁波，并将接收到的电压信号传给数据采集设备，经计算处理得到测试数据。

不同的接收天线的工作频率范围有所不同，垂直单级天线的适用频段一般在 30MHz

以下，双锥天线适用频段在 30～200MHz，对数周期天线一般在 1GHz 以下使用，而喇叭天线通常可以覆盖 1～4GHz 甚至更高。上述各天线的适用频段并不绝对，不同天线的适用频段会有部分重叠。图 9-12 和图 9-13 所示为两种常见的接收天线。

图 9-12　宽带天线

图 9-13　磁场天线

（2）EMI 接收机

EMI 接收机主要用于对天线接收到的射频电磁信号根据需要进行检波处理，抑制所有不需要的噪声，并输出不同类型的信号值。接收机覆盖的频率范围一般都较宽，图 9-14 所示的罗德与施瓦茨公司 ESU26 接收机可以达到 26.5GHz。当然，要测试如此高频段的电磁信号，还需要有覆盖对应频率段的接收天线与其配合。

（3）电流探头

电流探头是利用安培定律原理来测量电流的设备。它由一个平均分成两部分的铁氧体芯构成，通过合页连接在一起并通过一个夹子来闭合，如图 9-15 所示。在测试时，将夹子打开，把载有待测电流的导线放入环内，然后合紧夹子。穿过这个环的电流产生一个集中的环绕铁心的磁场，依据法拉第定律，其随时间变化的磁感应电动势与该磁场成正比。由此可以测量出线圈的感应电压，它与通过电流探头的电流成正比。

图 9-14　接收机

图 9-15　电流探头

2. 抗扰度测试类设备

（1）干扰信号发生器

信号发生器主要用在抗扰性测试中，用于产生各项标准中规定的测试干扰波形，根据不同的试验要求，输出不同频段、不同调制类型的波形信号，如图 9-16 所示。干扰信号发生器主要包括抛负载模拟器、电快速瞬变脉冲群模拟器、电压变化模拟器、电源故障模拟器等。

（2）功率放大器

功率放大器（图 9-17）简称功放，其作用主要是用于将信号发生器发出的信号强度进一步放大，达到试验所要求的强度，也用于抗扰性测试中。

图 9-16　信号发生器

图 9-17　功率放大器

（3）干扰信号施加设备

根据试验项目的不同，常见的干扰信号施加设备有电流注入钳、发射天线和静电发生器。

1）电流注入钳。大电流注入钳的外形和构造原理与电流探头是一样的（图 9-18），但使用方法刚好相反。由快速脉冲群干扰发生器或者连续波模拟器按照标准规定的波形在注入钳的环上施加规定强度的电流，从而在注入钳中产生变化的磁场，耦合到测试线束上，产生干扰电流。

2）发射天线。发射天线不同于接收天线，其主要功能是将经功率放大器放大后的输出端的信号，通过天线振子，以电磁波的形式向外辐射，从而对被测物施加干扰。

发射天线用于零部件和整车的辐射抗扰度试验。根据频段不同分别使用双锥天线、对数周期天线（图 9-19）和喇叭天线。对于整车抗干扰试验，在低频段使用传输线系统（TLS），在高频段使用大功率对数周期天线和喇叭天线。

图 9-18　电流注入钳

图 9-19　对数周期天线

3）静电发生器。静电发生器用于 ISO 10605：2008 试验，包括静电放电高压电源和静电放电枪两部分，并标配不同的阻容网络。测试用阻容网络分别为 150pF/330Ω、150pF/2000Ω、330pF/330Ω、330pF/2000Ω。不同部件在试验时选用其中一种或几种阻容网络，并且应充分考虑使用场景。

3. 其他设备

（1）场强探头

场强探头（图 9-20）主要用于辐射抗扰性测试。其功能主要是对天线发出的电磁波强度进行测量，以及在试验中对各位置电磁波强度大小进行监控。

（2）功率探头

功率探头（图 9-21）主要用于电磁抗扰性测试中，对功率放大器输入/输出、天线输入/输出功率进行实时的监测记录，以便于随时调节信号强度。

图 9-20　场强探头

图 9-21　功率探头

（3）人工电源网络（LISN）

人工电源网络是测试时串接在被测设备电源进线处，为干扰电压的测量提供规定的负载阻抗（50Ω），并使被测设备与电源相互隔离。

五、辐射抗扰度（RS）测试

抗扰度测试的主要目的是检验车载电子设备在受到环境中电磁辐射时的抗干扰能力。这些电磁辐射可能会耦合到电子设备线路上产生干扰电压，严重时将影响电子设备的正常工作。辐射干扰的主要来源包括车内通信终端、车载电子设备以及车外电磁辐射设备（例如无线电发射基站等）。

辐射抗扰度测试系统通常由信号发生器、射频功率放大器、定向耦合器、功率计、场发生器（辐射天线）和场强探头、场强表等设备组成。

工作原理如图 9-22 所示：信号发生器发出符合标准要求的信号，经功率放大器放大后，通过射频线缆经定向耦合器、穿墙板传递给场发生器，再由场发生器对被测车辆施加相应强度的干扰场强。

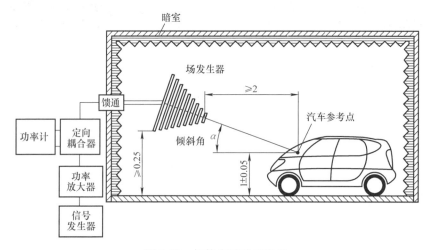

图 9-22　抗扰度试验示意图

下面按照先后顺序，对试验准备（测试计划、场强校准）、试验执行、试验分析与处理等内容进行介绍。

1. 试验准备

（1）测试计划

试验前应根据试验目的研讨并制订测试计划。测试计划应在试验前制订，且至少应包括以下内容：试验布置、频率范围、参考点、车辆工作模式、评价标准、试验严酷等级的定义、调制方式、极化方向、其他特别说明以及相对标准试验的差异。

每个被测车辆应在典型的工况下进行试验，尽可能使车上各可长时工作的电子电器部件均处于正常工作状态。

（2）场强校准

辐射抗扰度试验通常都使用替代法，因此需要提前进行场强校准。

按照测试频段和天线类型，场强校准分为单探头法和四探头法（图 9-23）。通常 10kHz ~ 20MHz 以及 2 ~ 18GHz，应用单探头法校准；20MHz ~ 2GHz，使用 4 探头法进行校准。4 探头法中使用垂直参考线的概念，取 4 个探头读数平均值作为校准值。

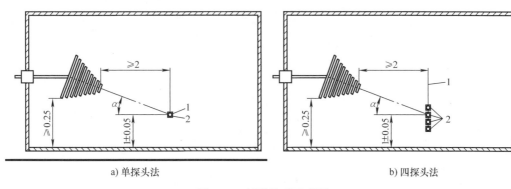

a) 单探头法　　　　　　　　　　b) 四探头法

图 9-23　场强校准示意图

校准时，测试场地不能放置车辆，需要使用未调制信号对提前确定的测试电平（场强）进行校准（水平和垂直极化），记录前向功率和反向功率，如图 9-24 和图 9-25 所示。

实际进行车辆测试时，并不需要使用场强探头实时监控参考点的场强，而是使用功率放大器依据之前场强校准过程记录的前向功率数据进行场景复现。

场强校准不需要每次试验前都校准一次，具体时间间隔根据实际使用情况而定，一般 1 ~ 2 月校准一次即可，但当信号发生器、功率放大器、天线等主要设备或线缆经过维修后应重新校准。

不管是单探头法还是四探头法，都是相对于参考点的场强校准，实际测试时，车辆参考点应与场强校准参考点重合，并在测试报告中详细记录前向功率、后向功率以及参考点位置。

2. 试验执行

根据标准要求或测试计划的约定将车辆及相关设备置于对应位置。车辆及各电子电器部件按照测试计划的规定运行，按照测试计划预定的强度值向待测车辆施加干扰信号。

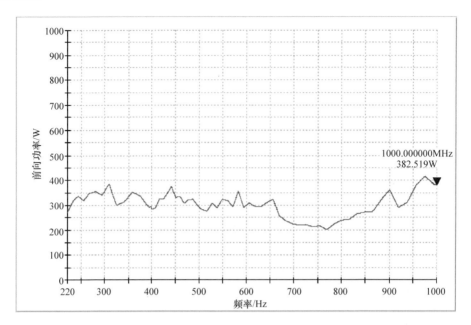

图 9-24　前向功率

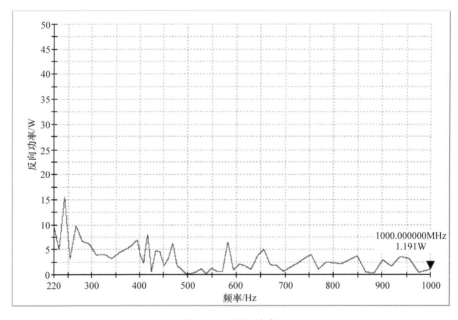

图 9-25　反向功率

　　试验过程中可以在车内或车外放置一个场强探头。在所测频率范围内使用垂直极化和水平极化进行测试，任何例外情况都应详细记录在测试计划中。场发生装置在规定极化方式下，以试验信号电平进行扫频，注意任何异常情况并记录。完成试验计划中规定的所有频率、调制方式、极化方向、车辆方向和天线位置的试验。

　　车辆测试时，应模拟车辆各种可能的工作模式，例如充电、行驶等工况，使计划考察的部件工作在正常状态，并记录。

因为测试过程中试验室内充斥着高场强信号，人员将被禁止停留在暗室内，以免对其身体造成伤害。此时，需要充分利用可能的音视频监控及光纤通信等手段在试验控制室对暗室内被测车辆及场强状态进行监控、记录，被测样车或样件不应出现功能失效或异常。

试验过程中车辆运行状态应作详细记录，见表9-3。

表 9-3　车辆典型工作状态

驱动状态		倒车状态
- 汽车驱动转鼓，车速 50km/h	- 车门关闭	- 车辆上电
- 可调悬架系统处于正常工作状态	- 安全气囊等处于工作状态	- 变速器位于倒档
- 位置灯开	- 车窗处于中央位置（电动）	- 倒车影像开启
- 制动灯关	-CD 机开，中等音量	- 倒车雷达激活
- 驾驶员一侧转向灯开	- 空调开，制冷状态，温度开至最低	- 全景泊车显示全景及后视画面
- 暖风电机工作在中等强度	或制热状态，温度开至最高	- 刮水器关
- 驾驶员座椅处于中央位置（电动）	- 车门闭锁	- 收音机关
- 转向盘处于中央位置（电动）	- 前刮水器高速	- 空调关
- 防盗报警器关	- 后刮水器开启	- 制动灯开
- 喇叭关	- 前照灯开	- 倒车灯开

3. 试验分析与处理

如前文所述，车辆上装载的各种电子电器类部件多种多样，具有不同的功能。车辆功能按重要性可分为如下四类：

Ⅰ类功能：控制被动安全系统爆炸装置的功能，如安全气囊控制器。

Ⅱ类功能：会影响驾驶员驾驶／控制车辆，会影响道路其他使用者，以及法规规定的功能，如转向灯、制动灯、刮水器。

Ⅲ类功能：能够增强或帮助驾驶员驾驶／控制车辆，但并非驾驶／控制车辆所必须的功能，如防抱死制动系统、油量指示。

Ⅳ类功能：提供操作的方便性、舒适性、娱乐性的功能，如收音机、空调。

对车辆的辐射抗扰度试验来说，在试验前除了应明确测试场强外，还应明确不同类型的功能件的抗扰度性能等级。抗扰度性能等级通常可分为以下五级：

A级：功能完全正常，无不良情况发生。

B级：一项或多项功能指标偏离设计要求，干扰去除后，功能指标能自动恢复到设计要求。

C级：一项或多项功能不能正常执行，干扰去除后，功能能够自动恢复正常。

D级：一项或多项功能不能正常执行，干扰去除后，功能不能自动恢复正常，通过简单复位操作后能够恢复正常。

E级：一项或多项功能不能正常执行，干扰去除后，通过简单的复位操作功能无法恢复正常，需要进行维修。

对于用户来说，最理想的状态就是所有功能件的抗扰性能都能达到A等级要求，但是功能样件的性能等级往往又直接决定着样件的加工工艺和成本。因此，车辆生产企业及其供应商往往也花很多的精力在性能等级和成本之间进行平衡。

某车型抗扰度测试各功能件的性能要求见表9-4。

表 9-4　各功能件辐射抗扰度性能要求

车辆功能	抗扰要求
车速控制	车速变化不超过设定值的 5%
前照灯	亮度无明显变化
前刮水器高速	周期无明显变化
后刮水器正常工作（如果有）	周期无明显变化
暖风	暖风机工作正常
电动车窗	无意外动作
转向灯	频率 ≥ 0.75Hz 且 ≤ 2.25Hz，占空比 ≥ 25% 且 ≤ 75%
电动座椅和转向盘	意外变化不超过总行程的 10%
防盗系统	无意外激活
喇叭	无意外激活
车门	无意外解锁
制动灯	正常点亮，不发生熄灭
其他电器部件	无任何的意外，或者警报灯点亮

第四节　车内空气质量试验

车内空气质量试验主要包括常温静置试验、循环工况试验和整车气味性主观评价试验，从而判定车内空气质量的优劣。常温静置试验用来模拟车辆长时间封闭状态下车内空气的散发状态进行采样分析。循环工况试验模拟阳光暴晒状态下车内空气的散发状态进行采样分析。整车气味性主观评价试验主要通过气味评价员嗅辨的方式对车内气味进行主观评价。

一、试验标准

GB/T 27630—2011《乘用车内空气质量评价指南》明确规定了车内空气中苯、甲苯、二甲苯等八项有毒有害物质浓度的限值要求（表 9-5），采样和测定方法依据 HJ/T 400《车内挥发性有机物和醛酮类物质采样测定方法》的规定执行。

表 9-5　车内空气中有机物浓度要求

序号	物质	浓度要求 / (mg/m^3)
1	苯	≤ 0.11
2	甲苯	≤ 1.10
3	二甲苯	≤ 1.50
4	乙苯	≤ 1.50
5	苯乙烯	≤ 0.26
6	甲醛	≤ 0.10
7	乙醛	≤ 0.05
8	丙烯醛	≤ 0.05

为了解决车内异味问题，大多数汽车企业都建立了车内气味主观评价体系，制定了整车气味性主观评价试验方法，努力提升车内气味感官质量。表 9-6 为某汽车企业整车气味主观评价示意表，从表中可以看出整车气味性主观评价主要侧重于车内气味的类别和强度。

表 9-6　整车气味主观评价示意表

气味强度等级	气味强度评分标准描述	气味类别		可接受程度
1 级	无气味			
2 级	有气味，但无干扰性	□ 橡胶味	□ 芳香味	气味强度评分平均值 ≤ 3.5 级，可
3 级	有明显的气味，但无干扰性	□ 皮革味	□ 刺鼻味	接受；气味强度评分平均值 > 3.5 级，
4 级	有干扰性气味	□ 塑料味	□ 恶臭味	不可接受
5 级	有强烈的干扰性气味	□ 灰尘味	□ 其他类	
6 级	有难以忍受的气味			

二、试验设备

车内空气质量试验设备主要由环境设备、采样装置和分析设备三部分组成。

1. 环境设备

车内空气质量试验的环境设备主要是整车空气环境测试舱，用来为试验车辆提供稳定的采样环境。要求舱内温度范围：15 ~ 70℃；温度波动度：≤ ±0.5℃；湿度范围：30% ~ 80%RH（温度在 20 ~ 30℃时）；环境气流速度：≤ 0.3m/s；环境污染物背景浓度值：甲苯 ≤ 0.02mg/m³、甲醛 ≤ 0.02mg/m³；测试环境背景气味要求 < 2.0 级；环境箱内相对于箱外压力：正压 30 ~ 50Pa；舱内配置模拟阳光加热装置，使车外表面辐射密度达到（400±50）W/m²。

2. 采样装置

车内空气质量试验的采样装置有采样导管、恒流气体采样泵、TENAX 采样管和 DNPH 采样管等。

恒流气体采样泵用于定量定速采集车内空气，采样流速可调节范围为 50 ~ 1000mL/min，如图 9-26 所示。

图 9-26　恒流气体采样泵

TENAX 采样管用来吸附车内空气中苯、甲苯、二甲苯、乙苯、苯乙烯等挥发性物质，通常为不锈钢管，外径 6mm，内部填充 200mg 固体吸附材料（一般为 6- 二苯基对苯醚的多孔聚合物单体），如图 9-27 所示。

DNPH 采样管用来吸附车内空气中甲醛、乙醛、丙烯醛等醛酮类物质，通常为塑料管，内部填充涂渍 DNPH 硅胶 300mg，如图 9-28 所示。

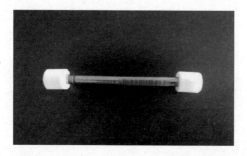

图 9-27　TENAX 采样管

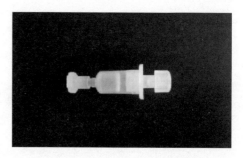

图 9-28　DNPH 采样管

3. 分析设备

车内空气质量试验的分析设备有热脱附气相色谱质谱联用仪和高效液相色谱仪。

热脱附气相色谱质谱联用仪主要用于检测车内空气中苯、甲苯、二甲苯、乙苯、苯乙烯等挥发性物质浓度。柱温箱温度范围为 $4 \sim 450°C$，如图 9-29 所示。

高效液相色谱仪（图 9-30）主要用于检测车内空气中甲醛、乙醛、丙烯醛等醛酮类物质浓度。柱温范围：$10 \sim 80°C$，具有升降温功能；进样精度：$< 0.25\% \text{RSD}^{\ominus}$；测量范围：$0.0001 \sim 2.0000 \text{AUFS}^{\ominus}$。

图 9-29　热脱附气相色谱质谱联用仪　　　　　　图 9-30　高效液相色谱仪

三、常温静置试验

将样车放入整车空气环境测试舱中，舱内环境条件为温度（25±1）℃，湿度（50±10）% RH，将样车可以开启的窗、门完全打开，静止放置时间不少于 6h。

完成准备阶段后，进入封闭阶段规定的要求，在前排座椅头枕连线中点及后排座椅中间布置采集导管，安装好采样装置，完全关闭样车所有窗、门，确保整车的密封性。

然后将样车保持封闭状态 16h。车辆封闭阶段结束后，将采样管分别安装在样品采集系统上，使用恒流气体采样器进行样品采集。TENAX 采样管采集挥发性有机组分，采样流量（100±5）mL/min，采样时间 30min，采样体积 3L；DNPH 采样管采集醛酮组分，采样流量（400±20）mL/min，采样时间 30min，采样体积 12L。

在采样过程中需要记录车内温度和气压，车内空气采集示意如图 9-31 所示。

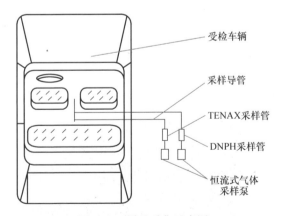

图 9-31　样品采集示意图

受检车辆

采样导管

TENAX采样管

DNPH采样管

恒流式气体
采样泵

四、循环工况试验

整车车内空气循环工况试验主要依据 ISO 12219-1《道路车辆内空气　第 1 部分：整车

　⊖ RSD 是 Residual Standard Deviation 的缩写，表示相对标准偏差。

　⊜ AU 表示吸光度的单位，是 Absorbance Units 的缩写。AUFS 表示满刻度吸光度。

试验环境舱法》开展，将整车放置在整车车内空气环境测试舱中，循环工况方法（图9-32）要求分别在常温静置阶段和恒温急速阶段进行车内空气采样，在阳光模拟加热阶段进行车内甲醛采样。

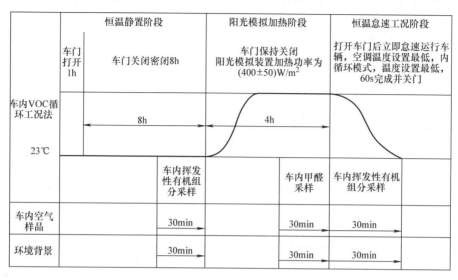

图 9-32　循环工况方法

五、整车气味性主观评价试验

目前汽车行业主要通过气味评价员嗅辨的方式对车内气味进行主观评价。气味评价员的评价方法依据 ISO12219-5《道路车辆的室内空气》第七部分：嗅觉法测定道路车辆车内空气和内饰部件试验室内空气的气味规定执行（图9-33）。由于周围环境、车辆状态也会对评价结果产生影响，因此整车试验前检查和气味性评价的环境条件与车内空气质量常温静置试验一致。

图 9-33　车辆静置与气味评价

整车气味性试验评价步骤：气味评价员打开车门，快速进入车内就坐后关门，并且开关车门的幅度尽量小；首先气味评价员稳坐，鼻子位于正常呼吸带高度，气味评价员按照正常呼吸速度由鼻子吸入一定量的车内空气，先对车内空气的气味强度进行评定，然后对气味特性进行评价。每次车内空气评价不应少于5人，评价结果为5人的平均值。整车气味性评价等级及评价部位见表9-7。在评价时，主要填写评价部位等级、气味的类型。允许有0.5级出现，如果气味介于3级至4级之间，则可评价为3.5级。

表 9-7　整车气味性评价表

气味强度等级	评判标准	评价部位	
		驾驶位	后排右侧
1	无气味		
2	有气味，但无干扰性		
3	有明显的气味，但无干扰性		
4	有干扰性气味		
5	有强烈的干扰性气味		
6	有难以忍受的气味		

第五节　安全性试验实例

一、整车被动安全性试验

以某公司生产的纯电动轿车为试验对象，开展正面 40% 偏置碰撞试验（GB/T 20913—2007）。

1.试验准备

车辆准备的主要内容包括排空油液、胎压检查、整备质量称重及轮罩高度测量。

试验设施准备的主要内容包括安装牵引链条、安装车载制动、安装数据采集系统、安装传感器、安装车载相机、调节座椅、安放和调节试验假人并涂色、安装并开展试验前电测量、安装试验壁障及系统调节、试验车辆拍照。

在进行新能源汽车安全试验前需要对电池的带电量进行确认，并根据车辆被撞击部位所产生的飞屑、玻璃碎片、漏电、起火、冒烟、爆炸等异常情况，对可能产生的安全风险进行评估，并针对评估结果采取相应的预防措施，以保证试验过程中及试验后的现场人员及财产的安全。

2.试验执行

按照所有试验系统操作技术指南要求，将其设置到准备状态，通过对车辆状态确认（蓄电池、点火开关、气囊指示灯、变速杆、车门及门锁状态、天窗等）、试验系统确认（包含高速摄像、数采、牵引系统等）以及现场安全确认后，启动现场安全提示警报，确认后开展试验，完成整个试验过程。

3.试验分析与处理

（1）整车部分检查结果

按照相关标准及评价规则，试验后对横向偏移量（图 9-34）、试验后乘员舱及假人状态（图 9-35）、车辆结构、车辆约束系统、车门开启状态、车辆油液泄露情况以及乘员舱内部结构件脱落情况等进行检查记录（表 9-8）并拍照。

（2）整车电测量检查结果

新能源汽车碰撞试验后，按照标准要求，对碰撞后试验车辆的电压、绝缘电阻（图 9-36）、电能（图 9-37）进行检查并记录从碰撞零时刻开始到碰撞后 60s 的试验数据（表 9-9）。

图 9-34　横向偏移量测量

图 9-35　试验后乘员舱照片

表 9-8　整车试验后部分检查结果

序号	检验项目			标准要求	检验结果		符合性判定
					驾驶人座位	前排乘客座位	
1	头部	HIC 值		≤ 1000	55.26	51.19	符合
		3ms 合成加速度 /g		≤ 80	474	392	符合
2	颈部	拉力 /kN		≤ 3.3	1.782	1.625	符合
		剪切力 /kN		≤ 3.1	0.333	0.489	符合
		伸张弯矩 M_y/N·m		≤ 57	21.98	16.38	符合
3	胸部	压缩变形量 /mm		≤ 42	35.3	32.8	符合
4	大腿	大腿压缩力 /kN	左	≤ 9.07	0.0032	0.258	符合
			右		0.0056	0	符合
5	膝关节	滑移量 /mm	左	≤ 15	0.968	3.374	符合
			右		1.935	2.373	符合
6	小腿	小腿压缩力 /kN	左	≤ 8	1.213	0.36	符合
			右		0.719	0.28	符合
		胫骨指数 TI	左上	≤ 1.3	0.42	0.35	符合
			左下		0.28	0.15	符合
			右上		0.25	1.506	符合
			右下		0.19	0.352	符合
7	碰撞过程中车门情况	左前门		在碰撞过程中，车门不得开启	未开启		符合
8		右前门					
9		左后门					
10		右后门					
11	碰撞后车门情况	左前门		对于每排座位，若有门，至少有一个门在不使用工具的情况下能打开	可以开启		符合
12		右前门			可以开启		
13		左后门			可以开启		
14		右后门			可以开启		
15	碰撞后约束系统解脱			不使用工具，假人应能从约束系统中解脱出来	不使用工具，假人能从约束系统中解脱出来		符合
16	碰撞后，假人移动完整性			不使用工具，假人应能完整地移出车辆	不使用工具，假人能完整地移出车辆		符合
17	内部构件完整性			乘员舱所有内部构件脱落时均不得产生锋利凸出物或锯齿边	未产生锋利凸出物或锯齿边		符合
18	碰撞后燃油泄漏情况			泄漏速度不超过 30g/min	未发生泄漏		符合

图 9-36　试验后绝缘电阻测量

图 9-37　试验后电能测量

表 9-9　整车电测量检查结果

序号	检验项目	标准要求	检验结果		符合性判定
1	REESS 端（电池输入输出端）绝缘电阻	REESS 端与电底盘之间绝缘电阻满足 100Ω/V 以上	试验前	9999Ω/V	符合
			试验后	9999Ω/V	符合
2	电池母线正负极之间电压（V_b）	不大于 30V 交流或 60V 直流	试验前	366.7V	符合
			试验后	0V	符合
3	电池母线负极对底盘电压（V_1）	不大于 30V 交流或 60V 直流	试验前	186.7V	符合
			试验后	1.0V	符合
4	电池母线正极对底盘电压（V_2）	不大于 30V 交流或 60V 直流	试验前	180.0V	符合
			试验后	1.0V	符合
5	负载绝缘电阻测量	直流与交流传导绝缘电路，直流满足 100Ω/V 以上	试验前	9999Ω/V	符合
			试验后	8212Ω/V	符合
6	高压母线残余电能测量	碰撞试验后高压母线上的总电能应小于 0.2J	试验前	0mJ	符合
			试验后	0mJ	符合
7	物理防护测量	直接接触带电部位应满足 IPXXB 级别保护	直接测量高压母线部位，指示灯未亮，满足 IPXXB 级别保护		符合
8	起火、爆炸测量	试验结束 30min 内，车辆不应起火爆炸	车辆状态正常		符合
9	REESS 移动测量	位于乘员舱内的 REESS 应保持在安装位置，REESS 部件应保持在其外壳内。位于乘员舱外面的任何 REESS 部分不应进入乘员舱	电池组模块未发生明显移动		符合

　　整理试验数据（假人数据、车身传感器数据、高速摄像、车身形变量等），分析试验结果，出具试验报告。将试验车辆放置在空旷区域静置至少 48h 或及时拆解电池包，防止试验后意外情况发生。

二、电磁兼容试验分析与处理

　　以某汽车企业一款纯电动汽车测试不合格的排查过程（依据 GB/T 18387—2017《电动

车辆的电磁发射强度的限值和测量方法》）为案例，对测试结果做简要分析。

1.测试结果陈述

车辆公告认证要求，纯电动汽车必须满足 GB/T 18387—2017 标准要求。在摸底测试时，发现某样车磁场和电场测试均无法满足标准要求，在 20～30MHz 频段存在明显"凸包"，如图 9-38 和图 9-39 所示。

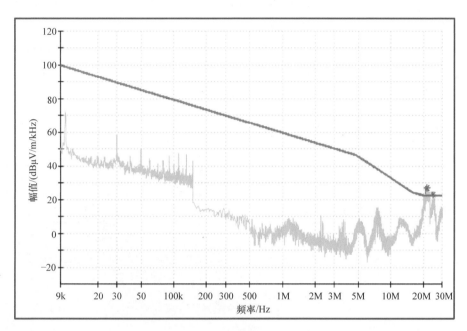

图 9-38　磁场测试不合格

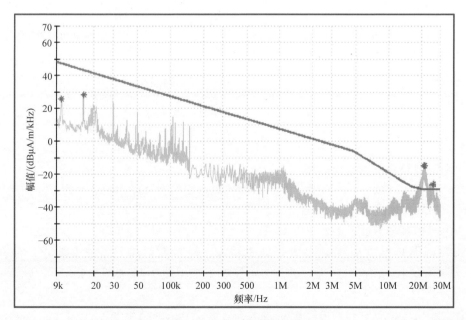

图 9-39　电场测试不合格

2. 车辆状态调查

根据经验，从车辆高压部件试验合格情况、线束走向、线束接地点等方面对不合格车辆的基本状况进行调查。

（1）DC/DC 变换器

DC/DC 变换器在输入端做了滤波措施，其传导发射在 30MHz 附近不满足标准等级三要求（图 9-40），辐射发射在 20～30MHz 满足等级三要求（图 9-41）。

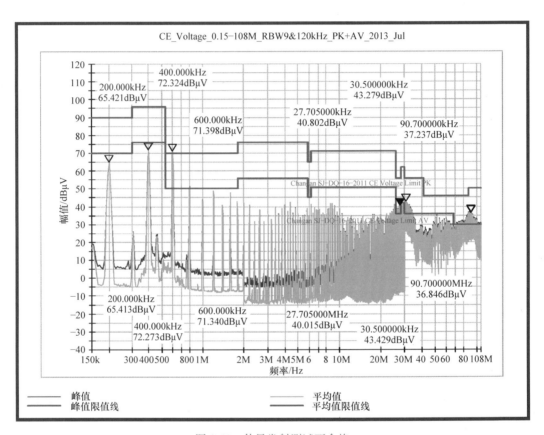

图 9-40　传导发射测试不合格

（2）电池包及控制器总成模块

该部件进行了 6 项 EMC 测试。传导发射及辐射发射在 20～30MHz 处无扫描测试。该频段性能未知。梳理结果见表 9-10。

（3）电机控制器总成

电机控制器传导发射满足限值等级 3 要求、辐射发射满足等级 2 要求，但在 20～30MHz 无限值要求。该部分性能在整车上的影响未知（图 9-42 和图 9-43）。

3. 原因分析

结合上述梳理，对所有的可能影响因素进行逐一分析，结果如下：

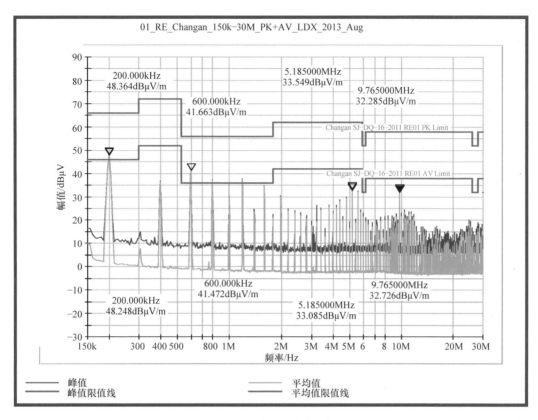

图 9-41　辐射发射测试合格

表 9-10　测试项目

序号	试验项目	试验标准	合格情况
1	传导骚扰试验	CISPR 25	20～30MHz 未测试
2	辐射骚扰试验	CISPR 25	404MHz 处不满足等级三 （20～30MHz 未测试）
3	辐射抗干扰	ISO 11452-2	合格
4	大电流注入抗干扰	ISO 11452-4	合格
5	瞬态传导抗干扰	ISO 7637-2 ISO 7637-3	合格
6	静电放电抗干扰	ISO 10605	合格

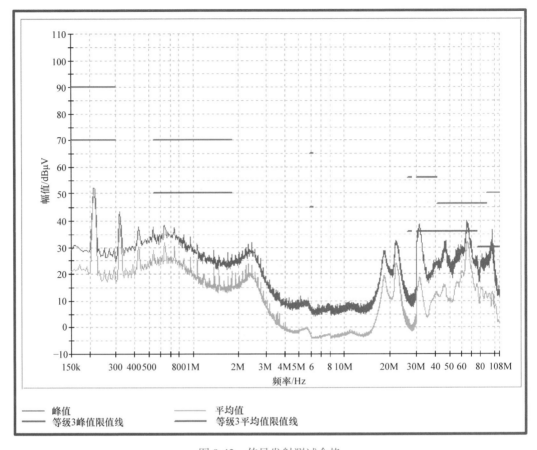

图 9-42　传导发射测试合格

（1）开关电源工作

打开电机控制器外壳，去除内部隔离板，车速 16km/h，使用 EMSCAN、接收机进行扫描检测。去除隔离板后，数据超标情况更为严重（图 9-44）。近场扫描显示，在 20 ～ 30MHz 频段存在"鼓包"，骚扰源最强位置为 UVW 三相端（图 9-45）。PCU 驱动板及 IGBT 开关电源工作是电场超标的主要原因，是源头。

（2）屏蔽度过低

对直流快充线进行实物确认。更换为有屏蔽层的直流快充线后（图 9-46），进行测试，磁场满足标准要求（图 9-47）。说明该因素是主要原因。

（3）接地阻抗大

拆解车辆前舱电机控制器支架、横梁，检查接触点状态，发现有表面氧化的情况。对接触点进行打磨（图 9-48），再恢复装配并进行测试，测试结果满足标准要求（图 9-49）。初步判定接地阻抗大导致环路不理想是主要原因。

（4）部件接口未滤波

检查确认直流高压线、电机控制器接口处滤波现状，发现线路未做滤波处理。增加滤波措施后，进行测试对比，满足要求（图 9-50）。由此可见，部件接口未滤波是主要原因。

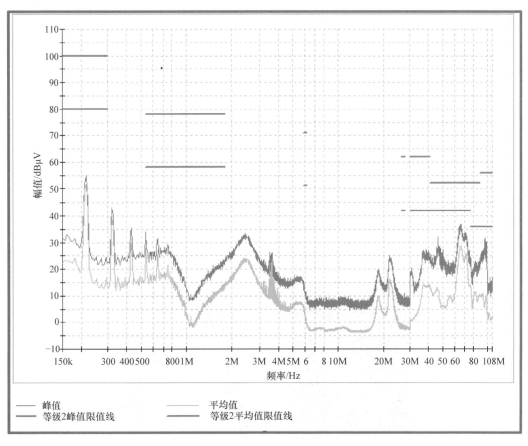

图 9-43　辐射发射测试合格

图 9-44　去除内部隔离板

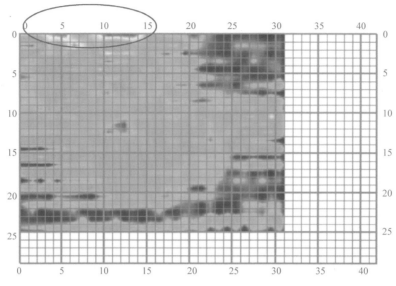

图 9-45　近场扫描结果

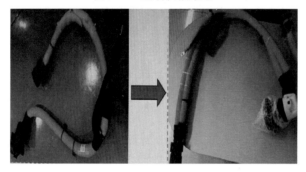

图 9-46　快充线屏蔽处理

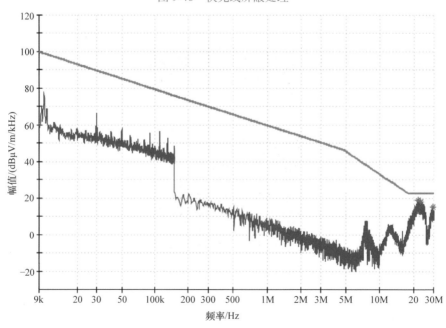

图 9-47　快充线屏蔽后测试结果

图 9-48　支架打磨处理

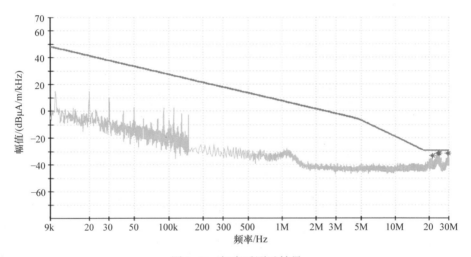

图 9-49　打磨后测试结果

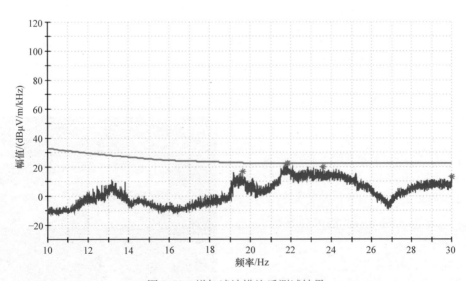

图 9-50　增加滤波措施后测试结果

4. 制定对策

通过上文梳理分析，并对前期列出的可能原因进行逐项排查，最终确定了样车辐射超标问题的主要原因。在与相关单位和供应商协商后，最终制定对策方案见表 9-11。

表 9-11　整改方案

序号	主要因素	对策	目标	措施
1	电机控制器开关电源工作	鉴于开关电源必须工作，结构已定。整改周期长，影响整车上市进度，故不对其做整改	—	不整改
2	屏蔽度过低	整改方案	提高线束屏蔽效能	直流快充线屏蔽
3	接地阻抗大	整改方案	降低电机控制器与车身间的接地阻抗	电机控制器支架采用镀锌支架
4	部件接口未滤波	整改方案	高压接口处抑制电磁骚扰的能力	低压接口处增加滤波板，直流高压线增加滤波磁环

5. 效果检查

针对表 9-11 所列的主要影响因素和整改措施实施后的样车开展测试，结果满足标准要求，且有一定的裕量，说明此次对试验不合格问题的排查整改措施有效。

三、车内空气质量试验

以某公司生产的纯电动 SUV 为试验对象，开展车内空气质量试验。

1. 试验准备

在接受检验前，试验车辆不得进行影响车内空气质量的任何人为改造，除非这些改造措施是制造厂必须的生产过程，或者是运输过程的一部分。样车试验前应去除内部构件表面覆盖物（如出厂时为保护座椅、地毯等而使用的塑料薄膜）。

布置测量点 1 个，位于前排座椅头枕连线的中点（可滑动的前排座椅应滑到滑轨的最后位置点）；采样点的高度与标准人体模型坐在座椅上的呼吸高度应一致。

受检车辆所在的采样环境应满足下列条件：

1）环境相对湿度：50%±10%。

2）环境气流速度：≤ 0.3m/s。

3）环境污染物背景浓度值：甲苯 ≤ 0.02mg/m³、甲醛 ≤ 0.02mg/m³。

2. 试验执行

（1）样车开门静置

将样车放入采样环境舱中，环境舱温度环境为（25±1）℃，然后将样车可以开启的窗、门完全打开，静止放置时间不少于 6h。在样车车内布置 4 组采样导管，如图 9-51 所示。

（2）样车封闭静置

完成样车开门静置阶段后，关闭样车所有窗、门，将样车保持封闭状态 16h。

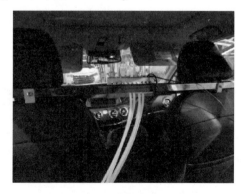

图 9-51　采样点布置图

（3）样品采集

将填充柱采样管分别安装在样品采集系统上，使用恒流气体采样器进行样品采集，如图9-52所示。TENAX采样管采集挥发性有机组分，采样流量（100±5）mL/min，采样时间30min，采样体积3L，DNPH采样管采集醛酮组分，采样流量（400±20）mL/min，采样时间30min，采样体积12L。

应至少同时采取2组平行样品以及2组环境背景的空白样品（车门开启阶段和车门

图9-52 样品采集

关闭阶段各一次）。采样点位置应在距离受检车辆外表面不超过0.5m的空间范围内，高度与车内采样点位置相当。

采样时要对样车情况、采样日期、时间、地点、数量、大气压力、气温、相对湿度、气流速度以及采样人员等做出详细现场记录；记录采样管编号，同时在每个样品上贴上标签，标明点位编号、采样日期和时间等。采样记录随样品一同报到试验室。

（4）样品的运输和保存

采样管应使用密封帽将管口封闭，并用锡纸或铝箔将采样管包严，低温（<4℃）保存与运输。保存时间不超过30天。

车内挥发性有机物和醛酮类物质采样原始记录表

3.试验分析及处理

（1）挥发性有机物测定

1）校准曲线绘制。用热脱附气相色谱质谱联用法分析制备好的系列标准样品管，以目标组分的质量为横坐标，以扣除空白响应后的特征质量离子峰面积（或峰高）为纵坐标，绘制校准曲线。校准曲线的斜率即是响应因子RF，校准曲线的相关系数≥0.995，否则重新绘制校准曲线。标样的参考总离子流TIC图如图9-53所示。

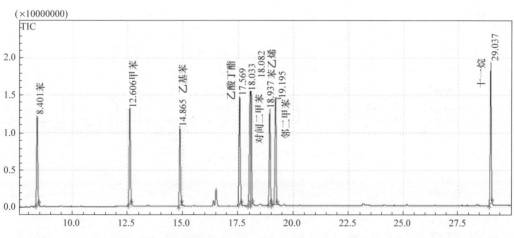

图9-53 9种挥发性有机组分标样参考总离子流TIC图

2）样品分析。将样品按照绘制校准曲线的操作步骤和相同的分析条件，用质谱进行定性和定量分析。

根据标准总离子流图各组分的保留时间和化合物特征离子进行定性分析，见表9-12。采用特征定量离子峰面积外标法定量分析。

表9-12 主要挥发性有机组分定性特征离子

序号	化合物名称	特征离子
1	苯	78、77、51
2	甲苯	91、92、65
3	乙苯	91、105、106
4	邻、间、对二甲苯	91、105、106
5	苯乙烯	104、103、78

（2）醛酮类化合物测定

1）校准曲线绘制。通过自动进样器或样品定量环量取20μL标准系列，注入液相色谱仪，按照参考色谱条件进行测定，以色谱响应值为纵坐标，浓度为横坐标，绘制校准曲线。校准曲线的相关系数≥0.995，否则重新绘制校准曲线。十六种醛酮类标样的参考色谱图见图9-54。

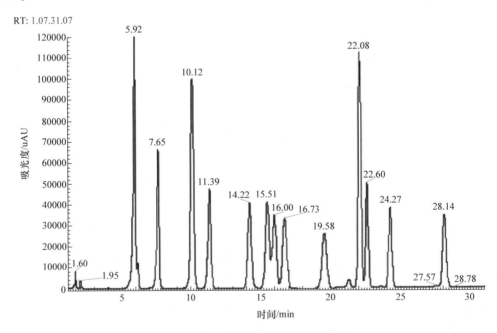

图9-54 十六种醛酮类标样参考色谱图

按出峰时间顺序，十六种醛酮物质分别为：甲醛、乙醛、丙烯醛、丙酮、丙醛、丁烯醛、甲基丙烯醛、丁酮、丁醛、苯甲醛、环己酮、戊醛、邻甲基苯甲醛、间/对甲基苯甲醛（同一色谱峰）、己醛。

2）样品分析。根据标准色谱图各组分的保留时间作定性分析。用作定性的保留时间窗口宽度以当天测定标样的实际保留时间变化为基准。若使用二极管阵列检测器检测，还可用光谱图特征峰来辅助定性。采用色谱峰面积外标法定量分析。

（3）试验结果计算

1）质量体积分数计算

车内空气质量体积分数按照式（9-1）进行计算。

$$c_m = \frac{m_F - m_B}{V} \times 1000 \qquad (9\text{-}1)$$

式中　c_m——分析样品的体积分数（mg/m³）；

　　　m_F——采样管所采集到的挥发性有机物或醛酮类化合物的质量（mg）；

　　　m_B——空白管中挥发性有机物或醛酮类化合物的质量（mg）；

　　　V——采样体积（L）。

2）标准状态体积换算。

将式（9-1）计算所得样品浓度换算成标准状态下的浓度，则按式（9-2）计算：

$$c_c = c_m \frac{p_0}{p} \frac{T}{T_0} \qquad (9\text{-}2)$$

式中　c_c——标准状态下分析样品的浓度（mg/m³）；

　　　p_0——标准状态下的大气压力，101.3kPa；

　　　p——采样时的大气压力（kPa）；

　　　T_0——标准状态下的温度，273K；

　　　T——采样现场的温度（t，℃）与标准状态的绝对温度之和（t+273）K。

4．试验结果评价

经过前文所述的测定和计算，得出该纯电动SUV试验样车静置状态下，车内空气中挥发性有机组分（苯、甲苯、二甲苯、乙苯、苯乙烯）和醛酮组分（甲醛、乙醛、丙烯醛）8种物质浓度，见表9-13。试验结果判定均满足国家标准GB/T 27630—2011《乘用车内空气质量评价指南》中规定的限值要求，该试验合格。

表9-13　车内空气中有机物浓度试验结果

序号	项目	限值要求 /（mg/m³）	车内标准状态下浓度 /（mg/m³）	结果判定
1	苯	≤ 0.110	ND[①]	符合
2	甲苯	≤ 1.100	0.012	符合
3	乙苯	≤ 1.500	ND	符合
4	二甲苯	≤ 1.500	0.008	符合
5	苯乙烯	≤ 0.260	ND	符合
6	甲醛	≤ 0.100	0.008	符合
7	乙醛	≤ 0.050	0.009	符合
8	丙烯醛	≤ 0.050	ND	符合

① ND表示检出值低于仪器定量限，气相色谱联用仪定量限为0.003mg/m³，高效液相色谱定量限为0.002mg/m³。

复习思考题

1. 新能源汽车在碰撞结束后，开展电安全测量确认，按照标准要求，其中物理防护测量直接接触带电部位应满足（　　　）级别保护。

A. IP67　　　　　B. IPX62　　　　　C. IPXXB　　　　　D. IPXB

2. EMC 试验前需要进行场强校准，场强校准按照测试频段和天线类型，分为单探头法和（　　　）探头法。

A. 2　　　　　B. 3　　　　　C. 4　　　　　D. 5

3. 开展车内空气质量试验时，常温静置需将样车放入整车空气环境测试舱中，舱内环境条件为温度（25±1）℃，湿度（50±10）%RH，将样车可以开启的窗、门完全打开，静止放置时间（　　　）。

A. 3h　　　　　B. 6h　　　　　C. 8h　　　　　D. 16h

4. 开展 C-NCAP 正面 50% 重叠移动渐进式可变形壁障（MPDB）试验工况，车上假人放置要求是：

驾驶员座位：_____；

前排乘客座位：_____；

后排乘客座位：_____；

儿童假人位：_____。

5. 电磁兼容试验主要分为电磁干扰试验和电磁抗扰试验两类，又分别包括传导和辐射两种信号传播方式，所以一般分为以下四类：传导干扰、_____、_____、辐射抗扰。

6. 车内空气质量试验时，用_____采集挥发性有机组分，采样流量_____，采样时间 30min，采样体积_____；用_____采集醛酮组分，采样流量_____，采样时间 30min，采样体积_____。

7. 整车安全试验主要由哪些系统和设施组成？它们在试验过程中分别起到什么作用？

8. 请简述整车辐射抗扰度试验的原理，并按照先后顺序简述其试验规程。

9. GB/T 27630—2011《乘用车内空气质量评价指南》明确规定了车内空气中有哪几项有毒有害物质？浓度限值分别是多少？

思政故事 留学鲍曼的红军之子

陈祖涛（1928—2022），是红军著名将领陈昌浩之子，更是新中国建立初期年轻一代工程技术人员中的佼佼者，是中国汽车工业的奠基人之一。

1945 年 5 月，陈祖涛考上苏联著名的鲍曼工学院。鲍曼工学院是苏联最顶尖的技术学院，同时也是一所半军工性质的院校，它的坦克、仪表、火炮、核能等尖端专业是不面向外国人的。陈祖涛原本报考的是机械系，学校却把他分到焊接专业。上了几

个月的课后，他才发现这个专业并不适合他学成报国的志愿，于是找到系主任，几番周折后，终于转到机床与工具专业。

虽然取得了第二次世界大战的胜利，但苏联也面对着战争造成的严重创伤。偏偏1946年苏联又遭遇了历史性的灾害气候，粮食歉收，使本来就张的食品供应雪上加霜。陈祖涛等留学生当时没有其他经济来源，仅有的生活来源只有学校的助学金和配给的每天350g的面包，但他在吃不饱、穿不暖的环境下仍然发奋学习。

发奋学习的动力源于陈祖涛心系祖国。他带领同学们组织成立"苏联中国留学生会"，积极搜集有关中国和中国革命的书籍，在同学中传阅。节假日则举办丰富多彩的文艺娱乐活动，促进中国留学生同学间思想沟通、感情交流，更紧密地团结在一起。

1951年，在苏联的中国留学生分期分批回国。在鲍曼工学院学习的陈祖涛，经常担任中共赴功代表团翻译，所以在他心中有了祖国建设急需技术人才的强烈意识。于是，陈祖涛提前参加考试和通过答辩，在汽车厂实习后毕业，风尘仆仆地回到祖国投身新中国建设事业，从此开始了他为之奋斗终生的汽车事业。

第十章

整车可靠性试验

本章主要介绍在充分调研用户使用习惯和环境的基础上，通过应用整车可靠性道路载荷谱采集试验技术，科学合理制订整车可靠性行驶试验方法，并以某新能源汽车可靠性试验为例，对该车型的可靠性试验过程进行分析和总结。

第一节 概　述

整车可靠性试验根据试验场地不同，可分为场内试验和场外试验。

场内试验主要验证车辆结构件、动力传动和智能网联等系统的可靠性。多数汽车均在专用汽车试验场开展可靠性试验，以缩短试验周期、提高验证效率。

场外试验一方面主要验证车辆内外饰、橡塑件、电子电器等系统在不同环境下的可靠性，因此需要在干热、湿热、高寒、高原等环境下开展相应的区域环境适应性行驶试验；另一方面通过实际公共道路真实场景，来对场内试验进行补充性验证。

随着可靠性试验技术的发展，虚拟仿真和台架道路模拟试验技术也越来越多地应用，可在产品研发初期开展可靠性试验，大幅度缩短研发周期。

综上所述，整车可靠性试验从类别上，可分为整车道路可靠性行驶试验、台架道路模拟试验、整车区域环境适应性行驶试验。

整车道路可靠性行驶试验可参 GB/T 12678—2021《汽车可靠性行驶试验方法》，电动汽车在定型试验阶段，可以按国标 GB/T 18388—2005《电动汽车　定型试验规程》推荐的定型试验里程及要求。

整车可靠性
试验

第二节　整车道路可靠性行驶试验

进行整车可靠性试验时，应针对不同汽车部件或系统开展相应的试验。

1. 车辆结构件

车辆结构件主要指车身、悬架和电气系统安装支架等承载结构件。因试验场耐久性道路包含了市场典型道路特征，可通过制订相应的试验方法，达到加速试验的目的。

2. 车辆动力传动系统

车辆动力传动系统主要指发动机、变速器、电机等传动系统部件。常使用试验场内的高速环道和坡道等对车辆的加速、减速、爬坡等工况进行验证，通过制订相应的试验方法，达到加速试验的目的。

在公共道路也会针对特殊工况，对试验场道路试验进行补充验证，如连续爬长坡、长时间拥堵等。

3. 车辆智能网联系统

车辆智能网联系统主要在普通汽车的基础上增加摄像机、激光雷达、毫米波雷达、超

声波雷达等传感器以及控制器、执行器等装置，通过车载传感系统和信息终端实现车与 X（人、车、路、云等）智能信息交换，具备智能的环境感知能力，能够自动分析汽车行驶的安全及危险状态，按照人的意志到达目的地，最终实现自动驾驶。由于试验场内的场景较为单一，因此也需要在公共道路的复杂交通环境下进行补充验证。在验证系统可靠性的同时，也为控制逻辑的完善提供场景、数据等参考。

下文将以考核车辆结构件为例，概述基于损伤等效测试工况的开发方法。

一、汽车试验场耐久性道路

汽车试验场耐久性道路主要用于整车道路可靠性行驶试验，由一系列特殊道路组成，其主要建设思路是把公共道路中对车辆造成较大载荷激励的路面进行组合，比如：比利时路来源于比利时国内用花岗岩石块建设的路面，搓板路来源于高原地区经热胀冷缩后形成的损坏路面，住宅路来源于欧美国家公共道路与个人别墅之间的连接道路等（图 10-1）。

卵石路　　　　　　　　　　　扭曲路

比利时路　　　　　　　　　　振动路

图 10-1　汽车试验场耐久性道路

汽车企业根据自身设计要求，通过不同几何结构的特征道路排列，结合驾驶操纵对车辆提供丰富的载荷和振动激励，达到对整车进行充分验证的目的。如：利用不同尺寸的坑洼路、减速坎，通过对车速的设计，可实现较大纵向和垂向载荷激励的验证，同时提供 8～20Hz 的振动激励；通过驾驶员蛇行转向操作，提供较大的侧向载荷激励（表 10-1）。

表 10-1   典型道路的激励类型示例

序号	典型道路	主要载荷激励类型	振动频率范围
1	比利时路、卵石路	纵向、侧向和垂向激励	< 25Hz
2	扭曲路、住宅路、长波路	车身扭转激励	< 1Hz
3	坑洼路、减速坎	垂向、纵向和车身弯曲激励	< 20Hz
4	搓板路	纵向、侧向和垂向激励	> 25Hz
5	振动路	纵向、侧向和垂向激励	< 25Hz
6	绳索路	纵向、侧向和垂向激励	< 80Hz

二、测试系统

在进行试验场道路、台架及虚拟仿真试验时均需要测试系统采集车辆载荷数据，这项工作一般称为道路载荷谱采集（Road Load Acquisition）试验。

该套测试系统一般包含数据采集器、六分力传感器、三分力传感器、加速度传感器、位移传感器、零部件传感器等（图 10-2）。

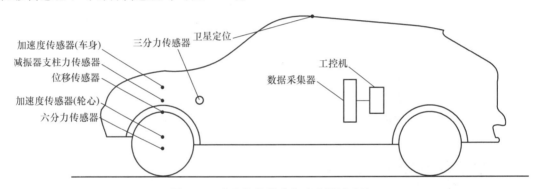

图 10-2   道路载荷谱采集试验测试系统

1. 数据采集器

道路载荷谱采集试验测试环境恶劣，因此采集器需要有足够的通道数和存储读写能力，以及足够高的防尘、防水、抗振能力。

图 10-3 所示为 HBM 公司 eDAQ 采集器，采用无风扇的散热片进行系统散热，具有较高的密封性，抗振性能为扫频 20g。单台可达到 96 个模拟通道，3 个 CAN 通道，最高采样频率为 100kHz，同时多套采集器可进行组网同步采集。

2. 六分力传感器

轮胎六分力传感器应有较宽的量程及适用范围，满足不同尺寸轮胎的载荷测量。如图 10-4 所示为 MSC LW12.8 型传感器，可适用 13 ~ 20in 的轮胎，纵向力和垂向力可达 55kN，侧向力可达 30kN，防护等级为 IP67。

图 10-3   数据采集器

图 10-4　轮胎六分力传感器及安装示意

3. 加速度传感器

汽车行业用的加速度传感器种类主要有压电式、电阻式和电容式等。因为道路载荷的频率主要在 50Hz 以下，所以在道路载荷谱采集试验中采用低频响应较好，且受温度影响较小的电容式加速度传感器，图 10-5 所示为 PCB 公司电容式加速度传感器，频响为 $0 \sim 2000Hz$，量程为 $\pm 50g$，分辨率为 $-1 \times 10^{-3}g$，防护等级为 IP67。

图 10-5　PCB 公司电容式加速度传感器

4. 位移传感器

针对轮胎、转向器齿条等部件位移的测量，一般采用拉线式和拉杆式位移传感器，根据动态行程选择相应量程的位移传感器。图 10-6 所示为一款米铱 WDS-500-MPW-C-P 型位移传感器，其量程为 500mm，精度为 $\pm 0.5mm$，防护等级为 IP67。

5. 零部件传感器

针对一些特殊的测试，比如测量减振器支柱力、弹簧位移、驱动轴转矩等，使用商业传感器测试成本较高，可通过在零部件上粘贴应变片组成相应的桥路，再对试件加载标定以获得零部件的力、力矩、位移等信号，这一过程被称为零部件传感器开发。其原理及实施如图 10-7 所示。

图 10-6　位移传感器

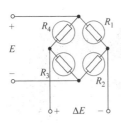

图 10-7　零部件传感器开发原理及实施示意图

三、基于损伤等效的测试工况开发

基于损伤等效的测试工况开发一般包含用户调研、数据采集、损伤计算及矩阵编辑、工况开发及验证四个方面工作，这一过程也称为用户关联（图 10-8）。用户调研主要是获得用户使用条件下的行驶里程、路面类型及比例等信息，以估算车辆在全生命周期的寿命（里程）；数据采集主要是获取用户道路及试验场路面下的车辆载荷数据；再对数据进行损伤计算，编辑用户道路及试验场各路面的损伤矩阵，并进行损伤矩阵的解析；通过对测试通道进行分类，从损伤、雨流等角度对解析结果进行评价，最后通过实车评价测试工况的可执行性。

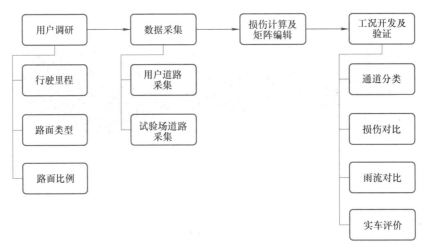

图 10-8　基于损伤等效的测试工况开发流程示意图

1. 用户使用条件调研

汽车产品最终是被用户使用和评价的，所以汽车产品的开发和验证应围绕用户的使用习惯和环境进行针对性开发验证。产品的设计验证强度过弱，部件频繁失效，会造成用户抱怨，影响品牌口碑，甚至面临召回和退出市场的风险。产品的设计验证强度过强，则会使成本上升，缺乏市场竞争力。试验开发工作则是在设计强度和用户使用强度之间寻找平衡点。

用户的使用习惯和条件可以通过问卷调查获得。从统计学来说，调查的样本数量和范围越多，其结果越准确。表 10-2 为某汽车产品对国内特定销售区域的调查结果，可以得知：90% 的用户期望车辆的使用里程为 20 万 km，其中高速公路占比 37.5%，城市道路

40%，城郊道路 17.5%，山区道路 5%。

表 10-2　某汽车产品 90% 用户使用条件调查结果

序号	90% 用户目标工况分类					
1	路面类型	高速公路	城市道路	城郊道路	山区道路	小计
2	行驶里程 /km	75000	80000	35000	10000	200000
3	占比（%）	37.5	40	17.5	5	100

2. 数据采集

在进行数据采集时，为保证数据的一致性，所有工况最少要保证 3 组及以上的有效数据。

（1）用户道路载荷谱采集

车辆搭载测试系统在公共道路上采集数据，以获取车辆在道路行驶中所受到的关键载荷。测试方案见表 10-3。

表 10-3　典型的道路载荷谱采集试验方案

序号	传感器类型	测试信号类型	测试通道数
1	六分力传感器	力、力矩等	> 24
2	加速度传感器	加速度	24
3	位移传感器	位移	4
4	应变传感器	微应变	若干
5	卫星定位系统	车速、经纬度等	—
6	其他	逻辑、整车 CAN 总线	若干

由于公共道路载荷有一定的重复性，因此在载荷谱采集试验时，只需采集一定长度的数据，并按比例进行放大。此时根据实际测试里程（表 10-2），计算出对应的循环次数，见表 10-4。

表 10-4　用户道路测试内容

序号	90% 用户目标工况分类				总计
1	道路工况	高速公路	城市道路	城郊道路	山区道路	全部道路
2	总里程 /km	75000	80000	35000	10000	200000
3	测试里程 /km	120	80	60	130	390
4	循环次数	625	1000	583	77	—

（2）试验场道路载荷谱采集

在试验场进行试验时，场地管理方一般会推荐各种特征道路的试验车速。在进行试验规范开发时，需要对同一个特征道路进行多种车速下的载荷谱采集，见表 10-5。

表 10-5　某试验场部分道路测试内容

序号	道路名称	推荐车速 /（km/h）	测试车速 1/（km/h）	测试车速 2/（km/h）	测试车速 3/（km/h）
1	比利时路	30 ～ 60	40	50	60
2	坑洼路	20 ～ 40	20	30	40
3	卵石路	40 ～ 60	40	50	60

（3）试验数据记录

对所有采集到的数据按内容进行命名并记录，以便区分测试内容，见表10-6。

表10-6　采集数据记录表

序号	数据文件名	内容
1	V1_GVW_XGPG_C1_Event01_50kmh	车辆1新港试验场C1道路01路面50km/h满载状态
2	V1_CVW_Hefei_B1_a01	车辆1合肥地区B1工况a01路线半载状态
…	…	…

图10-9为采集到的左前轮力的数据，横坐标为时间，纵坐标为力，其中左前轮纵向力最高为3886N，侧向力为5068N，垂向力为9445N。

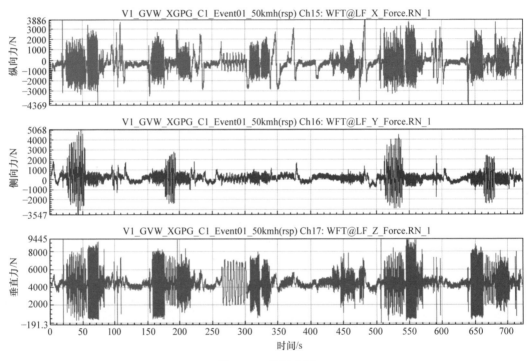

图10-9　数据示例

3. 损伤计算及损伤矩阵的编辑

依据迈因纳法则（Miner），一般用应力或应变信号，通过试件 *S-N*（应力 - 寿命）曲线来进行计算。但在实际工程应用中，由于试件的几何结构、涂层、加工方式等实施工艺的差异，很难获得试件的真实 *S-N* 曲线，因此常说的损伤即为名义损伤或伪损伤。同时这里的应力或应变也可以是试件受到的力、力矩、加速度、位移等载荷输入。

损伤计算流程如图10-10所示。

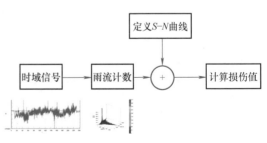

图10-10　损伤计算流程

（1）雨流计数

工程应用中常用的计数法有：穿级计数法、峰值计数法和雨流计数法等。在疲劳寿命计算中，行业内多采用雨流计数法，通过对采集的时域信号进行雨流计数，获得各级载荷及对应的循环次数。

雨流计数法又称塔顶计数法，其主要特点是根据研究材料的应力-应变过程进行计数，统计载荷波形中的循环和半循环，如图 10-11 所示。

雨流计数法原则：

1）雨流的起点依次从每个峰值的内测边开始，波形左半部为内测边。

2）雨点在下一个峰值落下，直到对面有一个比开始时的峰值更大的峰值为止，也就是说比开始时的最大值更大的值或者比最小值更小的值为止。

3）当雨流遇到来自上面屋顶留下的雨时，也就停止。

4）按以上过程去除所有全循环，并记下各自的变程。

5）再按照正负斜率去除所有半循环，并记下各自的变程。

6）把取出的半循环按照修正的"变程对"记数法配成全循环。

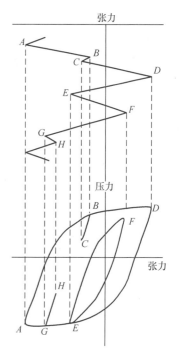

图 10-11　雨流计数法

应注意的是，应变-时间记录的每一部分只计一次。一个基本假设是一个大的幅值所引起的损伤并不受夹在大循环中的小幅值循环所引起应力应变的影响。

以图 10-11 为例：应变从 A 到 B，反向回到 C 再正向到 D 点，AD 之间的 BC 是一个封闭的载荷循环。继续从 D 点经过 EFGH 再回到 A 点，在这之间形成了 FE 和 HG 两个循环。

通过雨流法可统计出所有封闭循环的范围、均值以及出现的次数。雨流计数法的输入为应变或力时，雨流计数得到的结果与真实的损伤成正比。

（2）定义 S-N 曲线

在材料 S-N 曲线中的高周疲劳区（HCF），载荷和循环次数（寿命）在双对数坐标系为线性关系。S-N 曲线中 HCF 区域双对数坐标下的线性特性如图 10-12 所示。

其载荷和循环次数（寿命）的关系为：

如图 10-12 所示，直线的斜率 b 为

$$b = \frac{-(\log S - \log S_0)}{(\log N_0 - \log N)} \quad (10\text{-}1)$$

$$\log N_0 - \log N = -\frac{1}{b}\log\left(\frac{S}{S_0}\right) \quad (10\text{-}2)$$

$$\log N = \log N_0 + \frac{1}{b}\log\left(\frac{S}{S_0}\right) \quad (10\text{-}3)$$

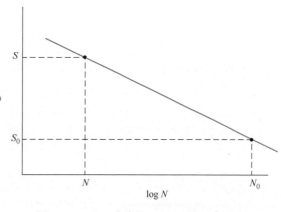

图 10-12　S-N 曲线的 HCF 区域示意图

$$N = N_0 \left(\frac{S}{S_0} \right)^{\frac{1}{b}} \tag{10-4}$$

一般定义 $1/b=k$，即为 S-N 曲线的斜率，则

$$N = N_0 \left(\frac{S}{S_0} \right)^{k} \tag{10-5}$$

在工程应用中，对焊接零件或裂纹增长分析时，$k=-3$；对典型的表面粗糙的汽车零件分析时，$k=-5$；对表面光滑的典型汽车零件分析时，$k=-7$。

（3）损伤计算

汽车的疲劳损伤是线性累积的过程，依据迈因纳法则将各级载荷下的损伤进行线性累加，可获得测试通道的损伤 D。

$$D = \sum_{i=1}^{n} \mathrm{d}i = \sum_{i=1}^{n} \frac{n_i}{N_i} \tag{10-6}$$

式中　N_i——$\sigma - n$ 曲线上对应于应力级 σ_i 的破坏循环次数；

$\quad\quad n_i$——在应力级 σ_i 作用下的实际工作循环次数。

（4）损伤矩阵的编辑及解析

对于单一测试通道进行雨流计数，获得雨流列矩阵为：

$$\mathbf{N} = \left\{ N_1, N_2, \cdots, N_a \right\}^{\mathrm{T}} \tag{10-7}$$

对应的损伤矩阵为：

$$\mathbf{d} = \left\{ d_1, d_2, \cdots, d_a \right\}^{\mathrm{T}} = \left\{ N_0 \left(\frac{S_1}{S_0} \right)^k, N_0 \left(\frac{S_2}{S_0} \right)^k, \cdots, N_0 \left(\frac{S_a}{S_0} \right)^k \right\}^{\mathrm{T}} \tag{10-8}$$

则单一测试通道的损伤 D 为：

$$D = \frac{n_1}{N_0 \left(\frac{S_1}{S_0} \right)^k} + \frac{n_2}{N_0 \left(\frac{S_2}{S_0} \right)^k} + \cdots + \frac{n_a}{N_0 \left(\frac{S_a}{S_0} \right)^k} = \sum_{i=1}^{a} \frac{n_i}{N_0 \left(\frac{S_a}{S_0} \right)^k} \tag{10-9}$$

1）目标载荷（用户）损伤矩阵编辑。通过用户调研结果，对采集的数据计算损伤，通过编辑生成目标载荷矩阵，可作为可靠性行驶试验测试工况开发的目标载荷。

根据表 10-4，通过调查某销售区域的目标载荷的数学表达式为：

$$T'_{mi} \mathbf{B}_i = \mathbf{X} \tag{10-10}$$

式中　$\mathbf{B}_i$——由 B_1，B_2，$\cdots$，B_i 组成的 $i \times 1$ 列矩阵，B_i 为某销售区域第 i 种工况（路面）的循环次数，例：B_1 为高速公路工况下的循环次数，为 625 次；

$\boldsymbol{T}'_{mi}$——由 D'_{11}，…，D'_{mi} 组成的 $m \times i$ 矩阵，D'_{mi} 为某销售区域第 m 通道的第 i 种路面的损伤。式（10-10）中，$\boldsymbol{T}'_{mi}$ 的列为第 1，…，m 个测试通道，行为第 1，…，i 个用户道路测试工况，例：D'_{11} 为高速公路工况的第一个测试通道对应的损伤；

$\boldsymbol{X}$——由 X_1，X_2，…，X_m 组成的 $m \times 1$ 列矩阵，X_m 为第 m 通道的损伤。

2）试验场特征路面的损伤矩阵编辑。同理，可以获得某试验场各工况（路面）的损伤矩阵 $\boldsymbol{T}''_{mk}$，$\boldsymbol{T}''_{mk}$ 是由 D''_{m1}，…，D''_{mk} 组成的 $m \times k$ 矩阵，D''_{mk} 为某试验场第 m 通道的第 k 种路面的损伤。

3）基于损伤等效的矩阵解析。同理，$\boldsymbol{Y}$ 是由 Y_1，Y_2，…，Y_m 组成的 $m \times 1$ 列矩阵，Y_m 为第 m 通道的损伤。为使试验场可靠性试验结果和目标销售区域的使用结果一致，即为：

$$\boldsymbol{Y}=\boldsymbol{X} \tag{10-11}$$

测试工况的开发即是获得试验场各工况（路面）循环次数的过程。可将各工况（路面）循环次数用 $\boldsymbol{C}_k$ 表示，$\boldsymbol{C}_k$ 是由 C_1，C_2，…，C_k 组成的 $k \times 1$ 列矩阵，C_k 为某试验场第 k 种工况（路面）的循环次数。测试工况开发的过程即为获得 $\boldsymbol{C}_k$，见表 10-7。

表 10-7　开发后的测试各工况循环次数示例

序号	工况	试验车速 /（km/h）	各工况循环次数
1	比利时路	40	800
2	卵石路	40	800
3	扭曲路	5	400
…	…	…	…

在这里矩阵的解可能有多个，需要依据工程经验、结合场地的实际环境、可操作性等因素对方程给定约束条件进行求解。

4. 测试工况开发及实车验证

（1）测试通道的载荷分类

由于测试通道达到上百个，开发后的规范仅通过上百个的损伤结果进行对比，其量化结果比较抽象。一般根据车辆受到的激励特点进行分类和对比，见表 10-8。

表 10-8　测试通道的载荷分类

序号	车辆部位	载荷分类	对应的测试通道
1	悬架系统	纵向载荷	四轮轮心纵向力
2		侧向载荷	四轮轮心侧向力
3		垂向载荷	四轮轮心垂向力 & 四轮位移
4		制动载荷	四轮轮心纵向力矩
5		转向载荷	左、右转向器连杆应变
6	车身结构	扭转载荷	前、后稳定杆应变 & 四轮位移

（2）损伤对比评价

将试验场和目标载荷损伤进行对比，图 10-13 所示为 A 试验场（A Proving Ground，

APG）测试数据与目标载荷的对比结果，相对目标载荷，APG 的各载荷倍率均在 1.5 倍以内。

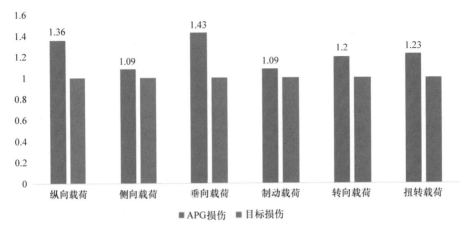

图 10-13　APG 和目标载荷损伤对比结果

（3）雨流对比评价

对所有的测试通道进行雨流计算，对比 A 试验场载荷与目标载荷的雨流分布，图 10-14 所示为车轮纵向力雨流结果在对数坐标系下的对比结果，其横坐标为循环次数，纵坐标为载荷范围，两者在较大载荷下（1000～58600N）的曲线呈现较高的一致性，在较小载荷下（＜1000N）的曲线呈现一定的离散性。由式（10-5）可知，载荷越大其损伤越大，在工程实践中重点关注较大载荷的吻合度，因此根据结果可认为两者的吻合度较高。

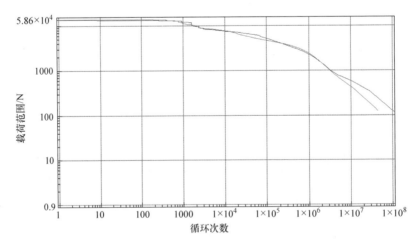

图 10-14　A 试验场载荷和目标载荷的雨流分布

（4）实车评价及工况的确定

分析完成后，需要在试验场内按开发后的测试工况进行实车验证，评估规范的可操作性。将试验场各工况（道路）按一定先后行驶顺序、操纵方法等，编制形成可靠性试验规范，见表 10-9。试验规范可表述为：测试工况共 800 个循环，总试验里程为 7360km。

表 10-9 可靠性试验规范明细

序号	试验场道路	工况	试验车速 / （km/h）	各工况总 循环次数	总循环次数	里程 /km
1	1 号路	扭曲路	5	400	800	0.01
2		坑洼路	30	400		0.01
3		…	…	…		…
4	2 号路	比利时路	40	800	400	0.3
5		卵石路	40	800		0.2
6		…	…	…		…
7	3 号路	石块路	35	800	800	0.2
8		振动路	40	800		0.35
9		…	…	…		…
10	4 号路	紧急制动	80	800	800	0.4
11		8 字行驶	20	800		0.05
总计					800	7360

根据表 10-9 可知，车辆在试验场耐久性路面进行 7360km 可靠性行驶试验，车辆结构件的损伤等效于 90% 用户 20 万 km 市场道路行驶，达到快速试验的目的。按同样的方法也可进行车辆动力传动系统测试工况的开发，不同在于动力传动系统测试工况的开发采集分析的是发动机 / 电机转速、转矩、档位等信号。

四、整车可靠性行驶试验方法

汽车可靠性指汽车在规定的条件和规定的时间内，完成规定功能的能力。规定的条件指汽车的工作条件，如承受的机械载荷、电压、电流、工作温度、湿度、腐蚀、维修、保养等。汽车的工作条件对其可靠性影响很大，只有规定了汽车的工作条件，才能进行可靠性分析和比较。在可靠性工程中，"时间"泛指广义的时间，包括次数（汽车承受一定载荷的次数、开关的开 - 闭次数等）、距离（汽车行驶的里程数）、时间（汽车发动机在规定条件下的工作的时间、汽车各零部件的使用时间等）等反映产品寿命的变量。规定的功能指在产品设计任务书、使用说明书以及国家标准中规定的各种功能与性能要求。

按照 GB/T 12678—2021《汽车可靠性行驶试验方法》相关要求，汽车可靠性行驶试验一般按以下程序和步骤开展。

1. 试验条件

（1）试验环境

常规可靠性行驶试验和加速可靠性行驶试验应选择多种气象条件进行，特殊地区使用的汽车或特殊用途的汽车应在相应的条件下（如高寒、高原、干热及湿热等地区）进行。

（2）试验车辆

车辆应符合汽车企业规定的技术条件；乘用车宜不少于 3 辆，商用车由汽车企业自行确定；电动汽车由汽车企业自行确定。车型配置，宜选择有代表性的车型配置。

（3）试验配载

根据用户关联或汽车企业的设计要求确定试验配载，按照 GB/T 12534—1990《汽车道路试验方法通则》确定的方法进行配载。

2. 试验步骤

（1）整车参数测量及调整

试验前，按照 GB/T 12674—1990《汽车质量（重量）参数测定方法》确定的方法进行整车质量参数测量，按照制造商车轮定位规范进行车轮定位参数测量及调整；根据产品设计任务书，测量并调整关键部位紧固力矩后，应对紧固件位置进行标记。

（2）磨合行驶

新车开展试验前，一般需要经过磨合行驶，磨合里程不计入试验里程；根据产品使用说明书要求进行磨合行驶。

（3）可靠性行驶试验

1）常规可靠性行驶试验。根据用户调研或车载记录数据，确定试验车辆在城市道路、高速公路、一般公路、山路、非铺装路上的行驶里程及分配比例。

试验过程中，应按如下要求进行驾驶操作：

① 试验过程中按照设计工况选择档位，应在保证安全的前提下，按照设计工况车速行驶。

② 每行驶 100km，至少有两次由静止状态全速加速行驶；累积倒档行驶不小于200m；至少制动 2 次，制动前后的车速变化率应不小于 30%。

③ 山路行驶时，每行驶 100km 至少做 1 次上坡停车和起步，在不小于 6% 的坡道上用行车制动停车，变速器置于空档，再用驻车制动停稳，然后按正常操作进行坡道起步。

④ 夜间行驶里程比例应不少于试验总行驶里程的 10%。

2）加速可靠性行驶试验。根据用户关联或试验场规范，确定试验车辆在试验场不同类型道路的行驶里程和工况分配，确定试验场不同道路的驾驶操作，复现不同道路的驾驶工况。

3）车辆日常操作。根据车辆配置，进行日常操作检查，按产品使用说明书操作，保证车辆可正常运行。针对配置中的特殊功能，如驾驶模式（如运动模式、经济模式或雪地模式），需按照产品使用说明书要求在行驶试验中进行相应操作。

日常操作检查包括门盖开关、天窗开关、加油 / 充电口盖开关、杂物箱开关、玻璃升降开关、刮水器洗涤开关、灯具开关、空调开关、音响娱乐开关、仪表开关、座椅 / 转向盘调节、后视镜 / 遮阳板调节、车载信息娱乐系统功能操作、先进驾驶辅助系统功能操作、车联网系统功能操作等。

（4）故障的发现、判断和处理

1）故障的发现。故障一般凭感官判断，对于不易判断的故障，也可通过其他辅助手段（如标记、无损检测等）确定。

故障发现的途径包括：

① 接车检查：按照车辆日常操作进行检查。

② 停车检查：应定期开展停车检查，主要检查各部位的松脱、渗漏、损坏等。

③ 行驶中检查：应注意汽车工作状况，如有异常，需停车排查。

④ 定期保养检查：在保养作业中，除按规定逐项保养外，还要注意检查有无异常现象，如零部件的磨损、裂纹、变形等。

⑤ 性能测试。

⑥ 拆车检查。

2）故障的判断和处理。发现的故障，按照 QC/T 900—1997《汽车整车产品质量检验评定方法》描述的方法进行故障分级和故障模式的判断。汽车发生故障应立即停车检查，原则上要及时排除故障。如发生的故障不影响行驶安全及基本功能，且不会诱发其他故障，可以继续试验观察，直至需要修理时为止. 故障级别按最严重时计，里程按照发生最严重故障时的里程进行记录。

（5）维护和修理

试验过程中，应按照产品使用说明书对车辆进行维护和修理。维护包括紧固、调整、润滑、清洗及更换易损件等，进行维护时，如发现非维护项目出现故障，应按规定的程序处理，按照规定进行故障记录。修理范围仅限于与故障有直接关系部分。

（6）试验记录

试验开始前、试验过程中和试验结束后，应进行汽车可靠性行驶试验记录、统计。

1）接车记录。接车时，应记录车辆信息并填写故障记录表，记录信息包括车辆型号、出厂日期、VIN、车辆编号、车辆动力形式（燃油、纯电、混合动力等）、整备质量、最大设计总质量、里程表读数、故障记录和处理结果等。

2）行驶记录。试验过程中，应记录车辆行驶信息并填写行驶记录表，记录信息包括车辆编号、记录日期、气象条件、气温、开始行驶时间和里程、结束行驶时间和里程、燃料添加量等。

3）故障记录。试验过程中，发生故障后，应填写车辆故障、修理和保养记录，记录内容包括：

① 总成名称：发生故障的零部件所属的上一级总成。

② 故障里程：发现故障时里程表读数和抽样时里程表读数之差乘以里程表校正系数（注：抽样时里程表读数指样本抽取时车辆的里程表读数）。

③ 故障描述：用简单而明确的语言叙述故障现象及出现故障时的工况，凡可能定量描写的均要写出具体数值，必要时还应拍照、标明故障位置形状及尺寸等。

④ 故障原因分析：通过对故障现象的观察分析、尺寸测量等，确定产生故障的原因。故障原因包括车辆因素和人为因素，车辆因素还可以进一步分为设计问题、质量问题和生产问题等。

⑤ 故障后果：停车、性能下降、造成交通事故等。

⑥ 处理措施：具体故障修理方式。

4）维修、更换记录

试验过程中，车辆进行维修、保养、更换零部件或更新软件时，应填写记录车辆信息以及维修记录表，更换零部件或更新软件的，应在行驶记录中明确并注明零部件号或软件的版本号。

5）车辆拆检记录

汽车试验过程中和结束后，为检查各总成内部结构的磨损及其他异常现象，应按相应试验规程的规定对主要总成（如车身、车载能源、发动机/驱动电机、离合器、变速器、驱动桥、转向器等）进行部分或全部拆检并进行记录。拆检具体项目内容和操作应按照产品维修手册的规定进行。

3.试验数据处理

试验结束后，应进行故障统计和可靠性统计。

（1）故障统计

试验过程中发现的故障，应按照如下原则进行统计：

① 所有故障均按照单车，依发现故障的里程顺序填写故障统计表。

② 未通过改进措施排除的故障，只统计 1 次，故障类别按最严重情况统计，其对应里程数为该故障里程。

③ 同一里程不同零部件发生故障应分别统计。同一零部件出现不同模式故障也应分别统计；如果同一个零部件发生几处模式相同的故障，则只统计 1 次，故障类别按最严重的统计。

④ 可靠性试验前，检查发现的故障不计入统计。

（2）可靠性统计

根据评价指标计算需要，按单车分别统计各类故障频次、首次故障里程、当量故障数、实际行驶里程、试验平均车速等。

① 当量故障数

当量故障数指各级故障按其危害性以一定的系数折算成一般故障的数目，Ⅰ、Ⅱ、Ⅲ、Ⅳ四级故障危害性系数分别为 100、10、1、0.2。

$$r_{\mathrm{D}} = \sum_{i=1}^{4} \varepsilon_i r_i \tag{10-12}$$

式中　r_{D}——当量故障数；

　　　ε_i——第 i 类故障危害系数，分别为 $\varepsilon_1=100$、$\varepsilon_2=10$、$\varepsilon_3=10$、$\varepsilon_4=0.2$；

　　　r_i——第 i 类故障数。

② 当量故障率

当量故障率指当量故障数与总试验里程的比值，单位为次 /1000km。

$$\lambda_{\mathrm{D}} = 1000 \times \frac{\sum_{j=1}^{n} r_{\mathrm{D}j}}{S} \tag{10-13}$$

式中　λ_{D}——当量故障率（次 /1000km）；

　　　$r_{\mathrm{D}j}$——第 j 辆车当量故障数；

　　　S——总试验里程（km）。

③ 平均首次故障里程

平均首次故障里程（Mean Time To First Failure，MTTFF）按下式计算：

$$\mathrm{MTTFF} = \frac{S'}{n} \tag{10-14}$$

式中　S'——同一时间、同一地点，n 辆车无故障行驶总里程（km）；

　　　n——同一时间、同一地点，n 辆可靠性试验车，只统计Ⅰ、Ⅱ、Ⅲ类故障。

④ 平均故障间隔里程

平均故障间隔里程（Mean Time Between Failure，MTBF）按下式计算：

$$MTBF = \frac{S}{r} \tag{10-15}$$

式中 S——同一时间、同一地点，n 辆车行驶总里程（km）；

r——同一时间、同一地点，n 辆车 S 里程内发生的 Ⅰ、Ⅱ、Ⅲ 类故障总数。

4. 电动汽车定型试验

电动汽车定型试验按照 GB/T 18388—2005《电动汽车定型试验规程》进行，其试验条件、试验步骤、试验数据处理同 GB/T 12678—2021《汽车可靠性行驶试验方法》规定基本一致；除此之外，定型试验还有如下要求：

1）电动汽车的可靠性行驶试验应在国家授权的试验场地内进行。

2）可靠性行驶试验的总里程为相应燃油车辆定型试验规程中规定的可靠性行驶总里程的 50%；总里程若小于 5000km，则按 5000km 执行。

3）里程分配比例坏路占 35%，平路和高速占 65%。

整个可靠性试验过程中，整车控制器及总线系统、动力电池及管理系统、电机及电机控制器、车载充电机等系统和设备不应出现危及人身安全、引起主要总成报废、对周围环境造成严重危害的故障（致命故障）；也不应出现影响行驶安全、引起主要零部件和总成严重损坏或用易损设备件和随车工具不能在短时间内排除的故障（严重故障）。

第三节　基于台架开展道路模拟试验

从产品开发流程的角度，悬架系统的开发周期一般要早于车身系统。道路试验对试验样车的要求较高，待样车具备整车道路试验条件时，整个产品项目留给道路试验的时间会非常少。如仅依靠道路试验进行开发验证，则会不可避免地遇到验证时间短、试验样本少、整改成本高等问题。

采用台架道路模拟试验方法可以较好地避免上述问题，道路模拟试验能够较早地介入产品开发，一旦样件开发完成，就可第一时间开展。随着产品开发的推进，从零部件、系统最后到整车，逐级验证，将发现问题的时间前移，整个产品开发项目风险会降低很多。

一、整车道路模拟试验分类

常见的整车道路模拟试验有二十四通道轴耦合道路模拟试验和四通道轮耦合道路模拟试验。

1. 二十四通道轴耦合道路模拟试验

试验时拆掉车辆轮胎总成，通过适配夹具和试验台架进行固定。台架在每个轮心位置由六个作动缸联合驱动实现六个自由度的加载试验，因此该种方法和车辆在实际道路上受到的激励重复性较好，但成本较高（图 10-15）。

2. 四通道轮耦合道路模拟试验

试验时将车辆直接停置在台架作动器托盘上，只需要对轮胎水平方向进行限位。由于只有四个作动缸，系统仅在垂直方向上的模拟精度较高。该方法不仅可以进行车辆结构可靠性试验，还可以结合环境舱和消声室进行整车 NVH 及其他性能评价（图 10-16）。

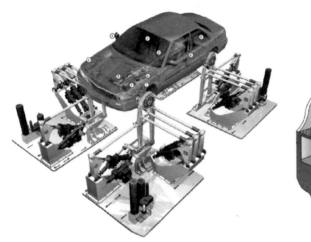 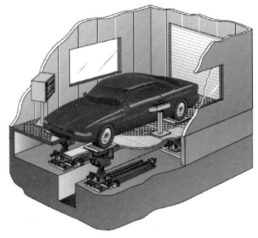

图 10-15　二十四通道轴耦合道路模拟试验　　　　图 10-16　四通道轮耦合道路模拟试验

二、道路模拟试验的一般步骤

道路模拟试验一般分为数据采集、数据编辑分析、驱动文件开发、试验运行和试验结果评价五个步骤。

图 10-17　道路模拟试验的一般步骤

1. 数据采集

参考第二节中的道路载荷采集试验方法，通道内容及总数根据道路模拟试验的种类而不同（表 10-10）。

表 10-10　道路模拟试验采集内容

序号	试验种类	主要测试通道	通道总数
1	二十四通道轴耦合道路模拟试验	六分力、加速度、位移、应变等	> 50 个
2	四通道轮耦合道路模拟试验	加速度、位移等	> 8 个

2. 数据编辑分析

对采集到的道路载荷谱进行去漂移、去毛刺、滤波、裁剪等处理，获得道路模拟试验的期望信号。

3. 驱动文件开发

（1）获取频响函数

用白噪声作为输入信号对台架及车辆系统进行激励，测得车辆的响应信号，根据输入谱、输出谱和互谱等分析，计算系统的频响函数。

（2）获取初始驱动及响应信号

根据系统频响函数的逆函数、期望信号等，计算生成道路模拟试验的初始驱动信号，并运行初始驱动信号获得响应信号。

（3）迭代及生成驱动文件

道路模拟试验是希望试验的响应信号和期望信号尽可能一致，但由于系统的非线性等因素，两者始终存在一定的误差，该误差用均方根误差进行评价。迭代的过程就是反复修正初始驱动信号，从而获得满意的驱动信号。

试验类型不同，在迭代过程中关注的通道不同。在二十四通道轴耦合道路模拟试验中关注轮心的力和力矩等，而在四通道轮耦合道路模拟试验中关注垂向加速度和轮心的位移。在迭代的过程中，当主要控制信号的误差达到期望指标时迭代终止，生成试验的驱动文件。

4. 试验运行

使用驱动文件按整车测试工况中的循环次数，开始可靠性试验。同时试验过程中需要监控各信号的限值及减振器温度，当信号超出允许范围时，需要检查系统是否出现异常。

5. 试验结果评价

试验期间可按第二节的方法对车辆出现的故障进行判定和记录，试验结束后的评价方法和整车道路可靠性行驶试验评价相似，差异在于实车可靠性与里程相关，台架与循环次数或时间相关，也可以按两者的关系转换成里程。

第四节　整车地区环境适应性行驶试验

GJB 4239—2001《装备环境工程通用要求》中，将环境适应性定义为：装备（产品）在其设计寿命预期可能遇到的各种环境的作用下，能实现其所有预定功能和（或）性能不被破坏的能力，是装备（产品）的重要质量特性之一。

本章节所提到的地区环境适应性行驶试验，主要指特殊气候环境下的可靠性行驶试验。我国地域辽阔，典型的气候区域有：高寒（严寒）地区、干热地区、湿热地区、高原地区等。在很多汽车企业以及部分标准中，会用"四高"一词来体现特殊气候环境：高寒、高温、高原、高湿。本节中，把高温描述为干热，高湿描述为湿热，以此区分高温与高湿的关键因素差异。

一般气候环境下可靠的汽车，在特殊气候环境下不一定可靠，因此要对汽车进行特殊气候环境的可靠性试验。特殊气候环境区域与典型可靠性故障见表10-11。

表 10-11　特殊气候环境区域与典型可靠性故障

气候类型	主要试验环境区域	主要环境特点	典型可靠性故障
高寒	黑龙江黑河、漠河，内蒙古牙克石等	寒冷、干燥、冰雪	非金属件硬化（如皮革座椅）、机油乳化、冷起动困难、制动稳定性差、采暖除霜效果差、显示屏花屏、电动汽车充电时间延长、电动汽车续驶里程缩短
干热	新疆吐鲁番等	气温高、湿度低（年平均相对湿度在40%以下）、阳光辐射强	水温高（冷却系统能力不足）、供油系统气阻、空调制冷效果差、电动汽车充电时间延长、电动汽车续驶里程缩短、非金属件老化
湿热	海南等	气温高、湿度高（年平均相对湿度在60%以上）、雨量大	水温高（冷却系统能力不足）、供油系统气阻、空调制冷效果差、金属件锈蚀、非金属件老化
高原	青海格尔木等	气压低、气温低、海拔高、少雨、干燥	动力下降、起动异常、制动效果差

一、整车高寒地区适应性行驶试验

高寒地区一般指高海拔、常年低温、冻土常年不化，或者高纬度、常年低温、冻土常年不化的地区。我国的高寒地区主要有青藏高原、黑龙江省北部、内蒙古部分地区、甘肃和宁夏的中部及南部地区。在汽车试验领域，高寒地区指最低温度低于−30℃，−20℃以下低温持续时间超过10天以上的地区。

高寒地区进行适应性行驶试验主要验证整车冷起动性能、制动性能、采暖和除霜性能、非金属零件的硬化失效、以及电子元器件的低温性能等（图10-18）。

图10-18　车辆在高寒冰雪路面行驶

中国汽车工程协会团体标准CSAE 153—2020《汽车高寒地区环境适应性试验方法》中对适应性行驶试验相关的试验环境及里程、试验道路及试验主要检查项目等均提出了明确要求。高寒地区环境适应性行驶试验应在−10℃及以下环境温度下进行，适应性行驶总里程应不低于10000km，其中城市道路不低于2000km，乡村道路不低于3000km，高速道路不低于5000km。

二、整车干热地区适应性行驶试验

干热气候又称干燥气候或热带沙漠气候，是指水面年蒸发量超过降水量的气候。干热气候的特点是晴天多、阳光强、干燥、夏季热、昼夜温差大及风沙多等。我国的西北、华北的部分地区（新疆、内蒙古、甘肃等地）属于典型的干热气候。

干热地区适应性行驶试验主要验证整车冷却系统的冷却能力、供油系统的供油能力、空调制冷性能、非金属件的老化等。电动汽车在干热地区电池组的放电功率、电机温度以及电池系统的热管理都会受到影响（图10-19和图10-20）。目前行业内普遍采用基于当地用户工况的干热地区适应性行驶可靠性试验，见表10-12。

图10-19　车辆行驶在干热地区路面　　　　图10-20　车辆在火焰山下暴晒

表 10-12　国内某企业干热地区用户工况比例

序号	道路名称	所占比例	建议行驶车速范围 /（km/h）
1	城市工况	25%	30 ~ 60
2	山路工况	10%	10 ~ 60
3	高速工况	35%	80 ~ 120
4	乡村道路工况	30%	20 ~ 50

三、整车湿热地区适应性行驶试验

湿热气候一般具有气温高、湿度高、雨量大、日温差小等特点，平均相对湿度在 60% 以上，年平均降水量超过 1000mm。

海南省琼海市是典型的湿热带气候环境，年平均气温 24℃左右，每年最热月份的最高气温平均 33.9℃、最低气温平均 24.9℃，年降雨量在 2000mm 以上，年均相对湿度 85%，年日照时间为 2055h，年太阳辐射量 5300MJ/m²，是我国最佳的耐候性暴露试验基地。海南试验场坐落在琼海市，该场地可进行整车大气老化试验、整车强化腐蚀试验、汽车零部件及其材料老化试验等。

其中整车强化腐蚀试验是整车湿热地区适应性行驶试验最重要的内容之一，试验一般参照 QC/T 732—2005《乘用车强化腐蚀试验方法》进行，试验过程包含高温高湿、盐雾喷射、盐水路、耐久路行驶、高速行驶等试验工况，以模拟沿海地区的盐雾沉降、北方地区冰雪路面撒盐等腐蚀环境，评价产品在结构、工艺、材料等方面存在的问题（图 10-21 和图 10-22）。

图 10-21　车辆在湿热地区路面

图 10-22　车辆在湿热地区暴晒

四、整车高原地区适应性行驶试验

高原地区指海拔在 1000m 以上、相对高度 500m 以上、地势相对平坦或者有一定起伏的广阔地区，如我国的青藏高原、云贵高原。行业内高原地区一般要求海拔在 3000m 以上。高原地区的环境特点是大气气压低、空气密度小、紫外线强、昼夜温差大等。

整车高原地区适应性行驶试验行业内普遍使用的试验路线为 G109 国道格尔木市到昆仑山口段，格尔木市市区海拔 2780m，昆仑山口海拔 4767m。试验过程中主要关注因大气压力降低导致的整车性能衰退，如动力性能下降、起动困难、制动性能衰退等（图 10-23）。

图 10-23　车辆行驶在高原昆仑山路段

第五节　整车可靠性试验实例

一、试验说明

以某公司 M1 类新能源汽车为例，通过市场调研，该类车型大多用于短途交通，以使用 20 万 km 为目标，大约有 12 万 km 城郊道路、5 万 km 市区道路、2.5 万 km 高速道路、0.5 万 km 连续坡道。

根据基于损伤等效的测试工况开发结果，该车型可靠性试验里程分配为：高速环道 2 万 km、耐久性道路 0.5 万 km、山路 0.5 万 km，总里程 3 万 km。试验车辆为 3 台，在同一试验场地开展试验。

二、试验过程

1. 试验方法和步骤

按照整车可靠性行驶试验方法开展试验，首先对车辆按照日常操作进行接车检查，共发现 3 个故障；然后根据产品使用说明书要求开展磨合行驶，磨合里程为 1000km，磨合里程不计入试验里程；最后按照计划里程开展可靠性试验，根据该车型可靠性试验开发规程，试验顺序和里程为高速环道 1 万 km、山路 0.25 万 km、耐久性道路 0.25 万 km、高速环道 1 万 km、耐久性道路 0.25 万 km、山路 0.25 万 km。

试验过程中，每日按照车辆日常操作要求进行各项操作，至试验结束 3 台车共发现 15 个故障。

2. 试验故障

（1）接车故障

3 台车接车故障见表 10-13 ～ 表 10-15。

表 10-13　可靠性试验接车记录表

本车编号	1 号车		
出厂时间	2021 年 3 月	接车日期	2021 年 4 月 8 日
底盘号	M3205364	里程表读数 /km	10
装配情况	整车装配完整		
序号	缺陷记录		处理结果
1	前照灯远光角度不合格		调整前照灯光照角度，合格
2	缺少防冻液		补加防冻液，合格

表 10-14　可靠性试验接车记录表

本车编号	2 号车		
出厂时间	2021 年 3 月	接车日期	2021 年 4 月 8 日
底盘号	M3205365	里程表读数 /km	9
装配情况	整车装配完整		
序号	缺陷记录	处理结果	
1	左后尾灯线束未插	重新插接尾灯线束，合格	
2	右前轮胎气压不符	按照轮胎标准充气，合格	

表 10-15　可靠性试验接车记录表

本车编号	3 号车		
出厂时间	2021 年 3 月	接车日期	2021 年 4 月 8 日
底盘号	M3205366	里程表读数 /km	12
装配情况	整车装配完整		
序号	缺陷记录	处理结果	
1	右侧车门有轻微划痕	反馈给装车部门，补漆处理，合格	
2	左前轮胎螺栓松动	按照设计力矩紧固，合格	

（2）可靠性故障

3 台车可靠性试验过程中发现的故障见表 10-16～表 10-18。

表 10-16　可靠性试验故障记录表

本车编号	1 号车			底盘号	M3205364
序号	零部件名称	故障里程 /km	故障模式	故障级别	故障描述	排除措施
1	减振器	8355	漏油	Ⅲ	右前减振器漏油	更换合格减振器
2	充电系统	12658	功能异常	Ⅲ	充电异常	更换电池
3	散热器悬置螺栓	18333	松动	Ⅳ	散热器悬置螺栓松动	重新紧固
4	制动管路	22567	渗油	Ⅳ	制动管路接头渗油	更换合格制动管路
5	驱动电机系统	28934	功能异常	Ⅲ	驱动电机故障灯常亮	线束插头松动，重新紧固

表 10-17　可靠性试验故障记录表

本车编号	2 号车			底盘号	M3205365
序号	零部件名称	故障里程 /km	故障模式	故障级别	故障描述	排除措施
1	驱动电机	7269	功能异常	Ⅲ	驱动电机噪声大	未处理
2	整车	10038	功能异常	Ⅳ	车辆限功率	刷新控制程序
3	整车	18937	功能异常	Ⅲ	车辆无法 Ready	更换电池
4	电池支架	26859	功能异常	Ⅲ	电池支架开裂	更换新支架

表 10-18　可靠性试验故障记录表

本车编号		3 号车			底盘号	M3205366
序号	零部件名称	故障里程 /km	故障模式	故障级别	故障描述	排除措施
1	驱动电机控制器支架螺栓	5360	松动	Ⅳ	驱动电机控制器支架螺栓松动	重新定扭
2	整车	9862	功能异常	Ⅲ	车辆间歇性无法充电	刷新控制程序
3	螺旋弹簧	16552	断裂	Ⅱ	螺旋弹簧断裂	更换螺旋弹簧
4	DC/DC 控制器支架固定螺栓	19444	松动	Ⅳ	DC/DC 控制器支架固定螺栓松动	重新定扭
5	制动摩擦片	23610	龟裂	Ⅲ	前制动摩擦片龟裂	更换新摩擦片
6	转向泵	29306	功能异常	Ⅲ	转向泵异常振动	更换转向泵

三、可靠性评价指标

1. 当量故障数

3 台车行驶里程及各级别故障数量统计见表 10-19 和表 10-20。

表 10-19　试验里程以及故障数量统计

试验车辆	行驶里程 /km	Ⅰ类故障数量	Ⅱ类故障数量	Ⅲ类故障数量	Ⅳ类故障数量
车辆 1	30000	0	0	3	2
车辆 2	30000	0	0	3	1
车辆 3	30000	0	1	3	2

表 10-20　车辆当量故障数计算

试验车辆	车辆当量故障数
车辆 1	$0 \times 100 + 0 \times 10 + 3 \times 1 + 2 \times 0.2 = 3.4$
车辆 2	$0 \times 100 + 0 \times 10 + 3 \times 1 + 1 \times 0.2 = 3.2$
车辆 3	$0 \times 100 + 1 \times 10 + 3 \times 1 + 2 \times 0.2 = 13.4$

2. 当量故障率

根据式（10-13），该车型当量故障率为 0.22 次 /1000km，具体计算方法如下：

$$\lambda_D = 1000 \times \frac{3.4 + 3.2 + 13.4}{90000} \approx 0.22$$

3. 平均首次故障里程

根据式（10-14），平均首次故障里程（MTTFF）为 8495km，具体计算方法如下：

$$MTTFF = \frac{8355 + 7269 + 9862}{3} \approx 8495(km)$$

4. 平均故障间隔里程

根据式（10-15），平均故障间隔里程（MTBT）为 9000km，具体计算方法如下：

$$MTBF = \frac{90000}{3 + 3 + 4} = 9000(km)$$

复习思考题

1. 整车可靠性试验根据试验场地不同，可分为_____和_____。
2. 整车可靠性试验从试验类别上，可分为_____、_____和_____。
3. 在四通道轮耦合道路模拟试验中，用于采集和迭代的主要通道有（　　）。
A. 加速度　　　　　B. 六分力　　　　　C. 位移　　　　　D. 温度
4. 在"汽车可靠性"的定义中，"规定的条件"有（　　）。
A. 机械载荷　　　　B. 温度　　　　　C. 湿度　　　　　D. 腐蚀
5. 在进行整车道路可靠性行驶试验时，各路面/工况的行驶顺序对车辆结构件的失效是否有影响？

思政故事　钻研引进设备的吕福源

吕福源（1945—2004），是新中国汽车工业的创始人之一，商务部首任部长。

1972年，吕福源来到位于吉林长春的中国第一汽车制造厂（简称一汽），成为一名冷气装配工人，他凭着出色的技术才干配合不懈努力，被领导认可，调到技术科，负责一汽从日本引进的我国汽车行业第一台三坐标测量机的安装调试和人员培训工作。

三坐标测量机是一种技术密集型的智能化测量仪器，用于测量汽车零部件的加工精度，可以提高检测工作的精确度和效率。其中HP9810电子计算机是一汽引进的第一台美国计算机，此外，还包括光学技术、电子技术、数显、精密机械、液压等技术。

鉴于当时的历史情况，日方不派人安装调试，又由于基建方面原因，设备一直没开箱，受到风吹雨淋，数显系统有了故障，机械部分锈蚀，计算机部分已全无动作。

为了调出这台受损机器的最佳精度，追踪国际上三坐标测量机的最新发展，在当时相当闭塞的环境下，吕福源和他的同事们翻译了全部文件，查找了大量资料。他们利用一切机会，到北京各大图书馆，尤其是部队军事院校的图书馆搜集资料，又对计算机进行测绘，克服重重困难，终于排除了全部故障，掌握了关键数据，同时又培训人员，使设备投入了生产使用。

但吕福源并没有就此停止，而是进行了更深一层的开发工作。通过自学计算机语言，利用三坐标测量机附带的美国HP9810电子计算机，他又开发出了后桥齿轮计算程序，这是一汽历史上第一个自主开发的计算机程序。

从此，吕福源在三坐标测量机方面声名鹊起，全国各地的同行纷纷慕名前来请教，当时，凡原一机部所属企业要引进三坐标测量机，谈判和验收工作都要请他参加。1978年，吕福源到重庆汽车发动机厂验收从日本三丰公司引进的三坐标测量机，其中有当时很先进很有名的NOVA1200电子计算机、电传纸带阅读机、绘图机、光栅数显等。在对计算机三天三夜的测试运行中，吕福源查出此设备内存板存在故障。经过据理力争，成功向日方进行了索赔，保障了国家利益。

在我国汽车制造业的水平相当落后的状态下，吕福源查研大量资料、克服重重困难，在技术等方面做了很多工作，被誉为"一汽换型改造一等功臣"、一汽的"基辛格"。

参 考 文 献

[1] 国务院发展研究中心产业经济研究部，中国汽车工程学会，大众汽车集团（中国）. 中国汽车产业发展报告（2018）新时代的新能源汽车产业发展战略 [M]. 北京：社会科学文献出版社，2018.

[2] 汽车工程手册编辑委员会. 汽车工程手册：试验篇 [M]. 北京：人民交通出版社，2001.

[3] 日本自动车技术会. 汽车工程手册 7：整车试验评价篇 [M]. 北京：北京理工大学出版社，2010.

[4] 余志生. 汽车理论 [M].5 版. 北京：机械工业出版社，2009.

[5] 日本自动车技术会. 汽车工程手册 6：动力传动系统试验评价篇 [M]. 中国汽车工程学会，译. 北京：北京理工大学出版社，2010.

[6] 城井幸保. 汽车测试分析技术 [M]. 潘公宇，范秦寅，译. 北京：机械工业出版社，2018.

[7] HANS-JÜRGEN G，ULRICH G. 汽车上的测量与自动化手册（原书第 2 版）[M]. 谢志华，安琪，陈路，等译. 北京：机械工业出版社，2018.

[8] PETER H. 混合动力汽车技术 [M]. 耿毅，耿彤，译. 北京：机械工业出版社，2017.

[9] VIVEK D B. 汽车设计中的人机工程学 [M]. 李惠彬，刘亚茹，顾梦引，等译. 北京：机械工业出版社，2018.

[10] 邱少波. 汽车碰撞安全工程 [M]. 北京：北京理工大学出版社，2017.

[11] MARK I M，EDWARD M N. 电磁兼容的测试方法与技术 [M]. 游佰强，周建华，陈浩，等译. 北京：机械工业出版社，2008.

[12] CORNEL S. 车辆动力技术——热力驱动、电驱动、混合驱动与能量管理（原书第 3 版）[M]. 周苏，译. 北京：机械工业出版社，2017.

[13] ALEXANDER T，DANIEL W. 新能源汽车动力电池技术 [M]. 陈勇，译. 北京：北京理工大学出版社，2017.

[14] 珂尔 D A. 汽车工程手册（美国版）[M]. 田春梅，李世雄，吕子强，等译. 北京：机械工业出版社，2012.

[15] SHELDON S W. 插电式混合动力与纯电动汽车的能量管理策略 [M]. 王典，李佳子，李泽慧，等译. 北京：机械工业出版社，2016.

[16] 熊诗波，黄长艺. 机械工程测试技术基础 [M].3 版. 北京：机械工业出版社，2006.

[17] 姜春久. 电动汽车概论 [M]. 北京：北京交通大学出版社，2017.

[18] 日本自动车技术会. 汽车工程手册 10：新能源车辆设计篇 [M]. 中国汽车工程学会，译. 北京：北京理工大学出版社，2014.

[19] 陈勇，孙逢春. 电动汽车续驶里程及其影响因素的研究 [J]. 北京理工大学学报，2001，21（5）：578-582.

[20] 冈克己，东出隼机. 汽车安全技术 [M]. 刘璟慧，译. 北京：机械工业出版社，2018.

[21] MEHRDAD E，YIMIN G，ALI E. 现代电动汽车、混合动力电动汽车和燃料电池车——基本原理、理论和设计（原书第 2 版）[M]. 倪光正，倪培宏，熊素铭，译. 北京：机械工业出版社，2012.

[22] 陈全世. 先进电动汽车技术 [M].3 版. 北京：化学工业出版社，2018.

[23] 王霄峰. 汽车可靠性工程基础 [M]. 北京：清华大学出版社，2007.

[24] 张小龙，宋健，冯能莲，等.汽车道路试验测试方法研究进展 [J].农业机械学报，2009，40（4）：38-44.

[25] 强锡富.传感器 [M].3 版.北京：机械工业出版社，2002.

[26] ERNEST O D.测量系统应用与设计 [M].王伯雄，等译.5 版.北京：电子工业出版社，2007.

[27] MANFRED M，HENNING W.汽车动力学（原书第 4 版）[M].陈荫三，余强，译.北京：清华大学出版社，2009.

[28] KONRAD R.BOSCH 汽车电气与电子（原书第 6 版）[M].孙泽昌，等译.北京：北京理工大学出版社，2014.

机械工业出版社 | **汽车分社**
CHINA MACHINE PRESS

━━ 读者服务 ━━

机械工业出版社立足工程科技主业，坚持传播工业技术、工匠技能和工业文化，是集专业出版、教育出版和大众出版于一体的大型综合性科技出版机构。旗下汽车分社面向汽车全产业链提供知识服务，出版服务覆盖包括工程技术人员、研究人员、管理人员等在内的汽车产业从业者，高等院校、职业院校汽车专业师生和广大汽车爱好者、消费者。

一、意见反馈

感谢您购买机械工业出版社出版的图书。我们一直致力于"以专业铸就品质，让阅读更有价值"，这离不开您的支持！如果您对本书有任何建议或意见，请您反馈给我。我社长期接收汽车技术、交通技术、汽车维修、汽车科普、汽车管理及汽车类、交通类教材方面的稿件，欢迎来电来函咨询。

咨询电话：010-88379353　编辑信箱：cmpzhq@163.com

二、课件下载

选用本书作为教材，免费赠送电子课件等教学资源供授课教师使用，请添加客服人员微信手机号"13683016884"咨询详情；亦可在机械工业出版社教育服务网（www.cmpedu.com）注册后免费下载。

三、教师服务

机工汽车教师群为您提供教学样书申领、最新教材信息、教材特色介绍、专业教材推荐、出版合作咨询等服务，还可免费收看大咖直播课，参加有奖赠书活动，更有机会获得签名版图书、购书优惠券。

加入方式：搜索 QQ 群号码 317137009，加入机工汽车教师群 2 群。请您加入时备注院校 + 专业 + 姓名。

四、购书渠道

机工汽车小编
13683016884

我社出版的图书在京东、当当、淘宝、天猫及全国各大新华书店均有销售。

团购热线：010-88379735

零售热线：010-68326294　88379203